Raphael Gross

Anständig geblieben

Nationalsozialistische Moral

S. Fischer

Für Werner Konitzer

Zugleich Schriftenreihe des Fritz Bauer Instituts,
Frankfurt am Main, Band 26,
und eine Publikation des Leo Baeck Institute London.

Satz: pagina GmbH, Tübingen
Druck und Bindung: GGP Media GmbH, Pößneck
Printed in Germany
ISBN 978-3-10-028713-7

Inhalt

Einleitung

Zur Moralgeschichte der NS-Zeit

I.

Seit dem Aufstieg der NSDAP zur mächtigsten Partei Deutschlands in der Endphase der Weimarer Republik gab es Versuche, die ideologischen Grundlagen des Nationalsozialismus zu verstehen. Dieses Interesse an den »Intellectual Origins of the Third Reich« (George Mosse) oder den »Elementen und Ursprüngen totaler Herrschaft« (Hannah Arendt) hat sich nach dem Ende des Zweiten Weltkrieges weiter verstärkt.[1] Ein wichtiges Motiv dieser Forschung war und ist es, das Fortwirken der nationalsozialistischen Ideologie zu verhindern; auch deshalb entzünden sich an ihren Analysen selbst oft erbitterte Debatten. Dies geschieht immer dann, wenn Autoren untersucht werden, deren Haltung zum Nationalsozialismus umstritten ist und die für bestimmte ideologische Strömungen oder theoretische und ästhetische Ansätze bis heute von Gewicht sind – wie etwa der Philosoph Martin Heidegger, der Schriftsteller Ernst Jünger, der Jurist Carl Schmitt oder auch die Regisseurin Leni Riefenstahl. Die Fronten solcher Diskussionen können überaus vielfältig

[1] George L. Mosse, The Crisis of German Ideology. Intellectual Origins of the Third Reich, New York 1964; dt.: Die völkische Revolution. Über die geistigen Wurzeln des Nationalsozialismus, Königstein 1979; Hannah Arendt, The Origins of Totalitarianism, New York 1951; dt.: Elemente und Ursprünge totaler Herrschaft, Frankfurt am Main 1955. In Deutschland: Kurt Sontheimer, Antidemokratisches Denken in der Weimarer Republik, München 1962; Stefan Breuer, Anatomie der Konservativen Revolution, Darmstadt 1993. Mit stark apologetischer Tendenz: Armin Mohler, Die konservative Revolution in Deutschland 1918–1932. Ein Handbuch, 4. Aufl., Darmstadt 1994.

sein, denn die intellektuellen Wurzeln des Nationalsozialismus sind so weit verzweigt und schwer zu erfassen, dass sich je nach Perspektive Neokonservative, Liberale, Marxisten und Sozialdemokraten, aber auch Dekonstruktivisten, Antipositivisten und Antiglobalisierer angesprochen oder angegriffen fühlen.

Die Kernbegriffe der NS-Ideologie unterscheiden sich grundlegend von denjenigen der marxistischen Ideologie. Während im Marxismus Begriffe wie Kapital, Mehrwert, Klassenkampf, Profit, Dialektik im Vordergrund stehen, kreisen die Ideologeme der NS-Theoretiker und -Politiker nicht um ökonomische, sondern vor allem um moralische Begriffe oder solche mit einer starken moralischen Aufladung: Ehre, Treue, Anstand, Kameradschaft etc. Viele Autoren haben darauf hingewiesen, dass die Ideologie des Nationalsozialismus wesentlich durch den Versuch einer Biologisierung des Sozialen geprägt ist. Selten aber wird darauf aufmerksam gemacht, dass und in welcher Weise diese biologistischen Begriffe gleichzeitig mit moralischen Kategorien verbunden werden und dadurch erst ihren aggressiven Charakter erhalten. Die Biologie urteilt ja bekanntlich nicht selbst, sondern dies tun die Menschen, die angebliche biologische Unterschiede mit moralischen Urteilen verknüpfen oder wie im Nationalsozialismus Rassentheorien entwickeln, die zwischen »guten« und »schlechten« Menschenrassen unterscheiden. Daraus ergibt sich die besondere Notwendigkeit, gerade den Nationalsozialismus unter der Perspektive dieser moralischen Urteile zu erforschen und in eine Moralgeschichte einzubinden.[2]

[2] In diese Richtung gibt es mehrere Ansätze: Moralität des Bösen. Ethik und nationalsozialistische Verbrechen (Jahrbuch 2009 zur Geschichte und Wirkung des Holocaust), hrsg. im Auftrag des Fritz Bauer Instituts von Werner Konitzer und Raphael Gross, Frankfurt am Main, New York 2009; Werner Konitzer, »Antisemitismus und Moral. Einige Überlegungen«, in: Mittelweg 36, 14. Jg., H. 2 (2005), S. 24–35; Ders., »Kameradschaft und Intimität«, in: Hartmut Schröder, Matthias Rothe (Hrsg.), Körpertabus und sprachliche

Eine Moralgeschichte des Nationalsozialismus resp. die moralgeschichtliche Perspektive auf den Nationalsozialismus und seine Nachgeschichte ist vor allem im Hinblick auf zwei Fragen zentral. Die erste betrifft die internen Bindekräfte der nationalsozialistischen »Volksgemeinschaft«. Ähnlich wie viele neuere Ansätze betrachte ich den Nationalsozialismus nicht in erster Linie als eine totalitäre, von oben nach unten hierarchisch durchorganisierte Gesellschaft, sondern versuche den hohen Grad an Zustimmung zu dem Regime zu verstehen.[3] Dies geschieht im moralgeschichtlichen Ansatz durch die Analyse der geteilten moralischen Gefühle in der NS-Gesellschaft: Wie werden moralische Gefühle von Schuld, Groll und Empörung wechselseitig voneinander gefordert und durchgesetzt? In welcher Weise werden preußische, christliche oder soldatische Tugendbegriffe übernommen und verändert?

Die zweite Frage betrifft das Fortwirken des Nationalsozialismus über die militärische, politische und ideologische Niederlage des Jahres 1945 hinaus. Während die Demokratisierung und die tiefgreifenden Veränderungen des sozialen und politischen Lebens in Deutschland den Eindruck eines klaren

Umgehungsstrategien, Berlin 2005; Raphael Gross, Werner Konitzer, »Geschichte und Gericht. Überlegungen zur Institutionalisierung einer unabhängigen Gerichtsbarkeit in der Schweiz«, in: Arbeitskreis Armenien (Hrsg.), Völkermord und Verdrängung. Der Genozid an den Armeniern – die Schweiz und die Shoah, Zürich 1998, S. 157–163; Raimond Reiter, Nationalsozialismus und Moral. Die »Pflichtenlehre« eines Verbrecherstaates, Frankfurt am Main u.a. 1996; Claudia Koonz, The Nazi Conscience, Cambridge 2003; Harald Welzer, Täter. Wie aus ganz normalen Menschen Massenmörder werden, Frankfurt am Main 2005, S. 48–67.

[3] Wie der Antisemitismus als Bindekraft innerhalb der sogenannten Volksgemeinschaft wirkte, hat jüngst Michael Wildt untersucht; vgl. Ders., Volksgemeinschaft als Selbstermächtigung. Gewalt gegen Juden in der deutschen Provinz 1919 bis 1939, Hamburg 2007. Für Ian Kershaw kommt die besondere Beziehung zwischen Hitler und der »Volksgemeinschaft« in einer Formulierung aus der NS-Zeit zum Ausdruck: »Dem Führer entgegenarbeiten«; vgl. Ders., Hitler 1889–1936, München 1998, S. 663 ff.

Bruchs mit der Vergangenheit vermitteln, ergibt sich bei einer Analyse der moralischen Gefühle ein ganz anderes Bild. Ein moralgeschichtlicher Ansatz kann hier das Fortwirken von Gefühlen und Einstellungen aufzeigen, die im Nationalsozialismus weit verbreitet waren. Diese moralischen Gefühle bestimmten in Deutschland nach 1945 sowohl den Umgang mit den Juden als auch die Vorstellungen über das Judentum und das »Jüdische« und hatten zugleich einen großen Einfluss auf die Selbstverständigung der Nachkriegsdeutschen. Sie prägen bis heute die regelmäßig auftretenden Konflikte um die NS-Vergangenheit.

Eine Moralgeschichte des Nationalsozialismus zu entwickeln bedeutet daher mehr, als nur einen Perspektivenwechsel in der historischen Forschung einzuleiten. Sie eröffnet ein eigenes, bisher noch weitgehend unbearbeitetes Forschungsfeld. Da moralische Äußerungen in fast allen Bereichen des menschlichen Lebens zu finden sind, kann sich diese Forschung auf ein breites Spektrum von Quellen stützen und unterschiedlichste Themen bearbeiten. Mögliche Fragestellungen wären zum Beispiel:

- Wie haben deutsche Philosophen, Theologen und Soziologen im Nationalsozialismus über Moral geschrieben, und in welchem Verhältnis standen ihre Ideen zur deutschen Aufklärung und zur idealistischen philosophischen Tradition? Welche Rolle spielten sie bei der Entwicklung einer nationalsozialistischen Moral, und wie und in welchem Tempo haben sie sich 1933 und 1945 an die politischen Verhältnisse angepasst?
- Was haben Lehrer ihren Schülern an moralischen Werten und Urteilsformen vermittelt?
- Welche Werte und Tugenden wurden in der Hitlerjugend, beim Bund Deutscher Mädel, in den verschiedenen NS-Organisationen wie SA und SS, aber auch bei der Wehrmacht hochgehalten?

- Wie wurde Moral in der nationalsozialistischen Politik eingesetzt, welche Rolle spielten moralische Normen und Werte bei der Vorbereitung und Rechtfertigung von Verfolgung und Massenmord? Wehrmachtsangehörige, Ärzte, Journalisten, Beamte und zahlreiche weitere Berufsgruppen könnten unter dieser Fragestellung betrachtet werden.
- Solche Untersuchungen sollten sich nicht nur auf die Jahre 1933 bis 1945 beschränken, und sie sollten auch nicht auf Deutschland begrenzt bleiben. Erst eine europäische Vergleichsperspektive kann in vielen Bereichen zeigen, inwiefern die Entwicklung in Deutschland spezifisch war. Für die Nachkriegszeit sind die Auseinandersetzungen mit dem Nationalsozialismus im weitesten Sinne – und somit natürlich auch die deutsche Zeitgeschichtsschreibung selbst – als Quellen von großem Interesse.

Die moralgeschichtliche Forschung erfordert zugleich ein eigenes moralphilosophisches Fundament, sonst wird sie der Gefahr nicht entgehen können, die in den Quellen sich ausdrückenden moralischen Wertungen lediglich zu wiederholen bzw. zu paraphrasieren. Dieses moralphilosophische Fundament zu errichten ist selbst eine schwierige und weitreichende Forschungsaufgabe, die nur interdisziplinär verfolgt werden kann. Bisher hat sich dabei aus meiner Perspektive die *Theory of Moral Sentiments* von Adam Smith als hilfreich erwiesen sowie die Weiterentwicklung seiner Theorie moralischer Gefühle bei Peter Frederick Strawson und Ernst Tugendhat.[4] Eine umfassende Moralgeschichte des Nationalsozialismus wird natürlich

[4] Ernst Tugendhat, Vorlesungen über Ethik, Frankfurt am Main 1993; Ders., Dialog in Leticia, Frankfurt am Main 1997; Peter Frederick Strawson, Freedom and Resentment and other Essays, London 1974; Adam Smith, The Theory of Moral Sentiments (1795), hrsg. von Knud Haakonssen, Cambridge 2004.

weitere philosophische Ansätze heranziehen und weiterentwickeln müssen.

Wenn Ethnologen, so schreibt Tugendhat, von Moral sprechen, meinen sie dabei die Regelmäßigkeiten im Verhalten, die auf sozialem Druck beruhen.[5] Moral ist ihm zufolge etwas, was man nicht einfach frei wählen kann: Sie ist ein System von wechselseitigen Forderungen, ein System, das sich in Verpflichtungen ausdrückt, die durch Gefühle der Empörung und Schuld abgestützt werden, und das jeweils einen Begriff des moralisch guten Menschen kennt. Die Individuen fügen sich in dieses System, weil sie diese Forderungen, Verpflichtungen und Gefühle für gut begründet halten.[6] Was mir dabei besonders wichtig erscheint, ist Tugendhats These von der gesellschaftlichen Verankerung der moralischen Normen in einem Ensemble wechselseitig voneinander erwarteter moralischer Gefühle. Moralische Gefühle von Groll, Schuld und Empörung sind fester Bestandteil der deutschen Gesellschaft im Nationalsozialismus und in ihr so wenig dem Zufall überlassen wie in irgendeiner anderen Gesellschaft – auch hier werden diese Gefühle zu erklären versucht, sie sind nicht einfach »natürlich« da.

In der moralgeschichtlichen Perspektive verschiebt sich auf diese Weise der historisch-analytische Fokus von der vorausgesetzten Verurteilung der NS-Verbrechen hin zu dem Versuch, die moralische Struktur der Gesellschaft, aus der heraus sie begangen wurden, zu verstehen, das heißt, ihre geteilten moralischen Gefühle zu erforschen, die wiederum in einem ganzen Geflecht von Begriffen mit jeweils eigener historischer Semantik zum Ausdruck kommen. Wie haben diese Gefühle funktioniert, wie haben sie eine Ideologie gestützt oder mit hervorgebracht, die die Verbrechen nicht nur vorbereitet, sondern erst

[5] Vgl. Ernst Tugendhat, Aufsätze 1992–2000, Frankfurt am Main 2001, S. 163.

[6] Vgl. ebd., S. 164.

ermöglicht hat? Gegenüber Analysen, die den Schwerpunkt auf die Ideologie legen, betont der moralgeschichtliche Ansatz die Verankerung gesellschaftlicher Normen und Werte in der Gefühlsstruktur der Menschen. Hierin liegt nicht zuletzt ein Grund für das Fortwirken der NS-Moral nach 1945: Ein Moralsystem ist tiefer in intersubjektiv eingeübte und subjektiv übernommene Verhaltensweisen, in Gefühle, spontane Beurteilungen und Reaktionsformen eingewoben als politisch-ideologische Überzeugungen; es überlebt auf andere Weise.

Wegen ihres inhärenten Interesses an der historischen Semantik der für sie zentralen moralischen Begriffe besitzt die Moralgeschichte schließlich eine gewisse Nähe zu der in Deutschland vor allem von Reinhart Koselleck vertretenen Begriffsgeschichte.[7] Sie hat jedoch nicht historische, sondern moralische Grundbegriffe im Blick. Moralgeschichte will nicht eine politisch-soziale Sprache rekonstruieren, sondern fragt nach den geteilten moralischen Normen und Werten und danach, wie diese sich auf die Handlungen der Individuen auswirken.

Wenn wir moralische Gefühle und Urteile des Nationalsozialismus analysieren, haben wir es mit einem Moralverständnis zu tun, das sich in vieler Hinsicht nicht in die quasi »von oben« vorgenommenen Unterscheidungen der meisten bisher vorliegenden moralphilosophischen Ansätze fügt. Wir betreten hier absolutes Neuland. Ich orientiere mich bei meinen Analysen an Ernst Tugendhats Unterscheidung zwischen partikularen und universellen Moralen,[8] die sich methodisch als über-

[7] Siehe etwa Reinhart Koselleck, Begriffsgeschichten. Studien zur Semantik und Pragmatik der politischen und sozialen Sprache, Frankfurt am Main 2006.

[8] Vgl. Tugendhat, Vorlesungen über Ethik, S. 65–78; Ders., Dialog in Leticia; Ders., Aufsätze 1992–2000; sowie Ders., »Der moralische Universalismus in der Konfrontation mit der Nazi-Ideologie«, in: Moralität des Bösen, hrsg. im Auftrag des Fritz Bauer Instituts von Werner Konitzer und Raphael Gross, S. 61–75.

aus hilfreich erwiesen hat: Unter einer partikularen Moral versteht Tugendhat ein Moralsystem, dessen Normen explizit nur für eine bestimmte Gruppe gelten. Ein solches System, das gar nicht den Anspruch erhebt, für alle Menschen gültig zu sein, können wir auch nicht als universell beschreiben. Im Moralsystem des Nationalsozialismus werden zudem nicht jedem, der dazugehört, auch gleiche Rechte zugesprochen. Während ein universelles Moralsystem Wert darauf legt, seine Normen jedem gegenüber begründen zu können, ist dies bei einem partikularen nicht der Fall. Im Gegenteil: Extreme partikulare Moralsysteme wie dasjenige des Nationalsozialismus gehen sogar davon aus, dass Menschen, die ihnen nicht zugehören, ihre Normen und Werte gar nicht verstehen können.

Universelle und partikulare Moralen unterscheiden sich also auch durch die Art und Weise der *Begründung* ihrer Normen. Partikulare Moralsysteme verzichten, wie gesagt, auf Begründungen *allen* gegenüber, und sie unterscheiden nicht sehr scharf zwischen Moral und Konvention. Dies ist nicht einfach zufällig, sondern darauf zurückzuführen, dass hier die Begründung moralischer Normen in derselben Weise funktioniert wie die Begründung von Konventionen, nämlich im Sinne eines apodiktischen »*Wir* machen es so«. Dieses besondere Verhältnis von Moral und Konvention in partikularen Moralsystemen hat wiederum Folgen für die geteilten moralischen Gefühle innerhalb einer solchen Gesellschaft, einschließlich der oben genannten Sanktionsgefühle von Schuld, Empörung und Groll. Alltägliche Konventionen – Kleiderordnung, Tischsitten, Anstandsregeln etc. – rekurrieren in einer partikularen Moral auf dieselben Gefühle wie moralische Forderungen.[9] Während in

[9] Der in der Folge von 1968 in Deutschland geführte Diskurs über die noch immer verbreiteten sogenannten »Sekundärtugenden« der Nationalsozialisten (wie etwa Fleiß, Gehorsam, Disziplin, Pünktlichkeit, Höflichkeit, Sauberkeit) gewinnt erst vor dem Hintergrund dieser fehlenden Unterscheidung zwischen moralischen und konventionellen Normen seine eigentliche Bedeutung.

weil die VG nicht Thema sein durfte

einer universellen Moral die Einhaltung moralischer Normen in ganz anderer Weise emotional eingefordert wird als das Befolgen von Konventionen, lösen sich diese Unterscheidungen in einer partikularen Moral immer mehr auf.[10]

II.

Die Frage der Moral ist bisher von der NS-Forschung weitgehend ausgeblendet worden. Es gibt einige ältere Publikationen, die im Titel Aspekte des Themas berühren – so etwa der Quellenband *»Unsere Ehre heißt Treue«. Kriegstagebuch des Kommandostabes Reichsführer SS* (1965) und der von Reimund Schnabel herausgegebene Band *Macht ohne Moral. Eine Dokumentation über die SS* (1957).[11] Doch diese und ähnliche Veröffentlichungen benutzen den Begriff »Moral« nur in einem sehr allgemeinen Sinne, um auf die in den Quellen dokumentierten Grausamkeiten hinzuweisen. Eine explizite Auseinandersetzung mit dem Thema bieten dagegen zwei Monographien: Raimond Reiters Studie *Nationalsozialismus und Moral. Die »Pflichtenlehre« eines Verbrecherstaates* und Claudia Koonz' *The Nazi Conscience*. Beide Autoren verfolgen einen etwas anderen Ansatz, als ich ihn entwickeln möchte. Bei Reiter, bis zu einem bestimmten Punkt aber auch bei Koonz, ist das Verhältnis zwischen nationalsozialistischer Moral und NS-Verbrechen

[10] In den einzelnen Kapiteln dieses Buches werden bei der Analyse des herangezogenen historischen Quellenmaterials jeweils die philosophisch-methodischen Grundannahmen präzisiert: Am ausführlichsten geschieht dies in Kapitel 9.

[11] »Unsere Ehre heißt Treue«. Kriegstagebuch des Kommandostabes Reichsführer SS. Tätigkeitsberichte d. 1. u. 2. SS-Inf.-Brigade, d. 1. SS-Kav.-Brigade u. von Sonderkommandos d. SS, Wien, München, Zürich 1965; Reimund Schnabel, Macht ohne Moral. Eine Dokumentation über die SS, Frankfurt am Main 1957.

nicht klar bestimmt: Diese Moral hat zwar die Verbrechen ermöglicht, sie lässt sich aber aus den Verbrechen selbst weder ableiten noch erklären. Trotz solcher Einwände teile ich mit Koonz und Reiter die zentrale Prämisse, dass Bezeichnungen wie »Nazi Conscience« oder »NS-Moral« kein Oxymoron darstellen.

Eine semantische Klärung ist hier angebracht. Trotz meiner eigenen ethischen Perspektive auf Nationalsozialismus und Holocaust werde ich den Begriff »NS-Moral« in den folgenden Kapiteln, so paradox dies klingen mag, grundsätzlich nicht in einem normativen, sondern in einem deskriptiven Sinn verwenden: als Bezeichnung für die Gesamtheit der von einer bestimmten Gesellschaft während einer bestimmten Zeit geschaffenen Normen und Werte.

Aus dieser Perspektive erscheint auch die Auseinandersetzung über das »Fehlen« oder den »Zusammenbruch der Moral« im Nationalsozialismus, die in Deutschland nach dem Krieg geführt wurde, in einem anderen Licht. Unmittelbar nach dem Ende des NS-Staates wurden die Jahre 1933 bis 1945 vielfach als eine unmoralische oder amoralische Zeit beschrieben.[12] Entsprechende Erklärungsmuster tauchten in vielen Bereichen auf, und sie ermöglichten es, der eigentlichen Frage auszuweichen: der nach der tatsächlichen NS-Moral und ihren Auswirkungen auf die deutsche Gesellschaft der Nachkriegszeit. Das lässt sich nicht nur an alltäglichen Äußerungen über den Nationalsozialismus zeigen, sondern ebenso für die bald einsetzende Forschung über die jüngste Vergangenheit. Bis heute hat sich daran nicht viel geändert: Bei der Erforschung der nationalsozialistischen Ökonomie werden etwa Korruption und Habgier als Erklärungen für die Arisierungen, Zwangsar-

[12] Siehe z.B. Friedrich Meinecke, Die deutsche Katastrophe. Betrachtungen und Erinnerungen, Wiesbaden 1946.

beitsmaßnahmen etc. angeführt,[13] in der Forschung über Intellektuelle im Nationalsozialismus findet der skrupellose Karrierismus zahlreicher Akademiker breite Beachtung.[14] All diese moralischen Verfehlungen können mit empirischem Material belegt werden; erstaunlich sind die Resultate allerdings nicht, da wohl niemand annehmen würde, dass es in der NS-Zeit keine anpasserischen Juristen, habgierigen Wirtschaftsbosse und karrieristischen Akademiker gegeben hat. Was diese Beispiele *nicht* belegen, ist aus meiner Perspektive gerade das Besondere des Nationalsozialismus: der weitverbreitete Enthusiasmus, die *positiven Gefühle* vieler Deutscher für den Nationalsozialismus, für seine Wirtschafts- und Sozialpolitik, seine Architektur, seine »Weltanschauung«.

Sicher gibt es eine äußerst umfangreiche Forschung zur nationalsozialistischen »Volksgemeinschaft«, zur NS-Ideologie und insbesondere zum Antisemitismus. Die damit verbundenen Debatten waren und sind selbst oft begleitet von erbitterten moralischen Auseinandersetzungen, genauer: von widerstreitenden Bewertungen bestimmter historischer Ereignisse und Zusammenhänge. Zwei Punkte erscheinen mir hier wichtig: Erstens werden diese Debatten selten gelöst, da die unterschiedlichen moralischen Perspektiven als solche nicht zum Gegenstand gemacht werden; am Ende kommen die Beteiligten dann oft überein, dass man eigentlich über nichts gestritten habe, jedenfalls was die »Fakten« anbelangt. Zweitens bleibt, wie sehr solche Diskussionen auch von einer moralischen Dringlichkeit bestimmt sind, die Frage der NS-Moral – der moralischen Gefühle und Leidenschaften, die das kollektiv in die Tat umgesetzte »revolutionäre Projekt« des Nationalsozialismus geprägt haben – eigentümlich unbeachtet.

[13] Besonders deutlich etwa bei Götz Aly, Hitlers Volksstaat. Raub, Rassenkrieg und nationaler Sozialismus, 5. Aufl., Frankfurt am Main 2005.

[14] Siehe z. B. Bernd Rüthers, Carl Schmitt im Dritten Reich. Wissenschaft als Zeitgeist-Verstärkung?, 2. Aufl., München 1990.

Beide Punkte scheinen durch die Kontroverse um eine der bemerkenswertesten Ausnahmen von dieser Regel, Daniel Jonah Goldhagens Buch *Hitlers willige Vollstrecker*, bestätigt zu werden.[15] Für die meisten seiner deutschen Kritiker lag der Skandal nicht in der zu bemängelnden fachlichen Qualität der Studie, etwa einem fragwürdigen Umgang mit den Quellen. Vielmehr ging es um Goldhagens These, ein in der deutschen Bevölkerung tief verwurzelter, bis ins wilhelminische Kaiserreich zurückreichender »eliminatorischer Antisemitismus« sei die Hauptursache des Holocaust gewesen, insbesondere um sein Insistieren auf den *positiven Gefühlen*, die viele Deutsche seiner Ansicht nach mit Antisemitismus und Judenverfolgung verbunden hatten. Mord – und nicht Totschlag – stand deshalb im Zentrum seines historischen Narrativs. Da Goldhagen den Vorsatz, ja die Mordlust der Täter deutlich machen wollte, stellte er die Verbrechen in einer Weise bildlich dar, die ihm viel Kritik eingetragen hat. Den Holocaust als Resultat eines positiven Begehrens, einer Art *moralischen Leidenschaft*, und nicht als Ergebnis einer irgendwie gearteten strukturellen Radikalisierung zu beschreiben traf besonders bei Historikern des Nationalsozialismus auf großen Widerstand. In seiner Betonung dieser Leidenschaftlichkeit der Nazis führt Goldhagen uns näher an unser Thema heran.

Antisemiten haben in der Geschichte – und manche tun dies bis heute – theologisch, politisch, ökonomisch, antikapitalistisch, antikommunistisch, antiliberalistisch, antiparlamentarisch, demokratisch, antidemokratisch, soziologisch oder biologistisch argumentiert. Peter Pulzer hat den Antisemitismus treffend als »moving target«, als bewegliches Ziel, bezeichnet.[16] Um ihre Überzeugungen zu rechtfertigen, appellierten

[15] Daniel Jonah Goldhagen, Hitlers willige Vollstrecker, Berlin 1996, Orig.: Hitler's Willing Executioners, New York 1996.

[16] Auf der Konferenz »Antisemitism in Theory and Practice: Legacies in Cul-

seine Verfechter sowohl an das Gefühl als auch an den Verstand; das Resultat ihrer Begründungen war jedoch in fast allen Fällen eine *moralische Verurteilung* der Juden oder »des Jüdischen«. Juden, so können wir in populären Pamphleten oder akademischen Abhandlungen lesen, teilen nicht den richtigen und gerechten Glauben, sie zersetzen das Politische, sie betreiben einen ausbeuterischen Kapitalismus oder nihilistischen Kommunismus, sie gehören einer »Rasse« an, die besondere negative moralische (und ästhetische) Eigenschaften besitzt, kurz: Sie müssen bekämpft werden, weil sie »schlechte« Menschen sind, weil sie (und zwar alle) Feinde der Menschheit sind.[17] Man mag dagegen einwenden, dass doch der sogenannte Rassenantisemitismus biologistisch und nicht moralisch argumentiere. Aber, wie gesagt, die Biologie fällt von sich aus keine Werturteile – dies können nur die Menschen tun, die sie in den Dienst ihrer Gefühle stellen. Das ist der sozialpsychologische Kontext, in dem Goldhagens Hinweis auf die Leidenschaftlichkeit vieler NS-Täter seine volle Bedeutung erhält.

Auch in Untersuchungen zum Antisemitismus bleibt dieser Aspekt meist ausgeblendet. Pointiert könnte man sagen, dass Hitlers Aufruf, dem primitiven »Radauantisemitismus« einen »Antisemitismus der Vernunft« entgegenzusetzen, von der Forschung für bare Münze genommen wurde. Auch wenn Bürokraten der Judenverfolgung wie Reichsjustizminister Franz Gürtner sich gegen einen »Gefühls-« und für einen »Rassenantisemitismus« eingesetzt haben[18] – der Antisemitismus ist sei-

tural and Political Thought« (28./29. April 2008, London), veranstaltet vom Leo Baeck Institute London und der Wiener Library.

[17] Das Bild der Juden als die Inkarnation des Bösen und als die Feinde aller Menschen sieht Peter Schäfer bereits in der griechischen und römischen Antike als das zentrale Merkmal antisemitischen Denkens. Vgl. Peter Schäfer, Judenhass und Judenfurcht. Die Entstehung des Antisemitismus in der Antike, Frankfurt am Main 2010, S. 295.

[18] So Gürtners Begriffe, zit. nach Alexandra Przyrembel, »Rassenschande«.

nem Wesen nach nie eine bloße Beschreibung oder nüchterne Analyse, sondern immer verankert in Gefühlen. Er argumentiert am Ende moralisch und erwartet von allen, die diese »Begründung« verstanden haben, die entsprechenden moralischen Gefühle. Diese können auf unterschiedliche Weise ausgelöst werden. Es gibt radikale antisemitische Strömungen, die bereits in der flüchtigen Berührung, ja selbst im Anblick eines Juden einen Anlass für Ekelgefühle sehen. Diesen antisemitischen Empfindlichkeiten wurde in Deutschland schon vor 1933 in verschiedenen gesellschaftlichen Bereichen Beachtung geschenkt; so war für Juden etwa in vielen deutschen Seebädern der Zutritt verboten.[19] Die antisemitische Diskriminierung und Ausgrenzung fand später ihren Ausdruck in unzähligen NS-Gesetzen und -Verordnungen, am weitgehendsten in den Nürnberger Gesetzen. Die starken Gefühle von Abscheu, Ekel und Hass, die sie widerspiegelten, gründeten auf einem System von moralischen Normen und Werten, das diese Gesetze und Verordnungen zugleich bestärken sollten: auf einer Moral, die die nationalsozialistische »Volksgemeinschaft« zwischen 1933 und 1945 einte und die mit dem Ende der NS-Herrschaft nicht plötzlich unterging.

III.

Die folgenden Kapitel sind das Resultat von immer neuen Anläufen, die Funktion dieser NS-Moral und ihr Fortwirken in der deutschen Nachkriegsgesellschaft bis in die Gegenwart hinein

Reinheitsmythos und Vernichtungslegitimation im Nationalsozialismus, Göttingen 2003, S. 141.

[19] Vgl. Frank Bajohr, »Unser Hotel ist judenfrei«. Bäder-Antisemitismus im 19. und 20. Jahrhundert, Frankfurt am Main 2003; Jacob Borut, »Antisemitism in Tourist Facilities in Weimar Germany«, in: Yad Vashem Studies 28 (2000), S. 7–50; Michael Wildt, »›Der muß hinaus! Der muß hinaus!‹ Antise-

zu erforschen. Sie sind weder streng chronologisch gegliedert, noch erheben sie den Anspruch, die Entstehungs- und Wirkungsgeschichte dieser Moral umfassend darzustellen. Vielmehr handelt es sich um Fallstudien, die im Laufe meiner seit zehn Jahren andauernden Beschäftigung mit dem Thema entstanden sind und die für diesen Band überarbeitet wurden. Die einzelnen Kapitel sind insofern eng aufeinander bezogen und trotzdem unabhängig voneinander lesbar. Sie suchen immer wieder neue Zugänge zu zentralen Begriffen der NS-Moral: Schande, Treue, Ehre etc. Diese moralischen Begriffe und innerhalb der nationalsozialistischen »Volksgemeinschaft« eingeforderten Gefühle sind eng miteinander verwoben, ohne dass sich bei meinen Analysen ein einziger Oberbegriff herauskristallisiert hätte. Alle Versuche, etwa im Begriff der Ehre, Treue oder Anständigkeit einen solchen Ansatzpunkt zu finden, greifen zu kurz. Ebenso hat sich bei meiner ersten Annäherung an dieses Thema keine bestimmte Quellengattung als besonders aussagekräftig erwiesen. Die von mir ausgewählten empirischen Quellen – von denen einige aus der Forschungsliteratur zum Nationalsozialismus bekannt sind, andere bisher noch nicht untersucht wurden – sind dem Gegenstand entsprechend äußerst heterogen: Filme, juristische Texte, philosophische und rechtstheoretische Abhandlungen wurden ebenso herangezogen wie Briefe, Tagebücher, Memoiren etc.

Am Anfang steht eine Erörterung des nationalsozialistischen Begriffs der »Rassenschande«. Ich nähere mich diesem Begriff im ersten Kapitel anhand einer Analyse des antisemitischen NS-Propagandafilms *Jud Süß* – in erster Linie wegen seiner Thematik, aber auch weil der Film an sich ein Medium ist, das unmittelbar moralische Gefühle auf einer Massenbasis zu evozieren vermag und sich deshalb als Quelle anbietet. In Ka-

mitismus in deutschen Nord- und Ostseebädern 1920–1935«, in Mittelweg 36, Jg. 10, H. 4 (2001), S. 2–25.

pitel zwei wird dagegen ein konkretes Gerichtsverfahren untersucht, in dem »Rassenschande« als Delikt zur Verhandlung stand. Mit Blick auf die historisch-normativen Kontinuitäten habe ich gezielt einen Fall ausgewählt, der nach 1945 ein juristisches Nachspiel hatte: Die beteiligten Richter mussten sich für das Todesurteil, das sie in der NS-Zeit gefällt hatten, vor Gericht verantworten.

Das dritte Kapitel versucht in knapper Form die Rolle der Religion und ihren moralischen Stellenwert für Hitlers Politik zu erhellen. Obschon es ein Gemeinplatz ist, dass die Nationalsozialisten antichristliche und antikirchliche Ziele verfolgten, beruhte der Erfolg der NSDAP bei den Wählern in der Weimarer Republik zu einem Gutteil auf Hitlers dezidierter Weigerung, antichristliche Positionen zu akzeptieren, wie sie in den völkisch-esoterischen Politsekten seines Umfelds verbreitet waren.

In Kapitel vier beschäftige ich mich mit dem Begriff der Treue, der im Nationalsozialismus eng mit demjenigen der »Rassenschande« verknüpft war. Doch während der ganze Komplex der »Rassenschande« jenseits unserer moralischen Welt zu liegen scheint, ist der Treuebegriff nicht so eindeutig besetzt. Der berüchtigte Wahlspruch der SS, »Meine Ehre heißt Treue«, gehört heute in Deutschland zu den strafgesetzlich verbotenen Parolen und disqualifiziert sich selbstredend für die meisten von uns; doch auf einer alltäglichen Ebene ist der Begriff der Treue nicht immer so einfach einzuschätzen, das spezifisch Nationalsozialistische schwerer zu erkennen. Gerade deshalb habe ich auch hier neben offiziellen NS-Texten und -Parolen einen Film als Quelle benutzt, der zwar das Thema »Treue« behandelt, aber nicht vordergründig propagandistischen Zwecken diente: den Kriminalfilm *Hotel Sacher*.

Die beiden folgenden Kapitel konzentrieren sich auf die wichtige Übergangszeit unmittelbar nach dem Ende der NS-Herrschaft. Kapitel fünf behandelt drei sehr unterschiedliche frühe Auseinandersetzungen mit der Frage der Schuld angesichts der NS-Verbrechen, wie sie in den Erinnerungen von Hitlers Sekretärin Traudl Junge, in Texten und Äußerungen von Hans Frank, dem früheren Chef des Generalgouvernements, und in Karl Jaspers' berühmter Streitschrift *Die Schuldfrage* (1946) zum Ausdruck kommen. Mich interessiert dabei, inwiefern sich in den Schuldbekenntnissen von Frank und Junge ein bestimmtes nationalsozialistisches, partikulares Verständnis von »Schuld« fortschreibt. Untersucht wird auch, auf welche Weise in dieser Zeit, nicht zuletzt durch Jaspers, das Fundament für einen *Schulddiskurs* gelegt wurde, der bis in die deutsche Gegenwart hinein nachwirkt.

Das sechste Kapitel beleuchtet einen weiteren Aspekt dieser Übergangszeit: die juristisch-moralische Debatte über die NS-Verbrechen. Anhand einer Schrift des Rechtstheoretikers Fritz von Hippel wird gezeigt, wie die Kritik am »Rechtspositivismus« und an der »Doppelmoral« des Führers eine Auseinandersetzung mit den moralischen Gefühlen und Urteilen ersetzte, die viele Deutsche in der NS-Zeit geteilt hatten. Von Hippels Diagnose, dass ihr Positivismus die deutschen Juristen daran gehindert habe, sich aktiv gegen die unmoralischen Gesetze Hitlers zu stellen, hatte, obwohl rechtshistorisch unhaltbar, eine entlastende Funktion und kam vielen gelegen: Im Rechtspositivismus war eine Ursache für die Katastrophe erkannt, von der man sich leicht distanzieren konnte.

Der verbreitete Widerwille, sich mit dem eigenen Verhalten und den moralischen Handlungsmöglichkeiten in der NS-Zeit auseinanderzusetzen, hatte aber nicht nur theoretische, sondern ganz praktische Auswirkungen. Einen Kristallisationspunkt für die Beurteilung ehemaliger Nazis bildeten die von den Alliierten eingerichteten »Spruchkammern«.[20] Eine Analyse ihrer Urteilssprüche lässt eine Vielzahl neuer Einsichten in

[20] Vgl. Andreas Eichmüller, »Die Strafverfolgung von NS-Verbrechen durch

unser Thema erhoffen. Zwei Fälle, in welchen es um Treue und Verrat gegenüber der deutschen »Volksgemeinschaft« geht, werden im siebten Kapitel einander gegenübergestellt: der Fall des SS-Richters und Korruptionsspezialisten Konrad Morgen und der des mit der Lieferung von Zyklon B befassten christlichen SS-Manns und ungewöhnlichen Widerstandskämpfers Kurt Gerstein.

Der Prozess gegen Adolf Eichmann, der 1961 in Jerusalem stattfand, rückte das ganze Ausmaß der nationalsozialistischen Verbrechen ins Bewusstsein der Öffentlichkeit und markierte in der Bundesrepublik den Beginn einer ernsthaften Auseinandersetzung mit der jüngsten Vergangenheit. In Kapitel acht untersuche ich die in Deutschland geführte Debatte um den Eichmann-Prozess, um zu verstehen, wie hier in den 1960er Jahren moralisch über den Nationalsozialismus geurteilt wurde. Als Quelle dienen dabei die überaus zahlreichen Zuschriften, die Eichmanns Verteidiger Robert Servatius im Verlauf des Prozesses erhalten hat.

Der Band endet mit einem Text, der am Anfang meiner Auseinandersetzung mit dem Thema »Nationalsozialismus und Moral« stand: einem Aufsatz zu Martin Walsers Friedenspreisrede 1998 in der Frankfurter Paulskirche, den ich damals gemeinsam mit Werner Konitzer verfasst habe. Walsers Rede und die Kontroverse, die sie entfachte, gelten als Schlüsselereignis in der Geschichte des wiedervereinigten Deutschland und seiner »Vergangenheitsbewältigung«. Uns fiel damals auf, dass Walser wiederholt auf einen moralischen Begriff Bezug nahm, der uns aus den NS-Quellen vertraut war: den der »Schande«. Er sprach in seiner Rede von Auschwitz als »unserer ewigen, unvergänglichen Schande« und meinte damit ein Gefühl, das alle diejenigen teilen sollten, die der Gemeinschaft, aus der her-

westdeutsche Justizbehörden seit 1945. Eine Zahlenbilanz«, in: Vierteljahrshefte für Zeitgeschichte, Jg. 56, H. 4 (2008), S. 621–640.

aus die Verbrechen begangen worden waren, angehörten, ganz gleich ob sie an diesen Verbrechen beteiligt gewesen waren oder nicht. Natürlich wurde dieses Gefühl nicht von den Juden erwartet, die Walser damit, auf eigenartige Weise, erneut aus der moralischen »Volksgemeinschaft« ausschloss.

Zweifellos ist der Raum groß, der Martin Walsers leidenschaftliches, grollendes und zugleich selbstquälerisches Bekenntnis zur nationalen »Schande« von der Art und Weise trennt, wie derselbe Begriff in der für die NS-Propaganda typischen Mischung von Kitsch und Tod zum Einsatz kam.[21] Dennoch denke ich, dass in seiner Rede bestimmte Kontinuitätslinien sichtbar wurden, die auf ein System geteilter moralischer Gefühle und Werte verwiesen, das, auch wenn es in den 1990er Jahren schon lange nicht mehr intakt war, noch Jahrzehnte nach dem Ende der NS-Herrschaft partiell überdauert hatte. Selbst als dieses System im Nationalsozialismus gesellschaftlich vollkommen verankert war, hat es sicher Momente der Spannung und des Widerspruchs gegeben zwischen der NS-Moral und fortbestehenden Formen einer im weitesten Sinne universalistischen Moral, die die Nazis überwinden wollten. Diese Spannung war schon im wilhelminischen Kaiserreich und der Weimarer Republik spürbar gewesen, als die partikulare NS-Moral sich ankündigte, und sie blieb gegenwärtig, als nach 1945 die von den Alliierten verordneten universalistischen demokratischen Werte sich allmählich durchzusetzen begannen. Die Frage, inwiefern ein solches gespaltenes moralisches Empfinden auch im heutigen vereinigten Deutschland noch auf ein Fortwirken der NS-Moral verweist, bedarf unserer besonderen Aufmerksamkeit.

[21] Ich verdanke diese Formulierung Saul Friedländers klassischer Studie »Kitsch und Tod. Der Widerschein des Nazismus« (München, Wien 1984), auch wenn sie dort auf die Nachkriegszeit bezogen ist.

Kapitel 1

Schuld und Schande: *Jud Süß*

Veit Harlans *Jud Süß* gehört neben *Die Rothschilds* und *Der ewige Jude* zu den bekanntesten antisemitischen NS-Propagandafilmen.[1] Barbara Gerber bezeichnet ihn in ihrer umfangreichen Studie über die historische Figur Jud Süß als »das Werk regimehöriger Geschichtsfälscher, die, nicht ohne technische Raffinesse, ein lukratives Geschäft mit der Rassenhetze betrieben«.[2] Der von Goebbels geförderte Film wurde anlässlich der deutsch-italienischen Filmwoche in Venedig am 5. September 1940 uraufgeführt – die Premiere war nach den Berichten der deutschen Korrespondenten ein »gewaltiger Erfolg«.[3] Harlan hatte die Hauptrolle des Jud Süß mit Ferdinand Marian überaus populär besetzt. Allein zwischen 1940 und 1943, so die NS-Statistiken, sahen 20,3 Millionen Menschen den Film.[4] Nicht weniger bedeutsam war sein Einsatz jenseits der Reichsgrenzen, über den Joseph Wulf in seinem Dokumentationsband *Theater und Film im Dritten Reich* berichtet: »Den Aussagen von vielen Überlebenden in den Ostgebieten zufolge wurde der Film *Jud Süß*, wie auch der Herausgeber selbst feststellen

[1] Vgl. Dorothea Hollstein, »Jud Süß« und die Deutschen. Antisemitische Vorurteile im nationalsozialistischen Spielfilm, Frankfurt am Main, Berlin, Wien 1983, S. 62–116.

[2] Barbara Gerber, Jud Süß. Aufstieg und Fall im frühen 18. Jahrhundert. Ein Beitrag zur historischen Antisemitismus- und Rezeptionsforschung, Hamburg 1990, S. 286.

[3] Hollstein, »Jud Süß« und die Deutschen, S. 81.

[4] Vgl. Susan Tegel, Jew Süss – Jud Süss (Germany 1940), Wiltshire 1996, S. 44.

konnte, im Osten immer dann, wenn eine ›Aussiedlung‹ oder Liquidation im Ghetto bevorstand, der ›arischen‹ Bevölkerung gezeigt. Wahrscheinlich erachtete man es für ein gutes Mittel, jeder Hilfe seitens der nichtjüdischen Bevölkerung vorzubeugen.«[5]

Harlans antisemitisches Pamphlet hatte ein juristisches Nachspiel: Als einziger Regisseur des Nazifilms musste er sich nach 1945 mehrfach vor deutschen Gerichten verantworten.[6] Zweimal, 1949 und 1950, wurde er angeklagt, mit seinem Film an »Verbrechen gegen die Menschlichkeit« beteiligt gewesen zu sein – und beide Male freigesprochen. Am Rande der Prozesse kam es zu antisemitischen Solidaritätskundgebungen, aber auch zu Boykottaufrufen gegen den Regisseur und seine späteren Filme.[7]

Harlans *Jud Süß* schildert in grotesker antisemitischer Verzerrung Aufstieg und Fall des Hofjuden Joseph Süß Oppenheimer (geb. 1698 in Heidelberg, gest. 1738 in Stuttgart) – ein Stoff, den zuvor schon Wilhelm Hauff in einer Novelle (1827) und Lion Feuchtwanger in einem Roman (1925) bearbeitet hatten und der 1934 von Lothar Mendes in Großbritannien verfilmt wurde, mit dem dorthin emigrierten Conrad Veidt in der Titelrolle. Der Fokus auf Joseph Süß Oppenheimer in verschiedenen historischen Epochen ist insofern interessant, als er, wie Selma Stern in ihrer Geschichte des Hofjuden feststellt, der »erste und bis auf Lassalle praktisch einzige Jude« war, der,

[5] Joseph Wulf, Theater und Film im Dritten Reich. Eine Dokumentation, Gütersloh 1964, S. 409.

[6] Vgl. Thomas Henne, Arne Riedlinger (Hrsg.), Das Lüth-Urteil aus (rechts-)historischer Sicht. Die Konflikte um Veit Harlan und die Grundrechtsjudikatur des Bundesverfassungsgerichts, Berlin 2005, S. 66.

[7] Vgl. Peter Reichel, Harald Schmid, Von der Katastrophe zum Stolperstein. Hamburg und der Nationalsozialismus nach 1945, München, Hamburg 2005, S. 32 ff. Siehe zu den Prozessen gegen Harlan, den Freisprüchen, Boykottaufrufen etc. Henne, Riedlinger (Hrsg.), Das Lüth-Urteil, passim.

»wenn auch in begrenztem Bereich, in den Gang der deutschen Geschichte« eingegriffen hat. Süß, führt Stern weiter aus, sei »das erste Beispiel eines deutschen Juden in der Politik, der erste jüdische Repräsentant des neuen, aufgeklärten europäischen Geistes. Als erster Jude stieg er in der Gunst eines Fürsten vom Händler und Bankier zum Wirtschaftspolitiker und vom Staatswirtschaftler zum weithin bekannten Staatsmann auf. Als erster Jude unternahm er es, nicht nur die Wirtschaft eines Staates, sondern dessen gesamte politische Struktur zu transformieren.«[8] Wie vor ihr schon die *Jewish Encyclopedia* von 1916, so bezeichnet auch Selma Stern seine Verurteilung und Hinrichtung nach dem plötzlichen Tod Herzog Karl Alexanders von Württemberg als »Justizmord«.[9]

»Die im Film geschilderten Ereignisse beruhen auf geschichtlichen Tatsachen«, teilt ein Zwischentitel den Zuschauern zu Beginn von *Jud Süß* mit. (Nach Kriegsende beharrte Harlan, etwa in einem offenen Brief an Lion Feuchtwanger, zur eigenen Verteidigung darauf, dass er sich an die historischen Fakten gehalten habe.)[10] Die Handlung des Films ist folgende: Joseph Süß Oppenheimer erhält als erster Jude die Erlaubnis, nach Stuttgart zu reisen, indem er dem Herzog von Württemberg verspricht, Schmuck zu besorgen. Er versteht es, sich als dessen Finanzminister eine Machtstellung aufzubauen. Seine jüdische Tracht gibt er dafür auf und kleidet sich wie ein besonders gepflegter Höfling. Süß Oppenheimer macht sich systematisch alle Schwächen des Herzogs zunutze, um Juden in der Residenz

[8] Selma Stern, Der Hofjude im Zeitalter des Absolutismus, hrsg. von Marina Sassenberg, Tübingen 2001, S. 104.

[9] Ebd., S. 105.

[10] »Ich halte es für gewiss«, schrieb Harlan am 12. Dezember 1947 unter anderem an Feuchtwanger, »dass dieser Film Niemanden zum Antisemiten machte und dass er gewiss Niemanden dazu angeregt hat, die Juden zu hetzen oder in Pogromen zu verfolgen.« Zit. nach Ingrid Buchloh, Veit Harlan. Goebbels' Starregisseur, Paderborn 2010, S. 183.

anzusiedeln, seinen Herrn mehr und mehr mit seinem Land zu entzweien und ihn an sich und die Juden in der Stadt zu binden. Um die Schulden des Herzogs bei ihm zu tilgen, erfindet er Weg- und Brückenzölle; gleichzeitig führt er Karl Alexander schamlos die jungen Frauen der Stadt zu. Beides bringt den Herzog mehr und mehr in Konflikt mit den Landständen, der politischen Vertretung der Bürger Württembergs. In dieser Situation schlägt Süß ihm vor, die bisher gültige Landständische Verfassung außer Kraft zu setzen, und nutzt den dadurch entstehenden Aufruhr, um seine Macht und die der Juden in der Residenz zu befestigen. Mit anderen Worten: Der Jude Süß ist Motor des bösen Geschehens – er wird für eine ungerechtfertigte Hinrichtung verantwortlich gemacht, vor allem aber vergewaltigt er Dorothea, die Tochter des Landschaftskonsulenten Sturm,[11] nachdem sie seine Avancen zurückgewiesen hat –, der Herzog dagegen, schwach und verführbar, folgt widerwillig den Einflüsterungen seines Ratgebers. Am Ende des Filmes, nach dem plötzlichen Tod des Herzogs, wird Süß hingerichtet.

Harlans *Jud Süß* will bei den Zuschauern vor allem starke Gefühle moralischer Empörung erzeugen. Bereits seine Körperhaltung und Gestik sollen die Unaufrichtigkeit des Juden verraten. Süß' Boshaftigkeit wird vielleicht am anschaulichsten in einer Nebenhandlung dargestellt: seiner Rache an einem Schmied, der sich seinen finanziellen Erpressungen nicht beugen will. Zuerst lässt er dessen Haus wie eine Puppenstube halbieren. Dann überzeugt er den Herzog in einer günstigen Stunde, den Schmied zu bestrafen – mit dem Tod durch den Strang.

Doch Harlan beschränkt sich nicht darauf, Süß als Betrüger, Erpresser und spitzfindigen Bösewicht darzustellen. Die dramatische Spannung des Films wird erzeugt durch die Art und

[11] Als juristische Beiräte beschäftigten die Landstände die sogenannten Landschaftskonsulenten.

Weise, in der Süß sein erotisches Interesse an Dorothea Sturm auslebt. Er versucht sie sich erst durch Charme, dann mit Geld und schließlich durch Erpressung gefügig zu machen. Nach einer besonders grausamen Erpressungsszene – Süß will Dorothea zum Beischlaf zwingen, indem er ihren geliebten Mann foltern lässt und sie seinen Schreien aussetzt – vergewaltigt er sie und treibt sie damit, der Logik des Films zufolge, in den Selbstmord.

Diese Szene ist der Höhepunkt einer Reihe von Untaten, die Süß schließlich eine Anklage wegen »Erpressung, Wucher, Ämterhandel, Unzucht, Kuppelei und Hochverrat«[12] einbringen. Der Gerichtsvorsitzende verliest sie zunächst mit milder Stimme, die er deutlich hebt, als er hinzufügt: »Aber weit größer scheint mir die Schuld des Juden, wenn man sie an der Schande, dem Schaden, dem Leid ermisst, die unser Volk durch ihn an Leib und Seele erlitten hat. Und darum meine ich, jetzt sollte der sprechen, der am tiefsten gekränkt und beleidigt worden ist.«[13]

Es folgt eine Szene, die explizit Moral thematisiert. Der Vater von Dorothea, Landschaftskonsulent Sturm, ergreift das Wort und wendet sich leise an das Gericht: »Ihr Herren, nicht Vergeltung, sondern nur, was rechtens ist!« »Sprecht nur frei, Sturm«, erwidert der Vorsitzende, »Ihr habt das größte Leid erfahren und füglich das größte Recht zu richten.« Darauf Sturm pathetisch: »Leid spricht nicht Recht! Auge um Auge, Zahn um Zahn – das ist nicht unsre Art. Fragt nur das alte Reichskriminalgesetz, da steht's für alle Ewigkeit: ›So aber ein Jude mit einer Christin –‹« An dieser Stelle reicht Sturm das Gesetzbuch dem Vorsitzenden, der den entscheidenden Passus vorliest: »So aber ein Jude mit einer Christin sich fleischlich vermenget, soll er durch den Strang vom Leben zum Tode ge-

[12] Zit. nach Hollstein, »Jud Süß« und die Deutschen, S. 313.
[13] Hier und im Folgenden zit. nach Hollstein, ebd.

bracht werden.« Die Worte des Gerichtsvorsitzenden leiten über zur Stimme des Henkers, der auf dem Marktplatz vor versammeltem Volk das Urteil verkündet: »So aber ein Jude mit einer Christin sich fleischlich vermenget, soll er mit dem Strang vom Leben zum Tode gebracht werden, ihm zur wohlverdienten Strafe, jedermann aber zum abschreckenden Exempel.«

Am Rande sei erwähnt, dass diese Begründung im tatsächlichen Urteil aus dem Jahre 1738 nicht auftaucht. Hier werden nur sehr allgemein »die an Herrn und Land verübten verdammlichen Misshandlungen« angeführt.[14] Lion Feuchtwanger beschreibt die Urteilsverkündung in seinem historischen Roman lapidar wie folgt: »Süß hört in monotonem Wechsel Landschaden, Plünderung, Beraubung, Hochverrat, Majestätsverbrechen, Staatsverbrechen und den Schluß, daß er mit dem Strang vom Leben zum Tod solle hingerichtet werden.«[15]

In der Wiener Library findet sich ein Programmheft zur Aufführung des Films im Hamburger UFA-Palast, das die Moral der Geschichte kurz und prägnant zusammenfasst: »Der Jude hatte – was er zu allen Zeiten vergaß – nicht mit dem gesunden Volkskern gerechnet. Als er, der, um ins Land hereinzukommen, den Judenbann [ein Einwanderungsverbot für Juden] umgangen hatte, seine errungene Macht so weit ausnutzte, daß er die Töchter seiner Beamten zwang, sich zu den von ihm veranstalteten Orgien zur Verfügung zu stellen, und daß er vom Herzog einen schriftlich fixierten Generalablaß für alle seine vergangenen und künftigen Taten einhandelte, da erhoben sich die Landstände, die aus altem Rechtsempfinden noch gebliebene Vertretung des Bürgertums, und kassierten, nach-

[14] Zit. nach Curt Elwenspoek, Jud Süß Oppenheimer. Der große Finanzier und galante Abenteurer des 18. Jahrhunderts. Erste Darstellung auf Grund sämtlicher Akten, Dokumente, Überlieferungen, Stuttgart 1926, S. 166.

[15] Lion Feuchtwanger, Jud Süß [1925], Stockholm, Amsterdam 1939, S. 479.

dem der Fürst gerade zur rechten Zeit die Augen schloß, den Juden und hingen ihn in einem eisernen Käfig an den Galgen.«[16]

Das Programmheft spricht zentrale Elemente dessen an, was man den normativen Fokus des Films nennen könnte – sein Hervorgehen aus dem Feld der Propaganda, wo die Grenze zwischen der Einführung neuer und der Bestätigung bereits etablierter Normen schwer zu ziehen ist. Einerseits geht der kurze Text auf die wichtigste moralische Lehre des Filmes ein – die arischen Christen müssen ihren »gesunden Volkskern« finden, die Juden wieder vertreiben und sich aktiv an ihrer rechtmäßigen Tötung beteiligen –; andererseits ist diese völkische Norm eng verbunden mit der erotisch-emotionalen Handlungsebene des Films, die auf das Thema der »Schande« ausgerichtet ist. Mit Landschaftskonsulent Sturms Rede vor dem Gericht spielt *Jud Süß* auf einen alten antijudaistischen Topos an, der das jüdische Recht als reines Racheprinzip darstellt: »Auge um Auge, Zahn um Zahn«. Tatsächlich hatte Süß seinen Versuch, Dorothea zu erpressen, mit diesem Prinzip gerechtfertigt, das ihr Vater nun ausdrücklich zurückweist – »das ist nicht unsere Art«. Dagegen setzt er das »alte Reichskriminalgesetz«, das »für alle Ewigkeit« die Schande ächte. Joseph Süß Oppenheimer wird in dem Film nicht wegen »Erpressung, Wucher, Ämterhandel, Kuppelei und Hochverrat« hingerichtet, sondern weil er Dorothea vergewaltigt hat. Doch nicht die Vergewaltigung selbst, sondern der nach NS-Recht als »Rassenschande« verfolgte Verkehr zwischen Juden und Ariern wird als Hauptgrund für das Todesurteil angeführt – eine Hierarchie der Vergehen, die der Richter bestätigt, wenn er sagt: »Aber weit größer scheint mir die Schuld des Juden, wenn man sie an der Schande […] ermisst, die unser Volk durch ihn an Leib und Seele erlitten hat.«

[16] Wiener Library M5 006, Jud Süss Filmprogramm – UFA Palast Hamburg.

Alle anderen Straftaten, die Joseph Süß Oppenheimer vorgeworfen werden – im Film *Jud Süß*, in Feuchtwangers Roman und nach der historischen Überlieferung –, würden auch innerhalb unseres eigenen juridisch-normativen Systems moralische Empörung hervorrufen. Die meisten Menschen lehnen Erpressung, Vergewaltigung, Nötigung, Ämtermissbrauch etc. heute ebenso ab wie das NS-Publikum. Aber im Film *Jud Süß* und für das damalige Publikum konzentrieren sich die Hinrichtung und der Höhepunkt der emotionalen Empörung auf die »Schande«. (Dass sich eine vergewaltigte Frau oder eine Frau, der eine Vergewaltigung droht, aus moralischen Gründen lieber umbringt, als weiterzuleben – Dorothea entkommt der »Schande«, die sie sonst über ihren Ehemann und ihre Familie bringen würde, indem sie ins Wasser geht –, ist natürlich ein altes Motiv.)

Die Gegenüberstellung von Treue und Ehre auf der einen, Schande auf der anderen Seite zieht sich durch Harlans Film. Gleich am Anfang verliest Landschaftskonsulent Sturm für den Herzog die Eidesformel: »Insbesondere verpflichten wir uns, der Verfassung *treu* zu bleiben und *getreu* nach dieser Verfassung mit der Landschaft gemeinsam die Regierungsgeschäfte zu führen.«[17] Nach Süß' Hinrichtung und seinem und seiner Tochter Triumph über die drohende Schande endet *Jud Süß* mit Sturms Appell an die Gesetzestreue: »Alle Juden haben innerhalb dreier Tage Württemberg zu verlassen. Für ganz Württemberg gilt hiermit der Judenbann! [...] Mögen unsere Nachfahren an diesem Gesetz ehern festhalten, auf dass ihnen viel Leid erspart bleibe an ihrem Gut und Leben und an dem Blut ihrer Kinder und Kindeskinder.«[18] Man kann hier vielleicht von einem *dialektischen Verhältnis* zwischen Treue und

[17] Zit. nach Hollstein, »Jud Süß« und die Deutschen, S. 270, Hervorh. R. G. – Mit »Landschaft« ist hier die Gesamtheit der Landstände eines Herrschaftsgebietes gemeint.
[18] Zit. nach ebd., S. 314.

Schande sprechen. Aber eine genaue Betrachtung der Logik, die dieser normstiftenden Dialektik zugrunde liegt, scheint ein wichtiges Merkmal der NS-Ideologie und -Propaganda hervorzuheben: Die Nationalsozialisten konnten sehr effektiv eine gewisse Haltung einfordern, ein ehrenhaftes Verhalten im Sinne der Treue zum »Volk«, das auf dem Verbot des Verkehrs mit Juden basierte. Was sie jedoch *nicht* konnten, war, eine moralische Verbindung herzustellen zwischen den Juden und klassischen kriminellen Tatbeständen wie beispielsweise Betrug.

Denn Betrug ist *an sich* strafbar, und nicht weil ein Jude (oder ein Nazi) ihn begeht. So beziehen sich alle gegen Süß erhobenen Anschuldigungen in dem Film auf Verbrechen, die auch wir als solche ansehen – mit Ausnahme des »Verbrechens«, für das er am Ende hingerichtet wird: der Schande. Um dem Publikum die NS-Moral einzuschärfen, werden – *an sich* verständliche – Gefühle der Empörung angesichts der Vergewaltigung Dorotheas massiv verstärkt durch die Empörung über Taten, deren Bestrafung gerechtfertigt ist, bis zu dem Punkt, an dem keine weitere rechtliche Begründung für die Hinrichtung mehr notwendig erscheint – als verbindendes Moment in diesem Prozess dient wiederum der Begriff der Schande. Man kann ihn als Gegenbegriff zu dem der Ehre verstehen: Wer sich an die moralischen Normen hält, der wird Ehre erlangen, wer sich nicht an sie hält, Schande auf sich ziehen. Was den NS-Begriff der Schande aber vor allem auszeichnet, ist, dass er die semantische Bedeutung von »jemandem Schande machen« – nämlich dem Vater, dem Ehemann und allen Württembergern – in den Vordergrund stellt. Wenn wir Harlans Film genauer analysieren, wird deutlich: Obwohl der Jude der Verbrecher, also die Ursache der Befleckung ist, geht die Schande doch eher von der befleckten Dorothea aus. Kurz, die Person, die »Schande macht«, muss der Gemeinschaft selbst angehören. Durch ihren Selbstmord löst Dorothea das damit verbundene moralische Dilemma, was mit ihr, die Schande über die Gemeinschaft gebracht hat, nun eigentlich geschehen soll. Es bleibt nur noch Jud Süß übrig, der für ihren Selbstmord verantwortlich ist und daher zu Recht hingerichtet wird.

Für die Zuschauer, die den Film 1940 sahen, bildete das »Gesetz zum Schutze des deutschen Blutes und der deutschen Ehre« vom 15. September 1935 den rechtspolitischen Hintergrund.[19] Dieses hatte, ohne den Propagandabegriff direkt zu verwenden, die »Rassenschande« zum Delikt erklärt. Der Name des Gesetzes vereint den biologischen Begriff des »Blutes« mit dem moralisch-normativen der »Ehre« – eine Verknüpfung, die die NS-Ideologie strukturell prägte und die Harlans Film aufgreift. Sie bietet den konzeptuellen Rahmen für die Abfolge von Szenen, die Aufstieg und Fall von Joseph Süß Oppenheimer darstellen. Der Herzog folgt ihm zwar, scheut sich aber auch nicht, ihn ständig zu demütigen und zu beleidigen. Dasselbe gilt für Faber. In einer längeren Szene am Spieltisch verhöhnt er den Juden und sein »Blutgeld«, ohne dass Süß, dem es an »Ehre« fehlt, imstande wäre, sich erfolgreich zu wehren. Schon die erste Begegnung der beiden Männer ist demütigend für Joseph Süß Oppenheimer. Faber stellt ihn vor Dorothea bloß und möchte ihn gleich vertreiben: »Das ist doch ein Jude, der Herr Oppenheimer aus Frankfurt! […] Mein Herr, ich möchte Euch empfehlen, die nächste Post nicht zu versäumen! […] In der Residenz Stuttgart gibt es keine Judenherbergen.«[20]

Dass Süß sich beleidigt fühlt, zeigen all diese Szenen sehr deutlich. Er wird insofern als normaler Mensch mit normalen Gefühlen gezeichnet. Einige Juden stellt Veit Harlan sogar als Verfolgte dar – etwa Süß' Sekretär Levy, wenn er sich in Todes-

[19] Siehe Reichsgesetzblatt I 1935, S. 1146f. Das sogenannte »Blutschutzgesetz«, eines der Nürnberger Gesetze, verbot »Eheschließungen zwischen Juden und Staatsangehörigen deutschen oder artverwandten Blutes« sowie den »außerehelichen Verkehr« zwischen ihnen.

[20] Zit. nach Hollstein, »Jud Süß« und die Deutschen, S. 276.

angst vor der aufgebrachten Menge in seinem Haus zu verstecken sucht. Diese Momente wirken auf den ersten Blick widersprüchlich oder inkohärent, denn sie scheinen der These zuwiderzulaufen, dass die NS-Moral nach außen klar abgegrenzt und intern hierarchisch organisiert war. Doch ähnliche Szenen lassen sich auch in anderen antisemitischen Filmen finden, und sie dienen einem wichtigen Ziel: Sie fangen exakt die doppelte Konstruktion der Juden und des »Jüdischen« ein, die für die nationalsozialistische Moral und die NS-Judengesetzgebung konstitutiv ist. Einerseits verwendete Harlan große Mühe darauf, die Juden als im Kern immer gleich darzustellen – so besetzte er gleich vier jüdische Nebenrollen mit ein und demselben Schauspieler.[21] Um aber bei den Zuschauern moralische Empörung hervorzurufen, mussten die Juden im Film zugleich mehr sein als nur ferngesteuerte Monster, sie mussten auch über eine gewisse Freiheit und Leidensfähigkeit verfügen. Trotz ihrer biologistischen Fundierung scheint die NS-Moral also immer auch ein *Element der Freiheit* zu benötigen, um die Gefühle erzeugen zu können, die sie als geteilte moralische Gefühle innerhalb der »Volksgemeinschaft« durchsetzen will. Genau dieses Element, eingewoben in die abscheuliche Textur seines Films, sollte Veit Harlan dann in der Nachkriegszeit zu seiner Verteidigung anführen.

[21] Werner Krauß spielte gleichzeitig den Sekretär Levy, den Rabbi Loew, den Schächter Isaak und einen Alten am Fenster.

Kapitel 2

»Rassenschande«: NS-Moral und nationalsozialistisches Recht

I.

Welche Quellen kann man heranziehen, um die NS-Moral zu untersuchen? Kinderbücher, Texte von Philosophen und Theologen, private Aufzeichnungen und Tagebücher, medizinische, eugenische, psychologische und pädagogische Lehrbücher, politische Erklärungen und Abhandlungen, Propaganda, Moralkodizes von Wehrmacht und SS – all das ist verfügbar. Moralische Urteile sind überall zu finden, sie beschränken sich nicht auf jene berüchtigte Posener Geheimrede Himmlers, in der er »Anständigkeit« und Judenmord in einer Weise miteinander verband, die dem Wort für mich bis heute anhaftet. Man kann all diese Quellen daraufhin analysieren, welche moralischen Gefühle in ihnen vorausgesetzt oder gefordert werden: Wann werden etwa Gefühle von Groll, Empörung oder Schuld erörtert, geäußert oder im Rahmen der »deutschen Volksgemeinschaft« eingefordert? Ich möchte mich hier auf einen bestimmten Bereich der NS-Moral konzentrieren: auf das nationalsozialistische Recht.[1]

Das vielleicht zentralste, sicher aber das bekannteste und abscheulichste nationalsozialistische Gesetz war das »Gesetz zum Schutze des deutschen Blutes und der deutschen Ehre«, das am

[1] Der Begriff »nationalsozialistisches Recht« könnte, wie der der »NS-Moral«, auch durchgängig in Anführungszeichen gesetzt werden, um die Distanz zu unserem heutigen Recht kenntlich zu machen. Tatsache ist, dass dieselben Personen, die sich zwischen 1933 und 1945 um die nationalsozialistische Rechtsprechung, Rechtstheorie und die gesamte Justiz kümmerten, fast ohne Ausnahme spätestens ab 1951 wieder für das deutsche Recht zuständig waren.

15. September 1935 auf dem Reichsparteitag der NSDAP in Nürnberg verkündet wurde. In den mehr als zwei Jahren der NS-Herrschaft, die dem vorausgegangen waren, hatten die Nationalsozialisten jedoch schon zahlreiche andere antisemitische Maßnahmen und Richtlinien verabschiedet. Über 500 solche Beispiele finden sich in der von Joseph Walk herausgegebenen Sammlung zum »Sonderrecht für die Juden im NS-Staat«: Gesetze, Anordnungen, Verfügungen, Verordnungen etc., die teils öffentlich, teils geheim erlassen worden sind.[2] (Angesichts ihres Ausmaßes und der Präzision, mit der sie bis in die Vernichtungslager hineinreichten, ist die heute unter Kulturwissenschaftlern beliebte und vor allem von Giorgio Agamben propagierte Ansicht, die Verfolgung und Vernichtung der Juden habe quasi im gesetzesfreien Raum des »Ausnahmezustands« stattgefunden, nur schwer nachzuvollziehen.)[3]

Untersucht man diesen Korpus antisemitischer Gesetze und Richtlinien darauf hin, wie moralische Vorstellungen in sie eingeflossen sind, springen zwei Dinge besonders ins Auge: Zum einen postulieren sie nicht nur eine arische Moral, sondern greifen immer auch die antisemitische Vorstellung einer jüdischen Gegenmoral auf und verfestigen diese in Gesetzesform. Sie sind also das Zeugnis einer Weltanschauung und ihrer rechtlichen Implementierung. Zum anderen fällt die sadistische Leidenschaft auf, von der diese scheinbar so trockenen Gesetzestexte offen oder unterschwellig geprägt sind. Obwohl Autoren wie Freud und später Sartre auf das Element der Leidenschaftlichkeit im Antisemitismus hingewiesen haben, wird

[2] Joseph Walk (Hrsg.), Das Sonderrecht für die Juden im NS-Staat. Eine Sammlung der gesetzlichen Maßnahmen und Richtlinien – Inhalt und Bedeutung, Heidelberg, Karlsruhe 1981.

[3] Siehe dazu Astrid Deuber-Mankowsky, »›Homo sacer‹, das bloße Leben und das Lager. Anmerkungen zu einem erneuten Versuch einer Kritik der Gewalt«, in: Babylon. Beiträge zur jüdischen Gegenwart, Heft 21, 2006, S. 105–121.

gerade dieses in der heute immer detaillierteren historischen und soziologischen Forschung meist nicht weiter berücksichtigt.[4] Doch es reicht nicht aus, wie es häufig geschieht, die Struktur und Semantik der antisemitischen Texte zu beschreiben; die bloße Rekonstruktion kann im schlimmsten Fall zu einer Art Wiederholung werden. »Der Antisemitismus ist«, wie Sartre schreibt, »gleichzeitig eine Leidenschaft und eine Weltanschauung.«[5] Man kann die Wirkung des NS-Antisemitismus nicht verstehen, ohne diese Grundstruktur und die Gefühle, die dabei im Spiel sind, zu beachten.

Dennoch ist auch eine psychologische Analyse der antisemitischen Leidenschaft – selbst wenn sie die verschiedenen Äußerungsformen genau untersucht und zusammenfasst – nicht dazu in der Lage, die gesamtgesellschaftlichen Wirkungen und Artikulationen des Antisemitismus zu erklären. Diese Leidenschaft, so die im Folgenden vertretene These, gewinnt ihre Brisanz aus der Tatsache, dass sie sich auf geteilte und gegenseitig einforderbare Gefühle von Schuld, Scham, Groll und Empörung stützen kann, kurz: auf moralische Gefühle. Diesen Aspekt findet man bei Sartre noch nicht, und so kann sein Ansatz nicht den hohen Grad an gesellschaftlicher Akzeptanz erklären, den der NS-Antisemitismus erreicht hat. Warum sind so viele Deutsche Hitler mit derart leidenschaftlicher Hingabe gefolgt? Genau diese von Historikern selten aufgeworfene Frage versucht eine Geschichte der NS-Moral zu beantworten – mehr noch als die oft gestellte Frage, warum so wenige Deutsche sich dem Nationalsozialismus widersetzt haben.

Um die soziohistorische Phänomenologie der NS-Moral zu

[4] Eine erste Sammlung von Essays, die das Thema Antisemitismus aus dieser Perspektive behandeln, ist Ernst Simmel (Hrsg.), Anti-Semitism. A Social Disease, New York 1946; dt.: Antisemitismus, Frankfurt am Main 2002.

[5] Jean-Paul Sartre, Betrachtungen zur Judenfrage. Psychoanalyse des Antisemitismus, Zürich 1948, S. 13f.

verstehen, genügt es nicht, sie ausgehend von einem »Irrtum« oder einer »Verirrung« zu rekonstruieren, ebenso wenig reicht es aus, nur einen Schlüsselbegriff innerhalb des NS-»Moralsystems« zu analysieren und von dort aus auf das Ganze zu schließen. Wie bei der Ursachenforschung zum Nationalsozialismus im Allgemeinen scheitern alle monokausalen Erklärungsversuche spätestens an der Empirie. Stattdessen brauchen wir einen breitgefächerten Ansatz, eine Untersuchung sowohl der zentralen Begriffe als auch eines möglichst umfassenden empirischen Materials. Wir müssen im Einzelnen analysieren, wie die moralischen Gefühle von Schuld, Scham, Groll und Empörung mit den NS-spezifischen Tugenden zusammenhängen: mit Kameradschaft, Treue, Opferbereitschaft und Anstand, um nur einige zu nennen. In einem nächsten Schritt wäre dann zu untersuchen, wie diese normativen Kategorien in der Praxis zur Anwendung kamen: Auf welche Art und Weise wurde ihre Befolgung etwa durch einen Zugewinn an Ehre belohnt, ihre Missachtung mit Schamgefühl und Schande bestraft? Dabei sollten wir nicht vergessen, dass viele dieser Kategorien auch eine andere, »normale« Bedeutung besitzen, eine, die wir gewöhnlich als universale verstehen (Man kann treu sein, ohne ein Nazi zu sein) – denn genau hierin liegt meist die Schwierigkeit, ihre spezifische Funktionsweise innerhalb der NS-Moral zu analysieren.

II.

Bereits vor den sogenannten Nürnberger Gesetzen waren, wie gesagt, Antisemitismus und NS-Moral auf vielfältige Weise in die deutsche Gesetzgebung eingeflossen. Im März 1933 erließ die Berliner Stadtverwaltung eine Anordnung, die sich speziell gegen jüdische Anwälte und Notare richtete – sie durften die Stadt zukünftig in keiner rechtlichen Angelegenheit mehr vertreten.[6] Schon vor der Machtergreifung hatten viele Deutsche angezweifelt, dass jüdische Anwälte oder Notare sich wirklich dem Recht und vor allem der Gerechtigkeit verpflichtet fühlten. Ab 1933 trieben verschiedene Instanzen im NS-Staat mit immer neuen Gesetzen und Verordnungen den Kampf gegen die für sie schändliche jüdische Präsenz im deutschen Rechtssystem voran, eine Präsenz, die in ihren Augen mehr oder weniger identisch war mit den Prinzipien universaler Gerechtigkeit. Die erste solche Verordnung war die oben erwähnte gegen jüdische Anwälte und Notare in Berlin. Viele andere folgten. Am 13. November 1933 verfügte das Reichsministerium der Justiz: »Nichtarier können weder als Schöffen noch als Geschworene berufen werden.«[7] Am 4. April 1935 gab die Gestapo Berlin folgenden Erlass heraus: »Es muß alles getan werden, um der Erscheinung, daß arische Studenten sich von Juden bei der Vorbereitung zu den Prüfungen helfen lassen, ein Ende zu machen.«[8] Anderthalb Jahre später ordnete das Reichsministerium der Justiz an: »Kandidaten für die juristische Abschlußprüfung haben ausdrücklich zu erklären, daß sie zur Vorbereitung auf die Prüfung keine Hilfe von Juden erhalten haben.«[9]

Was für das Recht galt, galt auch für viele andere Bereiche. Schon im ersten Jahr der NS-Herrschaft wurde eine Verordnung erlassen, die das »Schächten von Schlachttieren nach jüdischem Brauch« verbot.[10] Sie spiegelte die weitverbreitete Meinung wider (die in Europa auch heute noch vor-

[6] Walk (Hrsg.), Das Sonderrecht, S. 5 (18. 3. 1933).

[7] Ebd., S. 60.

[8] Ebd., S. 111.

[9] Ebd., S. 171 (2. 9. 1936).

[10] Ebd., S. 5 (22. 3. 1933, Sächsisches Ministerium des Innern). Nachdem zahlreiche solche Verordnungen erlassen worden waren, verbot ein Gesetz vom 21. 4. 1933 reichsweit das Schlachten nach jüdischem Ritus; vgl. ebd., S. 15.

herrscht), das jüdische Ritual des Schächtens sei eine besonders grausame Form des Schlachtens – daher die Sorge der Nazis um das Wohl von Schlachttieren, wenn sie in die Hand von Juden geraten waren. Dass die Grenze zwischen dieser Art von Tierschutz und einem tiefsitzenden Judenhass fließend war,[11] machte auch der vielleicht bekannteste und abscheulichste antisemitische Hetzfilm *Der ewige Jude* (1940) deutlich, der das Schächten anprangerte. Entsprechend postulierte eine Verordnung zur »Wiederherstellung der Ehrlichkeit beim Viehhandel« von 1933, die den »Gebrauch der jüdischen Sprache (jiddisch)« auf Viehmärkten verbot, dass Juden im Umgang mit Tieren nicht nur grausam, sondern auch *unehrlich* seien.

Ebenfalls sehr früh finden sich Richtlinien für die »Anträge auf Namensänderung seitens Juden«. Solche Anträge waren »zur Bestätigung an das Justizministerium weiterzuleiten, um zu verhindern, daß die Abstammung verschleiert wird«.[12] Die Angst, dass Juden sich versteckten und tarnten, eben nicht wahrhaftig und ehrlich seien, führte in der Folge zu einer ganzen Flut von gesetzgeberischen Maßnahmen, die sich einzig mit jüdischen Namen beschäftigten. Am 22. April 1933 wurde das Reichsverkehrsministerium in dieser Sache tätig und erließ ein »Verbot, bei telephonischer Übermittlung von Telegrammen jüdische Namen zum Buchstabieren zu benutzen«.[13]

[11] Diese Grenze ist auch heute noch bei vielen Tierschutzorganisationen fließend, die sich intensiv mit dieser Frage beschäftigen. In den jüdischen Gemeinden der Schweiz sind die Diskussionen um ein Schächtverbot daher bis heute gefürchtet, nicht nur wegen der praktischen Folgen – der Schwierigkeiten, die Kashrut (die jüdischen Speisegesetze) einzuhalten –, sondern auch wegen der ziemlich durchsichtigen antisemitischen Affekte, die dabei ausagiert werden.

[12] Walk (Hrsg.), Das Sonderrecht, S. 9 (3. 4. 1933, Preußisches Ministerium der Justiz).

[13] Ebd., S. 16.

(Noch heute wird in Deutschland beim Telefonieren zum Teil nach diesen Regeln buchstabiert.)[14]

Neben »Gerechtigkeit« und »Wahrhaftigkeit« scheint den gegen jüdische Sportler gerichteten Maßnahmen eine andere zentrale Kategorie der antisemitischen NS-Moral zugrunde zu liegen. Am 4. April 1933 wurden jüdische Boxer »von der Beteiligung an Wettkämpfen ausgeschlossen«; nur drei Wochen später führte der Reichssportkommissar den Arierparagraphen bei allen deutschen Sport- und Turnvereinigungen ein.[15] Im August folgte dann ein Badeverbot für Juden – etwa im Strandbad Berlin-Wannsee.[16] Sartre erwähnt diese außergewöhnlichen Maßnahmen in seinen *Betrachtungen zur Judenfrage*: »Die Deutschen verboten als erstes den Juden den Zutritt zu den Schwimmbädern. Sie glaubten, das ganze Bassin würde verunreinigt, wenn der Körper eines Juden hineintauchte.«[17]

Sartres Beobachtung ist wichtig, aber das öffentliche Badeverbot für Juden lässt sich nicht allein aus einem auf das Physische beschränkten Reinheitswahn erklären. Diese und ähnliche Vorschriften scheinen von dem Wunsch inspiriert zu sein, arische Geselligkeit frei von jeglichem Kontakt mit Juden zu genießen. Es gibt dafür einen interessanten Vorlauf. Der Bäderantisemitismus hatte nämlich schon im Kaiserreich und vor allem in der Weimarer Republik beträchtliche Ausmaße angenommen. Ende des 19. Jahrhunderts brachte ihn das auf der ostfriesischen Insel Borkum kursierende »Borkum-Lied« zum Ausdruck:

[14] So sind etwa die Bezeichnungen »S wie Siegfried« und »Z wie Zeppelin« heute immer noch gebräuchlich. Sie stammen aus der Buchstabiertafel von 1934 und hatten die zuvor geltenden hebräischen Namen Samuel und Zacharias ersetzt.

[15] Ebd., S. 10; S. 18 (28. 4. 1933).

[16] Ebd., S. 48 (22. 8. 1933).

[17] Sartre, Betrachtungen zur Judenfrage, S. 29.

»[…]

An Borkums Strand nur Deutschtum gilt,
nur deutsch ist das Panier.
Wir halten rein den Ehrenschild
Germanias für und für!
Doch wer dir naht mit platten Füßen,
mit Nasen krumm und Haaren kraus,
der soll nicht deinen Strand genießen,
der muß hinaus! Der muß hinaus! Hinaus!«[18]

Vielleicht fällt es schwer, den kontagionistischen Antisemitismus – der nicht nur die Vererbung, sondern schon den direkten oder indirekten physischen Kontakt mit Juden als eine schreckliche Bedrohung empfindet – anders zu verstehen denn als wahnhafte Paranoia. Da es sich aber um eine von vielen Deutschen geteilte und schließlich sogar gesetzlich sanktionierte Paranoia handelte, scheint die Diagnose der Wahnhaftigkeit Fragen offenzulassen. Das zitierte antisemitische Lied zeigt jedenfalls, wie schon früh versucht wurde, diesen »Wahn« in den Rahmen geteilter Moralvorstellungen zu integrieren – das beschworene reine »Ehrenschild« erhebt den Ansteckungsantisemitismus zu einer moralischen Forderung. Der kontagionistische Antisemitismus zielt wie sein genealogisches Pendant darauf ab, jeden Kontakt – und vor allem jedwede Intimität – zwischen Juden und Ariern zu unterbinden. Beim öffentlichen Baden forderte es das Gebot der arischen deutschen Ehre, sich das eigene Schamgefühl und die Keuschheit gegenüber Juden und Jüdinnen zu bewahren.

Die Nürnberger Gesetze vom 15. September 1935, insbeson-

[18] Zit. nach Michael Wildt, »›Der muß hinaus! Der muß hinaus!‹ Antisemitismus in deutschen Nord- und Ostseebädern 1920–1935«, in: Mittelweg 36, H. 4, 2001, S. 3–25, hier S. 11. Ausführlich dazu: Frank Bajohr, »Unser Hotel ist judenfrei«. Bäder-Antisemitismus im 19. und 20. Jahrhundert, Frankfurt am Main 2003.

dere das »Gesetz zum Schutze des deutschen Blutes und der deutschen Ehre«, gossen dieses Schamgefühl in Rechtsform. Das von Hitler persönlich auf dem NSDAP-Parteitag verkündete Gesetz bestand aus einer Präambel und sieben Paragraphen:

»Durchdrungen von der Erkenntnis, daß die Reinheit des deutschen Blutes die Voraussetzung für den Fortbestand des Deutschen Volkes ist, und beseelt von dem unbeugsamen Willen, die Deutsche Nation für alle Zukunft zu sichern, hat der Reichstag einstimmig das folgende Gesetz beschlossen, das hiermit verkündet wird:

§ 1: (1) Eheschließungen zwischen Juden und Staatsangehörigen deutschen oder artverwandten Blutes sind verboten. […]

§ 2: Außerehelicher Verkehr zwischen Juden und Staatsangehörigen deutschen oder artverwandten Blutes ist verboten.

§ 3: Juden dürfen weibliche Staatsangehörige deutschen oder artverwandten Blutes unter 45 in ihrem Haushalt nicht beschäftigen.

§ 4: (1) Juden ist das Hissen der Reichs- und Nationalflagge […] verboten. […]

§ 5: (1) Wer dem Verbot des § 1 zuwiderhandelt, wird mit Zuchthaus bestraft.

(2) Der Mann, der dem Verbot des § 2 zuwiderhandelt, wird mit Gefängnis oder mit Zuchthaus bestraft.

(3) Wer den Bestimmungen der §§ 3 oder 4 zuwiderhandelt, wird mit Gefängnis bis zu einem Jahr und mit Geldstrafe oder mit einer dieser Strafen bestraft.

[…]«[19]

[19] Reichsgesetzblatt 1935 I, S. 1146f.

III.

Nur wenige Tage nach der Verkündigung dieses Gesetzes kam es schon zu weiteren gesetzlichen Maßnahmen und Richtlinien – unzählige folgten. Die Dringlichkeit, mit der sie angeordnet wurden, und der normsetzende Prozess, den sie zugleich bestätigen und vorantreiben sollten, werden greifbar in zahlreichen historischen Gerichtsverfahren, die eine genauere Betrachtung verdienen. In einem dieser Fälle verhängte das Sondergericht beim Oberlandesgericht Kassel am 20. April 1943 ein Todesurteil: In der »Strafsache gegen den Diplom-Ingenieur Werner Holländer in Kassel [...], geboren 2. 8. 1914 in Köln« stand ein Mann vor Gericht, der, evangelisch getauft und erzogen, bis kurz vor seiner Verurteilung nicht wusste, dass er nach den Nürnberger Gesetzen in Deutschland als Jude galt. »Wegen Verbrechens gegen das Gesetz zum Schutze des deutschen Blutes« erging gegen Werner Holländer folgendes Urteil: »Der Angeklagte wird als gefährlicher Gewohnheitsverbrecher wegen Rassenschande in vier Fällen zum Tode verurteilt. Er trägt die Kosten des Verfahrens.«[20] Teilgenommen an dem Verfahren hatten der Landgerichtsdirektor Fritz Hassencamp als Vorsitzender sowie Kammergerichtsrat Dr. Edmund Kessler als beisitzender Richter. In ihrer Begründung heißt es unter anderem:

»Der 28jährige Angeklagte ist Volljude ungarischer Staatsangehörigkeit. [...] Der Angeklagte hatte mit einer Reihe von Frauen im Laufe der Jahre nähere Beziehungen unterhalten. So lernte er schon als Student im Jahre 1936 die deutschblüti-

[20] Hier und im Folgenden zit. nach Ernst Noam, Wolf-Arno Kropat, Juden vor Gericht 1933–1945. Dokumente aus hessischen Justizakten mit einem Vorwort von Johannes Strelitz (Justiz und Judenverfolgung, Bd. 1), hrsg. von der Kommission für die Geschichte der Juden in Hessen, Wiesbaden 1975, S. 168–173.

ge deutsche Staatsangehörige Katharina W. […] kennen. Zwischen beiden entwickelte sich ein Liebesverhältnis, das jahrelang fortbestand und zu regelmäßigem Geschlechtsverkehr führte.«

Den meisten Raum nahm die Betrachtung von Holländers Beziehung zu »Fräulein Wd.« ein:

»Er lernte sie in einem Kasseler Tennisklub kennen, in dem er sich trotz Kenntnis seiner jüdischen Abstammung als Mitglied angemeldet hatte. Aus dem Freundschaftsverhältnis wurde ein Liebesverhältnis. Das junge Mädchen, das Anfang der 20er Jahre ist, nahm an, daß der Angeklagte ernste Absichten hatte und gab sich ihm aus diesem Grunde auch geschlechtlich hin. Sie führte den Angeklagten, der […] seine jüdische Abstammung verschwieg, in ihr Elternhaus ein. […] Fräulein Wd., die letztmalig gegen Ostern mit Holländer geschlechtlich verkehrte, wurde von dem Angeklagten schwanger. Erst als sie den Angeklagten hiervon in Kenntnis setzte und die Frage einer Heirat erörtert wurde, teilte ihr der Angeklagte mit, daß mit seiner Abstammung etwas nicht in Ordnung sei. […] Die Schwangerschaft wurde unterbrochen.«

Das Gericht fasste seine Untersuchung folgendermaßen zusammen: »Der Angeklagte hat sich hiernach in vier Fällen der Rassenschande schuldig gemacht […]«. Werner Holländer wurde jedoch nicht nur aufgrund des »Gesetzes zum Schutze des deutschen Blutes und der deutschen Ehre« verurteilt – auf dessen Verletzung stand nicht die Todesstrafe –, sondern auch als »gefährlicher Gewohnheitsverbrecher«. Hassencamp und Kessler begründeten ihr Todesurteil wie folgt:

»Den Ausschlag gibt aber der Umstand, daß der Angeklagte seine Verbrechen im zweiten und dritten Kriegsjahr begangen hat. Also zu einer Zeit, als der Kampf Deutschlands mit dem Weltjudentum, wie auch der Angeklagte sehr wohl wußte, seinen Höhepunkt erreicht hatte. […] Es ist nach deutschem Rechtsempfinden ein Gebot gerechter Sühne, daß der

Angeklagte, der während eines Krieges Deutschlands mit den Anhängern des Weltjudentums die deutsche Rassenehre in den Schmutz zu treten wagte, vernichtet wird. Hierzu zwingt auch die beispiellose Gemeinheit und Skrupellosigkeit wie der schnöde Vertrauensbruch, mit der der Angeklagte als ein typischer Vertreter der jüdischen Rasse im Falle Wd. vorgegangen ist.«

Nach seiner Verurteilung wurde Werner Holländer ins Gefängnis Frankfurt-Preungesheim überführt. Reichsjustizminister Thierack lehnte sein Gnadengesuch ab. In seiner Zelle angekettet, blieb er dort noch über ein Jahr in Haft, bevor er am 30. Mai 1944 hingerichtet wurde.[21]

Hassencamp und Kessler mussten sich nach 1945 für das Urteil vor Gericht verantworten; gegen sie wurde ein Verfahren wegen »Rechtsbeugung und Totschlag« eingeleitet.[22] Dabei sollte sich zeigen, dass Werner Holländer ein Verhältnis mit der verheirateten Tochter eines Landgerichtspräsidenten gehabt hatte, deren Mann in der Wehrmacht kämpfte. Aus Rücksicht gegenüber dem hochgestellten Kollegen war diese Tatsache im Prozess gegen Holländer allerdings unerwähnt geblieben. Ernst Noam und Wolf-Arno Kropat merken daher an, »auch die Entrüstung über ein der Familie eines hohen Standeskollegen vermeintlich zugefügtes Unrecht« sei für die Todesstrafe »maßgebend« gewesen.[23] Mit anderen Worten: Holländer wurde auch aus Empörung darüber zum Tode verurteilt, dass er in eine Intimsphäre eingedrungen war, die für die Richter offensichtlich moralisch tabu war.

Fast ebenso aufschlussreich für unsere Analyse der national-

[21] Vgl. ebd., S. 173.

[22] Klaus Moritz, Ernst Noam, NS-Verbrechen vor Gericht 1945–1955. Dokumente aus hessischen Justizakten mit einem Nachwort von Richard Schmid (Justiz und Judenverfolgung, Bd. 2), hrsg. von der Kommission für die Geschichte der Juden in Hessen, Wiesbaden 1978, S. 308.

[23] Noam, Kropat, Juden vor Gericht, S. 173.

sozialistischen Moral wie dieser besondere Akt von NS-Unrecht selbst ist das Ergebnis der Bemühungen, die beiden Nazirichter nach dem Krieg zur Verantwortung zu ziehen. Am 26. Mai 1948 kam ein Rechtsgutachten des Hessischen Ministers für Politische Befreiung zu dem Schluss: »Da [...] der Vorsitzende [Hassencamp] und der Berichterstatter [Kessler] nicht die Absicht gehabt haben, ein gerechtes Urteil zu fällen, sondern von dem Willen beseelt gewesen sind, den Verurteilten ›zu vernichten‹«, sei der »Tatbestand der vorsätzlichen Rechtsbeugung« erfüllt.[24] Das Gutachten sah es als erwiesen an, »daß von den antisemitisch und fanatisch nationalsozialistisch eingestellten Richtern Hassencamp und Dr. Kessler das Todesurteil nur gefällt worden ist, weil Holländer von Juden abstammte«.[25]

1950 fällte ein Schwurgericht in Kassel – ebenso wie 1951 das Oberlandesgericht Frankfurt am Main – ein dem Rechtsgutachten diametral entgegengesetztes Urteil: Die »Anwendung des Blutschutzgesetzes« sei damals »ohne Zweifel zu Recht erfolgt«.[26] Nach ständiger Rechtsprechung könnten fortgesetzte Straftaten in Einzeldelikte zerlegt werden. »Insofern« – und hier überbietet das bundesdeutsche Gericht das Urteil von 1943 – »waren bei Holländer sogar weit mehr als vier Straftaten gegeben.«[27] Dass es sich in keinem Falle um Rechtsbeugung habe handeln können, ergab sich für das Kasseler Schwurgericht aus folgender Überlegung: »Die Angeklagten waren beide Parteimitglieder seit 1933. Sie waren überzeugte, ja sogar fanatische Nationalsozialisten. Sie waren verblendet, ließen sich leiten und sind bedingungslos der Propaganda, die von der Partei ausgestreut wurde, gefolgt.« Sicher hätten sie geglaubt, »daß die Gesetze des Nationalsozialismus im Sinne des ›Führers‹ den

24 Moritz, Noam, NS-Verbrechen vor Gericht, S. 306.
25 Ebd.
26 Ebd., S. 310.
27 Ebd., S. 311.

Buchstaben nach zu erfüllen seien«. Das Gericht sprach die Angeklagten daher frei.[28]

Was 1948 in einem Rechtsgutachten zur Verurteilung geführt hatte, führte also schon wenige Jahre später zum Freispruch. Dass der ehemalige Kammergerichtsrat Edmund Kessler nicht zu Unrecht als fanatischer Nationalsozialist bezeichnet wurde, geht aus seiner Vernehmung im Jahr 1951 klar hervor:

»*Vorsitzender:* Sie würden also heute noch sagen: ›Das Urteil halte ich für richtig?‹

Kessler: Jawohl! Wir standen auch auf dem Standpunkt, daß im Kriege, wo die deutschen Männer an der Front kämpften und wir in der Heimat unseren Mann stehen mußten, ohne Rücksicht auf Vorleben und Herkunft bestraft werden müßte. Im übrigen bin ich der Meinung, daß die Verurteilung des Holländer als Gewohnheitsverbrecher eine Ermessensfrage ist, die man nur beurteilen kann, wenn man der Hauptverhandlung von Anfang bis zum Ende beigewohnt hat. Die Zeugin Wd. war ein gebrochenes Menschenkind, die in ihrer ersten Blüte vollkommen erschüttert wurde. […]

Vorsitzender: Haben Sie es nicht bei der Frage, ob die Todesstrafe zu verhängen sei, für nötig gehalten, sich weiter mit der Persönlichkeit des Angeklagten zu befassen?

Kessler: Nach dem, was er getan hatte, bewies er, daß er charakterlich minderwertig war. Deshalb habe ich ihn ja auch zum gefährlichen Gewohnheitsverbrecher erklärt. Eine einzelne Tat, wie die im Falle Wd., kann einen Menschen so charakterisieren, daß das Bild für den Richter abgerundet ist. […] Der Angeklagte hat sich im übrigen auch nicht zurückgehalten, sondern er hat geradezu eine diebische Freude gehabt, sich über den Nationalsozialismus lustig zu machen. Er hat z.B. 1941 schon gesagt, daß der Krieg für uns verloren sei. […] Wie das Gesetz zum Schutz der deutschen Ehre aus-

[28] Ebd., S. 315.

führt, ist nicht entscheidend, wie der einzelne war, sondern es kam darauf an, wieweit die deutsche Selbstachtung getroffen wurde. Wenn der Angeklagte Holländer in dieser Art und Weise die deutsche Frauenehre und die deutsche Ehre schlechthin in den Schmutz trat und damit die Selbstachtung des deutschen Volkes aufs schwerste verletzte, so hat er damit die deutsche Selbstachtung schwer getroffen.

Vorsitzender: Wodurch verletzte er die Selbstachtung des Volkes?

Kessler: Das Blutschutzgesetz war ein Grundgesetz des Staates. [...] Dieses Gesetz ist dahin zu verstehen, daß das geschützte Rechtsgut ›die Ehre des gesamten deutschen Volkes‹ ist und darüber hinaus die Ehre der deutschen Frau und auch die Rassenehre. § 1 dieses Gesetzes besagt, daß, wenn die Selbstachtung des deutschen Volkes getroffen ist, das Gebot ist, diese Tat zu rächen. Ich hatte die richterliche Überzeugung, daß die Tat im Falle Wd. so schwer wog und mit [den] Begleitumständen aus Gründen der Gerechtigkeit die letzte Sühne erforderte.«[29]

Im Rückblick auf sein Todesurteil gegen Werner Holländer wegen mehrerer Fälle von »Rassenschande« betrachtet Kessler sein Opfer, wie schon 1943, gleichzeitig als Individuum – als »charakterlich minderwertigen« Gewohnheitsverbrecher – und als typischen Fall eines Juden. Auch jetzt unterstreicht er den angeblich vorsätzlichen Charakter von Holländers »Verbrechen«: Dieser habe es gewagt, die deutsche Ehre in den Schmutz zu treten. Die Zeugin Wd. sei von ihm nicht allein in ihrer individuellen Ehre beleidigt worden, sondern die Intimität zwischen ihr und Holländer habe die »deutsche Frauenehre und die deutsche Ehre schlechthin« verletzt. Genau dafür steht der Begriff der »Rassenschande«: für das Verbrechen eines oder einer Einzelnen, das die gesamte »Volksgemeinschaft«

[29] Ebd., S. 318ff.

trifft, und zwar nachhaltig. Die Schande, die es für die deutsche Ehre bedeutet, haftet gleichsam jedem einzelnen Deutschen an.

Die zentrale Bedeutung des nationalsozialistischen Ehrbegriffs für das Urteil der beiden Richter wird dadurch unterstrichen, dass sie den in ihren Augen vielleicht schwersten Fall von »Rassenschande« vor Gericht nicht verhandeln wollten, offenbar um ihren höhergestellten Kollegen nicht zu beschämen. Für diesen hätte es eine schwere Schande bedeutet, vom Verhältnis seiner verheirateten Tochter mit einem Juden zu erfahren. Insofern scheint sich die Sorge der Richter um das Wohl ihres Kollegen nicht sehr von traditionellen Moralvorstellungen zu unterscheiden. Doch ein anderer Aspekt ist offensichtlich NS-spezifisch: Werner Holländer handelte in den Augen seiner Richter, bewusst oder unbewusst, als ein »typischer Vertreter der jüdischen Rasse«.[30] Er beging seine »Verbrechen« also gewissermaßen im Rahmen einer breiteren Verabredung, einer geplanten, organisierten Tat, kurz: einer Verschwörung. Diese Verschwörung bedarf gar nicht der berüchtigten Treffen auf jüdischen Friedhöfen, wie sie in den *Protokollen der Weisen von Zion* (schon in der Weimarer Republik ein antisemitischer Bestseller) ausgemalt werden.[31] Sie funktioniert nach Ansicht der Richter schon allein aufgrund von Vererbung, das heißt durch eine Kette von Intimbeziehungen. Und genau die Möglichkeit von Intimbeziehungen zwischen Juden und Nichtjuden sollte das »Gesetz zum Schutze des deutschen Blutes und der deutschen Ehre« ausschließen. Wir sind hier also erneut konfrontiert mit jenem Element einer pervertierten *moralischen Leidenschaft*, das in Rassismusana-

[30] Noam, Kropat, Juden vor Gericht, S. 173.

[31] Im Rahmen eines Forschungsprojekts an der Universität Basel unter der Leitung von Michael Hagemeister wird zu den *Protokollen* gegenwärtig neu geforscht.

lysen so oft ignoriert wird. Was die Richter zu dem »rechtmäßigen« Mord an Werner Holländer getrieben hat, war im Kern ein starkes Gefühl der Empörung: der Empörung über das erfolgreiche Eindringen des Juden in den Bereich der deutschen Intimität.

IV.

Um die historische Verankerung der affektiven Dynamik, die hier am Werk war, besser zu verstehen, ist es hilfreich, einen Aufsatz von Max Scheler heranzuziehen, der 1913 erstmals veröffentlicht wurde: »Über Scham und Schamgefühl«. Scheler ist wohl der bekannteste deutsche Philosoph, der sich ausführlich mit Schamgefühlen beschäftigt hat. Ein Blick in seine Schriften erlaubt es uns, den für die NS-Gesetze konstitutiven Zusammenhang zwischen »Deutschtum«, »Judentum«, Ehrgefühl, Scham und Intimität etwas zu erhellen – nicht weil seine Texte in irgendeinem direkten Bezug zu den Autoren dieser Gesetze oder zu den NS-Richtern selbst gestanden hätten, sondern weil sie deutlicher Ausdruck der Verbindung von rassistischen und antisemitischen Vorstellungen mit den Begriffen von Scham und Ehre sind.

In Schelers Denken spielen Gefühle der Scham eine herausragende Rolle: Sie sind es, die den Menschen von den Tieren unterscheiden. Der Mensch ist nach Scheler das sich schämende Lebewesen. Das Gefühl der Scham stelle sich beim Menschen immer dann ein, wenn sich seine geistig bestimmten Intentionen – wie Denken, Wollen, Lieben – »in irgendwelche rein sachliche« auflösten und »über biologische Inhalte oder Ziele« verlorengingen.[32] Die Nähe zum Tierischen löse dann jeweils Schamgefühle aus. Im Zentrum steht für Scheler dabei

[32] Max Scheler, »Über Scham und Schamgefühl«, in: Schriften aus dem

das »geschlechtliche Schamgefühl«. Ethik und Sexualität sind für ihn eng miteinander verbunden – in diesem Kontext konstruiert er die folgende Differenz zwischen Christen und Juden, genauer, zwischen dem Germanischen und dem Jüdischen:

»Es ist eine vielleicht nicht uninteressante historische Tatsache, daß jener der kirchlichen Moral eigene Satz, es dürfe der Geschlechtsakt nur zum Zwecke der Fortpflanzung vollzogen werden, seine Herkunft weder in dem edlen germanischen Geiste, dessen tiefes Schamgefühl wir bereits hervorhoben, noch in dem ursprünglich christlichen Lebenskreise hat. Der Satz stammt vielmehr aus der jüdischen Geschlechtsmoral und war lange vor dem Auftreten Jesu geradezu der Fundamentalsatz ihrer starren Bestimmung. Vielleicht in keinem Satze der jüdischen Moral spiegelt sich so wie in diesem jene spezifische Zweckhaftigkeit wider, die überhaupt das Wesen des jüdischen Geistes ausmacht. Selbst derjenige Actus, der wie kein anderer bloß unmittelbarer Ausdruck sein soll, wird hier in die Form der Zweckmäßigkeit gebracht. Nach dem, was wir früher über den spezifisch jüdischen Mangel an ›verecundia‹ [Schamgefühl; R. G.] hervorgehoben haben, der aus der Welt- und Gottesbetrachtung jenes Volkes alles Geheimnis verbannt und das Volk zum Hauptträger der rationalistischen Bewegung gemacht hat, ist es wohlbegreiflich, daß auch die mit der Ehrfurcht so eng verschwisterte Scham hier durch das Surrogat gebietender enger und starrer Moralnormen ersetzt werden muß.«[33]

Eine direkte Verbindung etwa zwischen Immanuel Kants einflussreicher Moralphilosophie und antisemitisch aufgeladenen Gefühlen von Ehre und Scham zu entdecken ist wohl nur schwer möglich. Dagegen schrieben in den 1920er Jahren zahl-

Nachlaß. Bd. 1: Zur Ethik und Erkenntnislehre, Gesammelte Werke 10 (1957), S. 68.

33 Max Scheler, »Über Scham und Schamgefühl«, S. 136.

lose Autoren in einer Weise über Scham und Ehre, welche die Nürnberger Gesetze mit vorbereitete. Max Scheler war wohl der avancierteste – und bis heute am meisten respektierte – Denker unter ihnen. Wie die zitierte Passage zeigt, erfüllt die Scham für ihn gerade die Funktion, Sex zu etwas anderem als einem rein körperlichen Akt zu machen; die jüdische Schamlosigkeit ist es demnach, die den germanischen vom jüdischen Menschen unterscheidet. Die germanische Scham und damit die Ehre bestimmen sich geradezu in ihrer Differenz zum Jüdischen.

Der jüdische Geist war nach Scheler auch verantwortlich für die moralischen Verirrungen der Kirche. Aber seine Kritik ging viel weiter als die verbreitete Lesart von Nietzsches *Genealogie der Moral*. Wenn es die Schamlosigkeit ist, die die Juden auszeichnet, die Scham wiederum aber das Kennzeichen des Menschen ist, dann haben wir es bei Scheler schon mit einer radikalen sozioanthropologischen Negation des Judentums und des Jüdischen zu tun, einer Negation, die unmittelbar auf die, wie er es nennt, »Geschlechtsscham« abzielt, also auf den Bereich der Intimität und des Sexuellen. Damit brachte er die affektive Dynamik auf den Punkt, die eine ganze intellektuelle Bewegung vor 1933 antrieb und die schließlich im »Gesetz zum Schutze des deutschen Blutes und der deutschen Ehre« kulminierte. Wenn schon das öffentliche Baden von Juden für gefährlich genug gehalten wurde, um es per Gesetz zu verbieten, dann stellte das Eindringen in die arische Intimsphäre eine tödliche Bedrohung dar. Wie wir gesehen haben, war das 1935 erlassene »Blutschutzgesetz« schon durch Hunderte frühere Verordnungen vorbereitet worden, und es folgten ihm zahlreiche nach. Bei der berüchtigten Wannseekonferenz etwa ging es zum großen Teil um eine wichtige Frage, die das Gesetz von 1935 offengelassen hatte – die »Mischlingsfrage«. Aber in Wahrheit waren die Probleme, wie man Arier vor jeglichem physischen Kontakt mit Juden und insbesondere vor jeder Intimität mit ihnen schützen sollte, einfach endlos – und für jeden antisemitischen Bürokraten zutiefst verstörend.

Wir finden hier eine wichtige Quelle der antisemitischen Leidenschaft im Innersten der NS-Moral: Wenn die eigene Ehre so sehr darauf beruht, von allem Jüdischen unberührt zu bleiben, sich die Ehre aber nie nur auf ein Individuum, sondern auf die gesamte Volksgemeinschaft bezieht, dann leidet diese umgekehrt unter jedem einzelnen Kontakt eines Ariers mit einem Juden oder einer Jüdin. Dieses Problem lässt sich praktisch schwer lösen, ohne alle Juden umzubringen. Da aber – gerade hinsichtlich der sogenannten Mischlinge und anderer »geheimer Juden« – nie eine absolute Sicherheit darüber bestehen kann, ob nicht doch irgendwo ein Kontakt zwischen der Volksgemeinschaft und einem Juden existiert, kann sich die Phobie immer von Neuem entzünden. Die Richter Kessler und Hassencamp wussten um diese Gefahr: Selbst im Jahr 1941 war es in Deutschland für einen Juden wie Werner Holländer noch möglich, mit einer arischen Frau wie Wd. zu schlafen – ganz zu schweigen von jener *anderen* Übertretung, bei der ihr Schamgefühl die Richter dazu bewog, sie vor Gericht zu übergehen: Die mit ihr verbundene Schande war offenbar so groß, dass sie, obwohl auch sie einen Grund für den Justizmord an Holländer darstellte, unerwähnt bleiben musste.

Kapitel 3

»Positives Christentum«: Religion und Moral in Hitlers Politik

Was genau soll man untersuchen, wenn man das Nachleben der Religionen im Nationalsozialismus verstehen will?[1] Wollte man dieser Frage in einem größeren Kontext nachgehen, läge es nahe, die vom Nationalsozialismus aufgesogene antidemokratische Ideologie der Weimarer Republik zu erforschen, wie sie sich in den Texten jener Autoren herausgebildet hat, die gemeinhin als Vertreter der »konservativen Revolution« bezeichnet werden: Wilhelm Stapel, Oswald Spengler, Max Hildebert Boehm, Arthur Moeller van den Bruck, Othmar Spann, Ernst Jünger, Edgar Jung oder Carl Schmitt sind hier zu nennen. Der Kirchenhistoriker Klaus Scholder hat schon vor Jahren auf die strategische und ideologische Zusammenarbeit zwischen einigen dieser Autoren und der protestantischen politischen Theologie aufmerksam gemacht.[2] Carl Schmitt etwa lehnte sich an die protestantische Volksnomostheologie an, um seinen lebenslangen Antisemitismus nach 1933 in staats-

[1] Diesem Kapitel liegt ein Vortrag auf der Jahrestagung 2004 des Zentrums für Literatur- und Kulturforschung Berlin zugrunde, die dem Thema »Das Nachleben der Religion(en)« gewidmet war (14.–16. 10. 2004). Eine frühere Version wurde veröffentlicht unter dem Titel »Gott und Religion in der Ethik des Nationalsozialismus«, in: Martin Treml, Daniel Weidner (Hrsg.), Nachleben der Religionen. Kulturwissenschaftliche Untersuchungen zur Dialektik der Säkularisierung, München 2007, S. 177–187.

[2] Klaus Scholder, Die Kirchen und das Dritte Reich. Bd. 1: Vorgeschichte und Zeit der Illusionen 1918–1934, Frankfurt am Main, Berlin, Wien 1977.

rechtliche Form zu gießen und so für den Nationalsozialismus fruchtbar zu machen.[3]

Wichtiger für das Verhältnis von Nationalsozialismus und Religion als diese neokonservative Strömung war aber die im engsten politischen Umfeld von Hitler aktive völkisch-religiöse Bewegung.[4] Zu deren »Klassikern« zählten unter anderem: Jörg Lanz von Liebenfels' *Theozoologie* (1906), Theodor Fritschs *Der falsche Gott* (1916), Artur Dinters *Die Sünde wider das Blut* (1917), Dietrich Eckarts *Der Bolschewismus von Moses bis Lenin* (1924), aber auch Texte von Rudolf von Sebottendorff, dem Gründer der Thule-Gesellschaft.[5]

Im Folgenden möchte ich frühe Äußerungen Hitlers analysieren, die sowohl das Verhältnis von Politik und Religion im Nationalsozialismus erhellen als auch vor Augen führen, welche Rolle die Religion bei der Entwicklung einer neuen, auf

[3] Vgl. Raphael Gross, Carl Schmitt und die Juden, 2. Aufl., Frankfurt am Main 2005, S. 83–92.

[4] Vgl. Nicholas Goodrick-Clarke, Die okkulten Wurzeln des Nationalsozialismus, Wiesbaden 2005; George L. Mosse, Die völkische Revolution. Über die geistigen Wurzeln des Nationalsozialismus, Frankfurt am Main 1991; Uwe Puschner u.a. (Hrsg.), Handbuch zur »Völkischen Bewegung« 1871–1918, München u.a. 1996; Michael Ley, Julius H. Schoeps (Hrsg.), Der Nationalsozialismus als politische Religion, Bodenheim 1997.

[5] Jörg Lanz von Liebenfels, Theozoologie, Wien, Leipzig, Budapest 1906; Theodor Fritsch, Der falsche Gott, Leipzig 1916; Artur Dinter, Die Sünde wider das Blut. Ein Zeitroman, Leipzig 1917; Dietrich Eckart, Der Bolschewismus von Moses bis Lenin. Zwiegespräch zwischen Adolf Hitler und mir, München 1924; Rudolf von Sebottendorff, Bevor Hitler kam. Urkundliches aus der Frühzeit der nationalsozialistischen Bewegung, München 1933. Siehe Michael Hesemann, Hitlers Religion. Die fatale Heilslehre des Nationalsozialismus, München 2004. – Die Thule-Gesellschaft war ein von Sebottendorff 1918 gegründeter rassistischer und antisemitischer Geheimorden, der viele Mitglieder in den gesellschaftlichen Führungsschichten hatte und als machtvolles Instrument zur Verbreitung nationalistischer und rassistischer, insbesondere radikalantisemitischer Ideen diente. Vgl. Hermann Gilbhard, Die Thule-Gesellschaft. Vom okkulten Mummenschanz zum Hakenkreuz, München 1994.

den Kategorien von »Rasse« und »Volk« gründenden Moral spielen sollte. Wie wir sehen werden, ging es dabei um den Aufbau eines säkularen politischen Systems, das dennoch stark geprägt war durch eine bestimmte Form des Christentums – ein Christentum mit stark antijudaistischen Zügen.

I.

Hitlers Erfolg als Parteiführer war eng verbunden mit seinem pathetisch postulierten Anspruch, »Politiker« zu sein. Er formuliert diesen Anspruch in *Mein Kampf* vor dem Hintergrund eines quasireligiösen Erweckungserlebnisses: Nach einer Gasvergiftung zeitweilig erblindet, habe er am 10. November 1918 im Lazarett von der Kapitulation Deutschlands erfahren und daraufhin geweint. »Je mehr ich mir in dieser Stunde über das ungeheuere Ereignis klar zu werden versuchte, um so mehr brannte mir die Scham der Empörung und der Schande in der Stirn. Was war der ganze Schmerz der Augen gegen diesen Jammer?« Nach Tagen der Trauer packte ihn die Wut: »In diesen Nächten wuchs mir der Haß, der Haß gegen die Urheber dieser Tat.« Es war nämlich eingetreten, was er befürchtet hatte: Wilhelm II. hatte den Marxisten »die Hand zur Versöhnung gereicht, ohne zu ahnen, daß Schurken keine Ehre besitzen«. Hitler beendet das Kapitel mit folgenden lapidaren Sätzen: »Mit dem Juden gibt es kein Paktieren, sondern nur das harte Entweder-Oder. Ich aber beschloß, Politiker zu werden.«[6]

Diese Erzählung ist von Ian Kershaw als eine der zahlreichen Legenden Hitlers widerlegt worden; die beschriebene Szene hat sich so nie ereignet.[7] Ich zitiere sie dennoch, weil sie darauf

[6] Adolf Hitler, Mein Kampf, 454.–458. Aufl., München 1939, S. 224f.

[7] Ian Kershaw, Hitler 1889–1936, Stuttgart 1998, S. 142–147.

verweist, dass Hitlers Wille, politischer – und nicht etwa religiöser – Führer zu werden, unmittelbar mit seinem Antisemitismus verknüpft ist. Während seiner Haft in Landsberg beobachtet Hitler den Zerfallsprozess der völkisch-religiösen Parteien. Er unternimmt aber nichts, um diesen Zerfallsprozess zu stoppen. Erst nach seiner Entlassung im Dezember 1924 – und nachdem er, unterstützt von seinen Mithäftlingen, den ersten Band von *Mein Kampf* geschrieben hat[8] – wird er sich in der Politik zurückmelden. Er tut dies, indem er sich vehement gegen religiöse Kämpfe und Sektenbildung in seiner Partei ausspricht.

Erst diese Entscheidung Hitlers, sich vom religiösen Flügel der völkischen Bewegung zu distanzieren, machte die NSDAP für Katholiken und Protestanten wählbar. Ihre Vorgängerorganisation, die 1919 gegründete Deutsche Arbeiterpartei (DAP), und die NSDAP selbst hatten von Anfang an nicht nur der politisch, sondern auch der religiös orientierten völkischen Bewegung aufgeschlossen gegenübergestanden. Insofern war Hitlers Distanzierung von den Völkisch-Religiösen seine erste eigenständige politische Leistung, die er gegen den Widerstand seiner ehemaligen Mentoren und Mitstreiter durchsetzte.

Dass sein Mentor Dietrich Eckart, einer der wichtigsten Führer des völkisch-religiösen Flügels in der Partei, 1923 gestorben war, kam Hitler dabei wohl gelegen. Schwieriger war die Auseinandersetzung mit dem Weltkriegsgeneral Erich Ludendorff, der sich, unterstützt durch seine spätere Frau, die Nervenärztin Dr. Mathilde von Kemnitz, immer mehr in einen Kampf gegen das »verjudete Christentum« beider Konfessionen hineingesteigert hatte. In seiner Verteidigungsrede vor dem Volksgericht in München nach dem niedergeschlagenen Hitler-Putsch hatte

[8] Seine frühen politischen Begleiter Emil Maurice und Rudolf Heß, die mit ihm in Landsberg inhaftiert waren, halfen ihm dabei. Vgl. Kershaw, Hitler, S. 300.

Ludendorff etwa den katholischen Ultramontanismus für die Zerstörung des Kaiserreichs verantwortlich gemacht. Damit provozierte er verärgerte offizielle Reaktionen von Reichsaußenminister Gustav Stresemann und dem preußischen Ministerpräsidenten Otto Braun, die sich gegenüber der katholischen Bevölkerung Deutschlands und dem Vatikan von der Meinung des Generals distanzierten. Eine Äußerung Hitlers im Gespräch mit Ludendorff zeigt, wie er, wenn auch noch im devoten Ton des Gefreiten, dem General zu widersprechen versuchte: »Euere Exzellenz können es sich leisten, ihren Gegnern vorher anzukündigen, daß Sie sie totschlagen wollen. Ich aber brauche zum Aufbau einer großen politischen Bewegung die Katholiken Bayerns ebenso wie die Protestanten Preußens.«[9] Hitler verdeutlichte seine Position in der Religionsfrage im *Völkischen Beobachter* vom 26. Februar 1925, nicht lange nach der Entlassung aus der Haft: »Ich muss mich an dieser Stelle besonders gegen den Versuch wenden, religiöse Streitigkeiten in die Bewegung hineinzerren zu wollen, ja, die Bewegung damit gleichzustellen. […] Wenn heute von verschiedenen Seiten der Versuch unternommen wird, die völkische Bewegung in religiösen Belangen anzusetzen, so sehe ich darin den Beginn ihres Endes.«[10] Am 23. Februar 1927 wies Hitler in einem Rundschreiben an die offiziellen Parteiorgane der NSDAP darauf hin, dass »Angriffe gegen Religionsgemeinschaften und deren Institutionen unbedingt untersagt« seien und »Auseinandersetzungen über diese nicht in die Reihen der NSDAP getragen werden« dürften.[11]

Am heftigsten entflammte der Streit um diese Frage zwischen Hitler und Artur Dinter. Dinter hatte mit seinem Bestsel-

[9] Wilhelm Breucker, Die Tragik Ludendorffs. Eine kritische Studie auf Grund persönlicher Erinnerungen an den General und seine Zeit, Stollhamm (Oldb.) 1953, S. 107, zit. nach Scholder, Die Kirchen und das Dritte Reich, Bd. 1, S. 115.

[10] Zit. nach Scholder, Die Kirchen und das Dritte Reich, S. 117.

[11] Ebd., S. 119.

ler *Die Sünde wider das Blut* am meisten zur Popularisierung der antisemitischen völkischen Religion beigetragen. Als Parteimitglied Nr. 5 wurde er 1924 von Hitler zum Gauleiter der NSDAP in Thüringen ernannt. Dinter war der festen Überzeugung, dass die religiöse Erneuerung die Voraussetzung für eine neue Politik sei: »Bleibt die völkische Bewegung in den Niederungen des nur politischen Kampfes stecken, wird sie gewißlich wieder versanden [...]. Darum wird die völkische Bewegung ihr Ziel nur erreichen, wenn sie sich zu den reinen, sittlich-geistigen Höhen erhebt, die aus der Lehre des größten Antisemiten und Antimaterialisten aller Zeiten, des Helden von Nazareth, uns entgegenleuchten. Sie wird und kann nur siegen, wenn sie die Axt an die geistige Wurzel des Judentums legt, d.i. an das Judentum in der christlichen Kirche.«[12]

Den Primat des Religiösen in dieser Weise betonend, stand Dinter in direkter Opposition zu Hitler, der ihn 1927 als Gauleiter absetzte. Als Dinter im Jahr darauf sowohl die »jüdisch-römische« als auch die »jüdisch-evangelische« Kirche offen angriff, eskalierte der Konflikt mit der Partei. In einem Verfahren vor dem Untersuchungs- und Schlichtungsausschuss der NSDAP-Reichsleitung wurden sicherheitshalber diverse Meinungen eingeholt, wie man im Fall Dinter vorgehen sollte. Mit einer Ausnahme sprachen sich alle dazu befragten Gauleiter für seinen Parteiausschluss aus. Hinrich Lohse, der Gauleiter von Schleswig-Holstein, rechtfertigte die Maßnahme mit der Erklärung, »daß ich erstens selbst evangelisch bin, und zweitens, daß hier in den evangelischen Gebieten uns die größten Schwierigkeiten entstehen«.[13] Dinters Ausschluss aus der Partei war endgültig, und sämtliche Versuche, die er nach 1933 unternahm, um erneut aufgenommen zu werden, scheiterten am Veto des »Führers«. Hitler war sich offenbar darüber im

[12] Ebd., S. 118f.
[13] Ebd., S. 120.

Klaren, dass er ohne die Sympathien der protestantischen und katholischen Wähler weder die Macht erringen noch sichern konnte.

II.

In einer Rede am 27. Oktober 1928 unterstrich Hitler noch einmal die Bedeutung des Bruchs mit Artur Dinter:

»Diese Bewegung hat eine außerordentliche Operationsfreiheit bekommen, die im höchsten Sinne des Wortes gestattet, alles zurückzustellen, was irgendwie trennen könnte im Volke. Wir sind verschieden gläubig im Volke, sind aber eins. Welcher Glaube den andern besiegt, das ist nicht die Frage, vielmehr ob das Christentum steht oder fällt, das ist die Frage! […] In unseren Reihen dulden wir keinen, der die Gedanken des Christentums verletzt, der einem anders Gesinnten Widerstand entgegenträgt, ihn bekämpft oder sich als Erbfeind des Christentums provoziert [sic]. Diese unsere Bewegung ist tatsächlich christlich. Wir sind erfüllt von dem Wunsche, daß Katholiken und Protestanten sich einander finden mögen in der tiefen Not unseres eigenen Volkes. Wir werden jeden Versuch unterbinden, den religiösen Gedanken in unserer Bewegung zur Diskussion zu setzen.«[14]

In der Frage der Religion war Hitler offensichtlich flexibel. Es wäre falsch anzunehmen, er habe einen heidnisch-germanischen oder einen neopaganen Glauben vertreten. So lehnte er schon den Gebrauch altgermanischer Ausdrücke ab: »Wenn irgend etwas unvölkisch ist, dann ist es dieses Herumwerfen mit besonders altgermanischen Ausdrücken […] Das ist ein

[14] Ebd., S. 123.

wahrer Unfug, den man aber heute unzählige Male beobachten kann.«[15]

Auf der ersten Massenversammlung der NSDAP am 24. Februar 1920 in München bestimmte Hitler das Verhältnis von Partei und Religion im Rahmen des neuen Parteiprogramms wie folgt:

»Wir fordern die Freiheit aller religiösen Bekenntnisse im Staat, soweit sie nicht dessen Bestand gefährden oder gegen das Sittlichkeits- und Moralgefühl der germanischen Rasse verstoßen.

Die Partei als solche vertritt den Standpunkt eines positiven Christentums, ohne sich konfessionell an ein bestimmtes Bekenntnis zu binden. Sie bekämpft den jüdisch-materialistischen Geist *in* und *außer* uns und ist überzeugt, daß eine dauernde Genesung unseres Volkes nur erfolgen kann von *innen* heraus auf der Grundlage: *Gemeinnutz vor Eigennutz.*«[16]

Der Begriff »positives Christentum« ist hier auffällig vage – die deutschen Protestanten und Katholiken bemerkten dies natürlich auch. Was Religion im Allgemeinen sei, blieb ebenso offen. Hitler hat es auch später immer vermieden, dies näher zu bestimmen, zweifellos aus der Überzeugung heraus, dass seine Aufgabe nicht die eines Predigers war – auch wenn viele seiner völkisch-religiösen Mitstreiter wollten, dass er sich an eine Religion binde –, sondern die eines Parteiführers, eines Politikers. Kurz, Hitler strebte nach politischer Macht. Nichtsdestotrotz kam er in seinen Reden immer wieder, wenn auch auf Umwegen, auf die Religion zu sprechen. Sie spielte *die* ent-

[15] Zit. nach Claus-Ekkehard Bärsch, Die politische Religion des Nationalsozialismus. Die religiöse Dimension der NS Ideologie in den Schriften von Dietrich Eckart, Joseph Goebbels, Alfred Rosenberg und Adolf Hitler, München 1998, S. 287f.

[16] Der Nationalsozialismus. Dokumente 1933–1945, herausgegeben und kommentiert von Walther Hofer, Frankfurt am Main 1957, S. 30f., Hervorh. im Orig.

scheidende Rolle, wenn es um den Kernpunkt seiner ganzen Weltanschauung ging: um die »Judenfrage«.

III.

Das früheste politische Dokument, das wir von Hitler besitzen, bietet dafür schon einen deutlichen Beleg. Es handelt sich um ein Antwortschreiben an einen Herrn Adolf Gemlich aus Ulm, das sein damaliger militärischer Vorgesetzter, Hauptmann Karl Mayr, von ihm erbeten hatte.[17] Hitler erklärt in dem Brief vom 16. September 1919 den Kern seiner sogenannten Weltanschauung, den Antisemitismus: Dieser gründe nicht auf »Momenten des Gefühls«, sondern auf der »Erkenntnis von Tatsachen«, deren wichtigste darin bestehe, dass das Judentum eine »Rasse und nicht Religionsgenossenschaft« sei. Hitler führt weiter aus: »Bewegt sich schon das Gefühl des Juden im rein Materiellen, so noch mehr sein Denken und Streben. Der Tanz ums goldene Kalb wird zum erbarmungslosen Kampf um alle jene Güter, die nach unserm inneren Gefühl nicht die höchsten und einzig erstrebenswerten auf dieser Erde sein sollen.«[18]

Dass das Judentum keine Religion sei, behauptet Hitler auch später immer wieder, zum Beispiel in *Mein Kampf*: »Das Judentum war immer ein Volk mit bestimmten rassischen Eigenarten und niemals eine Religion [...] aus dem ursprünglichen eigenen Wesen kann der Jude eine religiöse Einrichtung schon deshalb nicht besitzen, da ihm der Idealismus in jeder Form fehlt und damit auch der Glaube an ein Jenseits vollkommen fremd ist.« Und weiter: »Die jüdische Religionslehre ist in erster Linie eine Anweisung zur Reinhaltung des Blutes des Ju-

[17] Vgl. Kershaw, Hitler, S. 169.

[18] Hitler. Sämtliche Aufzeichnungen 1905–1924, hrsg. von Eberhard Jäckel zusammen mit Axel Kuhn, Stuttgart 1980, S. 88f.

dentums […]. Aber auch hier handelt es sich keineswegs um ethische Probleme, sondern um außerordentlich bescheidene wirtschaftliche. Über den sittlichen Wert des jüdischen Religionsunterrichtes gibt es heute und gab es zu allen Zeiten schon ziemlich eingehende Studien […].« Das Leben des Juden, fasst Hitler zusammen, »ist nur von dieser Welt und sein Geist ist dem wahren Christentum innerlich so fremd, wie sein Wesen es zweitausend Jahre vorher dem großen Gründer der neuen Lehre selber war.«[19]

Was Hitler explizit über Religion zu sagen hatte, bewegte sich für gewöhnlich im traditionellen Rahmen. In *Mein Kampf* schreibt er etwa: »Natürlich liegen auch schon in der allgemeinen Bezeichnung ›religiös‹ einzelne grundsätzliche Gedanken oder Überzeugungen, zum Beispiel die der Unzerstörbarkeit der Seele, der Ewigkeit ihres Daseins, der Existenz eines höheren Wesens usw.«[20] Aufschlussreicher sind seine indirekten Äußerungen. Im Einklang mit seinen politischen Zielen distanzierte Hitler sich in ihnen zwar vom völkischen Glauben und der Idee einer »Volkskirche«, doch gleichzeitig konstruierte er über die Religion respektive deren Fehlen den zentralen Gegensatz seiner wahnhaften Weltanschauung: das Ariertum und, als dessen Feind und Antithese, das Judentum.

Dass Hitler das Judentum immer religiös, das heißt durch den Mangel an Religiosität, bestimmte, spielte später eine entscheidende Rolle in der NS-Judengesetzgebung. Es findet sich in ihr – und das ist ebenso bemerkenswert wie weithin unbekannt – kein einziges Gesetz, das letztlich auf einer biologischen und nicht auf einer religiösen Definition des Judentums und des Jüdischen basieren würde. Ein rein biologistischer Determinismus hätte der NSDAP niemals die Zustimmung verschafft, die sie schließlich erzielte. Hitler musste als Redner –

[19] Hitler, Mein Kampf, S. 335f.
[20] Ebd., S. 417.

denn das Reden war eigentlich das einzige Talent, auf das er bauen konnte – immer wieder die Massen in Begeisterung versetzen können. Dies war nur möglich durch ein ständiges Spiel mit *Emotionen*, beispielsweise durch das Erzeugen von Empörung, einem für die Nationalsozialisten äußerst wichtigen Gefühl letztlich *moralischer* Natur. Selbst die wenigen Ansätze, den Begriff der Religion inhaltlich zu füllen, liefen, wie im Parteiprogramm, auf moralische Forderungen hinaus, etwa auf die Formel »Gemeinnutz vor Eigennutz«, die den »jüdischen Egoismus« als Beweis dafür anführte, dass die Juden keine Religion besäßen. Trotz aller Verweise auf das deutsche und jüdische »Blut«: Man konnte sich nur dann immer wieder über die Juden empören, wenn sie schlecht handelten, wenn sie keine Opferbereitschaft zeigten, wenn sie ihren angeblichen Materialismus und mangelnden Idealismus bewiesen. Die Nationalsozialisten versuchten daher ständig »aufzudecken«, wie unmoralisch die Juden handelten, um so die Empörung über sie zu verstetigen.

IV.

Wenn Hitler erklärt, er habe in einem entscheidenden Moment beschlossen, »Politiker zu werden«, dann steht diese Äußerung in unmittelbarem Zusammenhang mit seiner hasserfüllten »Erkenntnis«, dass es mit »dem Juden« kein Paktieren gebe, sondern nur ein hartes Entweder-oder. Neben der Eroberung von Raum war die Entfernung der Juden sicher die wichtigste Komponente in Hitlers »Weltanschauung« und seinem politischen Programm, das er in *Mein Kampf* klar dargelegt hatte. Die Religion spielte dabei eine Schlüsselrolle. Zum einen brauchte er sie, um die völkischen Sektierer zu zähmen. Zum anderen diente ihm ein unbestimmter Begriff von Religion dazu, den Hauptgegner, das Judentum, ex negativo zu definieren und ihm das Arische als absolut Positives entgegenzusetzen. Wie wir gesehen haben, wurde diese Unterscheidung vor allem moralisch begründet. Angesichts der machtvollen und mobilisierenden Rhetorik moralischer Empörung, mit der sie ideologisch vermittelt wurde, stellt sich die Frage, welche Bedeutung der Begriff der »Rasse« im Kontext der NS-Politik wirklich hatte. Wurde er benötigt, um die von den antidemokratischen Intellektuellen geforderte substantielle Homogenität des Staates zu gewährleisten? Oder stammte er einfach aus dem Kernbestand der religiös-völkischen Ideologie, die Hitler trotz seiner politischen Distanzierung weitertrug? War die strukturelle Affinität zwischen der NS-Rassentheorie und der politischen Theologie der Weimarer Republik nur ein Zufall – oder sollten wir vielmehr überlegen, inwiefern der Rassenbegriff selbst eine katastrophale Ausgeburt des Christentums in seiner modernen, säkularisierten Form darstellte? Diese und damit verbundene Fragen systematisch zu erforschen wäre ein lohnendes Unterfangen, doch es könnte nur gelingen, wenn man versteht, welche besondere Rolle Religion und »Rasse« in einem zentralen politischen Projekt der Nazis spielten: der Entwicklung einer nationalsozialistischen Moral.

Kapitel 4

»Meine Ehre heißt Treue«: *Hotel Sacher* und *Der Untergang*

Der Begriff »Treue« kann ein relatives und ein absolutes Verhältnis ausdrücken. Ein relatives etwa in der Theologie in der Rede von der Treue zu Gott, in der Jurisprudenz in der Vertragstreue, in der Politik in der Bündnistreue oder in Bezug auf eine persönliche Beziehung.[1] Absolut wird der Begriff in diesen Bereichen ebenfalls verwendet, so etwa wenn man von der Zuverlässigkeit und Glaubwürdigkeit eines Vertragspartners spricht oder von seiner Aufrichtigkeit in Bezug auf Aussagen und die Erfüllung von Verpflichtungen. Daneben existiert auch die Vorstellung einer Treue zu sich selbst.[2]

Moralphilosophisch wird »Treue« gemeinhin als eine Tugend verstanden, die auf Vertrauen und/oder Loyalität beruht. Es geht hier also meist um die Zuverlässigkeit einer Person, mit der sie sich einer anderen Person oder einem Kollektiv gegenüber als loyal erweist.[3] Georg Simmel hat in seiner *Soziolo-*

[1] Siehe allgemein zur Begriffsgeschichte Tanja Gloyna, »›Treue‹: Zur Geschichte des Begriffs«, in: Archiv für Begriffsgeschichte, Bd. XLI, Bonn 1999, S. 64–85.

[2] Zur rechtshistorischen Dimension siehe Ekkehard Kaufmann, »Treue«, in: Handwörterbuch zur deutschen Rechtsgeschichte, hrsg. von Adalbert Erler, Ekkehard Kaufmann und Dieter Werkmüller, Berlin 1998, Sp. 320–338; und vor allem Karl Kroeschell, Studien zum frühen und mittelalterlichen deutschen Recht, Berlin 1995, bes. S. 157–181 (»Die Treue in der deutschen Rechtsgeschichte«) und S. 183–207 (»Führer, Gefolgschaft und Treue«).

[3] Zur moralphilosophischen Auseinandersetzung mit dem Begriff siehe George P. Fletcher, Loyalty. An Essay on the Morality of Relationships, Oxford 1995.

gie auf die »Treue« als einen »soziologisch orientierten Affekt« hingewiesen, dem eine »vereinigende Rolle« im Dualismus von Individuum und Gesellschaft zukomme: Sie ist für ihn der »gefühlsmäßige Faktor«, ohne den die »Gesellschaft als ganze« keinen Bestand hat.[4] Hier ergibt sich der Bezug auf die modernen Diskussionen über die Moralität »nationaler« Gefühle, aber auch auf die mit dem Treuebegriff seit den 1930er und 1940er Jahren verbundenen Ein- und Ausgrenzungsmechanismen.[5]

Begriffsgeschichtlich ist für uns relevant, dass die »Treue« – als »deutsche Treue« oder »germanische Treue« – eng mit der Entstehung des deutschen Nationalgefühls verbunden war.[6] In NS-Texten findet sich der Begriff der Treue an überaus markanten Stellen, dennoch ist er gerade für die Zeit des Nationalsozialismus sehr wenig erforscht. Selbst der berüchtigte Wahlspruch der SS – »Meine Ehre heißt Treue« – ist nie systematisch untersucht worden, obwohl er in der Bundesrepublik Deutschland zu den nach § 86 a des Strafgesetzbuches verbotenen Parolen gehört.[7] Die offizielle Parteigeschichtsschreibung der NSDAP behauptete immer, die Parole gehe auf Hitler selbst zu-

[4] Georg Simmel, Soziologie. Untersuchungen über die Formen der Vergesellschaftung, Gesamtausgabe Bd. 11, hrsg. von Otthein Rammstedt, Frankfurt am Main 1992, S. 652–670, hier S. 654.

[5] Zur Nationalismusdiskussion: The Morality of Nationalism, hrsg. von Robert McKim und Jeff McMahan, Oxford 1997. Auf den Aspekt der Treue als Ausgrenzungsmechanismus macht aufmerksam: Tanja Gloyna, »Treue«, S. 84.

[6] Vgl. Kroeschell, Studien, S. 158; zur »germanischen Treue« siehe Kaufmann, »Treue«, Sp. 324–327.

[7] Daneben gibt es die Varianten »Unsere Ehre heißt Treue« und »Deine Ehre heißt Treue«. Die Parole ist gemäß StGB § 86 Abs. 1, Nr. 2 u. 4 und § 86 a verboten. »Sieg Heil«, »Heil Hitler«, »Mit deutschem Gruß« oder »Ein Volk, ein Reich, ein Führer« (die allgemeine Parteilosung der NSDAP) gehören ebenfalls zum Bestand verbotener Parolen. Siehe zu »Meine Ehre heißt Treue« als bisher genaueste Analyse: Michael Kohlstruck, Daniel Krüger, »Die Treue ist das Mark der Ehre« (2007); http://zfa.kgw.tu-berlin.de/projekte/Kohlstruck_Krueger.pdf [25. 2. 2010].

rück, und betonte gleichzeitig die Verwandtschaft zu Hindenburgs Wahlspruch »Die Treue ist das Mark der Ehre«.[8] Die Partei verfolgte dabei wohl zwei Interessen: Zum einen sollte die Nähe zum Hindenburg'schen Motto suggerieren, die NS-Bewegung sei die einzige rechtmäßige Erbin preußischer und deutscher Geschichte; zum anderen wollte man mit dem Wahlspruch den besonderen moralischen Anspruch der SS innerhalb der Bewegung hervorheben.

Was die Entstehungsgeschichte der Parole anbelangt, sind die Historiker bis heute im Großen und Ganzen der im Nationalsozialismus offiziell vertretenen Version gefolgt – trotz dünner Quellenlage. Danach habe die SS den Ausspruch Hitlers zu ihrem Motto gemacht und auf das Koppelschloss eines jeden SS-Mannes prägen lassen.[9] Als Vorgeschichte wird der sogenannte Stennes-Aufstand angeführt – eine Revolte, die einer von Hitlers Kontrahenten in der NSDAP, Walter Stennes, im Sommer 1930 gegen Goebbels angezettelt hatte.[10] Auslöser des Konflikts war die Frage, ob drei SA-Führer als Kandidaten für die Reichstagswahlen aufgestellt werden würden. Stennes, Oberster SA-Führer Stellvertreter Ost, begehrte gegen Hitler auf. Im Frühjahr 1931 eskalierte die Situation, und er besetzte

[8] Rudolf Olden, Hindenburg oder der Geist der preußischen Armee, Neudr. d. Ausg. Paris 1935, Hildesheim 1982, S. 33, zit. nach Kohlstruck, Krüger, »Die Treue«, S. 66.

[9] Vgl. »Dich ruft die SS«, SS-Hauptamt, Berlin-Wilmersdorf, 31. (April) 1942, in: Léon Poliakov, Joseph Wulf, Das Dritte Reich und seine Diener, Berlin 1956, S. 506. Von der NSDAP wurde die Geschichte dargestellt in: Ernst Röhm, Die Geschichte eines Hochverräters, 3. Aufl., München 1933; und Kurt L. Walter-Schomburg (Hrsg.), Die Treue ist das Mark der Ehre. Von München bis Tannenberg, Berlin 1934. Vgl. auch Heinz Höhne, Der Orden unter dem Totenkopf. Die Geschichte der SS, München o.J., S. 67.

[10] Zur Geschichte des Stennes-Aufstands vgl. Hans Buchheim, »Die SS – Das Herrschaftsinstrument«, in: Ders. u.a., Anatomie des SS-Staates, Bd. 1, Olten, Freiburg im Breisgau 1965, S. 33; ausführlicher: Ian Kershaw, Hitler 1889–1936, Stuttgart 1998, S. 437–442.

mit seinen SA-Männern die Berliner Parteizentrale. Hitler schaltete die Berliner SS ein, die ihn stützte. Am 31. März 1931 wurde Stennes von Hitler und Röhm als Oberster SA-Führer abgesetzt und entmachtet. Der »Führer« war begeistert und kam nach Berlin, um der SS für ihre Unterstützung zu danken. Bei der Gelegenheit habe er in einer Rede gesagt: »SS-Mann, deine Ehre heißt Treue.«[11] Leicht abgewandelt sei der Satz danach zum Wahlspruch der SS geworden. Der Konflikt war für das spätere Selbstverständnis der SS entscheidend: Treue zum »Führer«, so kann man die Parole in diesem Kontext verstehen, bedeutete gesteigertes Elitebewusstsein und vor allem massiven Machtgewinn, aber auch eine persönliche Bindung an Adolf Hitler. Es scheint daher nicht übertrieben, von einer Art Initiationsakt der damals noch relativ kleinen SS zu sprechen, in dem sich ihr späterer Triumph über die SA und ihre Entwicklung zur zentralen militärischen Organisation des NS-Regimes bereits andeutete.

Die SS-Parole lässt mehrere Interpretationen zu. Sie verweist zunächst auf den Zusammenhang von »Ehre« und »Treue«. Gegenüber dem Hindenburg'schen auf ein Gedicht von Friedrich Schlegel[12] zurückgehenden Motto »Die Treue ist das Mark der Ehre« stellt sie eine Radikalisierung dar, da hier nicht ein Verhältnis zwischen beiden Begriffen, sondern ihre Identität behauptet wird. Für Schlegel war die Treue ein zentrales Ele-

[11] Diese angebliche Rede ist in keiner publizierten Quellensammlung zu finden.

[12] »Die Treue ist der Ehre Mark« lautet eine Zeile in Schlegels patriotischem Gedicht »Gelübde« (1809). Friedrich Schlegel, Kritische Ausgabe, Bd. 5, hrsg. von Hans Eichner, München 1962, S. 397f. Zum Zusammenhang von Ehre und Treue in der ständischen Gesellschaft siehe André Holenstein, »Seelenheil und Untertanenpflicht. Zur gesellschaftlichen Funktion und theoretischen Begründung des Eides in der ständischen Gesellschaft«, in: Peter Blickle (Hrsg.), Der Fluch und der Eid. Die metaphysische Begründung gesellschaftlichen Zusammenlebens und politischer Ordnung in der ständischen Gesellschaft (Zeitschrift für historische Forschung, Beiheft 15), Berlin 1993, S. 11–63.

ment der »Sittlichkeit«, er verstand sie aber stets als »Treue gegen sich selbst« und nicht gegenüber einem Führer.[13] Erst in der NS-Umschreibung wird der Begriff ganz mit dem der Ehre gleichgesetzt. Beide, Ehre und Treue, werden zu Tugenden erklärt. Das ist keineswegs selbstverständlich: In der aristotelischen Tradition etwa gilt Ehre als eine Auszeichnung, die derjenige erhält, der sich tugendhaft verhalten hat. Sie selbst zur Tugend zu erklären ist dagegen ungewöhnlich. Dass die Ehre innerhalb der NS-Moral in den Rang einer Tugend aufsteigt, rührt wohl auch von ihrer Gleichsetzung mit der Treue her.[14]

Doch sie war in diesem normativen System nicht nur eine Tugend unter anderen. »Ehre« wird im Nationalsozialismus – ganz ausgeprägt bei Alfred Rosenberg – immer wieder als eine Art moralischer Höchstwert beschworen und als Grundwert der »nordischen Rasse« wie der »deutschen Volksgemeinschaft« definiert.[15] Nach der NS-Ideologie steht und fällt die Ehre mit der »Reinerhaltung des Blutes«.[16] In diesem Sinne diente sie im Nationalsozialismus als zentraler Begriff zur Legitimierung antisemitischer Gesetze und Maßnahmen. So wurden die Nürnberger Gesetze offiziell als »Gesetz zum Schutze des deutschen Blutes und der deutschen Ehre« deklariert. Vor diesem Hintergrund war die Parole »Meine Ehre heißt Treue« auch so zu verstehen, dass die Ehre davon abhing, sich nicht der »Rassenschande« schuldig zu machen.[17] Das spiegelt sich

13 Vgl. Gloyna, »Treue«, S. 81.

14 Vgl. Ernst Tugendhat, Vorlesungen über Ethik, Frankfurt am Main 1993, S. 227.

15 Siehe zum Begriff der Ehre auch die umfassende Darstellung von Dagmar Burkhart, Eine Geschichte der Ehre, Darmstadt 2006, darin auch eine kurze Skizze über die NS-Zeit (S. 109–112).

16 Vgl. Cornelia Schmitz-Berning, Vokabular des Nationalsozialismus, Berlin, New York 1998, S. 163.

17 Zu den Nürnberger Gesetzen und den verschiedenen rechtlichen Auslegungen der einzelnen Begriffe in der NS-Zeit siehe Alexandra Przyrembel, »Rassen-

in der Definition wider, wie sie in *Meyers Lexikon* von 1937 gegeben wurde:

»Ehre, Bestand und Bewahrung der eigenen Art, Eintreten und notfalls Sichopfern für die eigene Art und für deren höchste Werte. Gegensatz dazu: Ehrlosigkeit, Verfall, Preisgeben, Verrat, Befleckung der eigenen Art. Ehre kann es nur geben, wenn Bewußtsein der eigenen Art vorhanden ist; wer sich nicht – und sei es unbewußt, instinktiv – zu seiner eigenen Art bekennt, besitzt auch keine Ehre. Germanische, nordische, deutsche Menschen erblicken in Blut und Rasse die Grundlagen ihrer eigentlichen Lebensordnung und Art, aus der sich ihr Dasein im ganzen und im einzelnen bestimmt; Reinerhaltung des Blutes, Bewahrung der Rasse in leiblich-instinktiver, seelisch-gemüthafter, geistig-weltanschaulicher Beziehung ist ihre Ehre; Blutentartung, Rassenverfall in all diesen Beziehungen bedeutet ihnen Ehrlosigkeit.«[18]

Walter Groß, der Leiter des Rassenpolitischen Amtes der NSDAP, hat dem Zusammenhang zwischen Treue, Moral und Antisemitismus eine eigene Broschüre gewidmet. Sie erschien 1943 in der »Schriftenreihe für die Wochenendschulungen der Hitlerjugend« unter dem Titel *Deine Ehre ist die Treue zum Blute deines Volkes.*[19] Groß unterscheidet in seinem Pamphlet drei Begriffe von Treue: Der erste sei »die Treue gegenüber einem Menschen, im politischen und geschichtlichen Leben gegenüber der Person eines Führers«; die Treue zum Führer geht für ihn »bis zur unbedenklichen Aufopferung der eigenen Person, des eigenen Glücks und des eigenen Lebens«. Neben diese

schande«. Reinheitsmythos und Vernichtungslegitimation im Nationalsozialismus, Göttingen 2003.

[18] Meyers Lexikon, Bd. 3, 1937, S. 450, zit. nach Schmitz-Berning, Vokabular, S. 163f.

[19] Walter Groß, Deine Ehre ist die Treue zum Blute deines Volkes (Schriftenreihe für die Wochenendschulungen der Hitlerjugend. Herausgegeben von der Reichsjugendführung, Heft 3), Berlin 1943.

»Treue bis in den Tod« setzt er als zweiten Typus die Treue, »die sich nicht auf eine Person, sondern auf eine Idee und ein Ziel bezieht«. Als Beispiel dient ihm »die Idee des Reiches«. Diesen »uralten« Formen der Treue fügt Groß schließlich die in seinen Augen entscheidende »Blutstreue« hinzu: »Heute aber lernen wir noch eine dritte Form der Treue kennen, von der man in der Vergangenheit wenig gewußt und selten gesprochen hat und die doch genau so wichtig ist wie die, von der unsere Lieder und Sagen berichten. Ich meine die Treue zum Blut des eigenen Volkes, die uns heute so wichtig scheint [...].«[20]

Hier wird der Begriff der Treue eindeutig zum gesellschaftlichen Einschluss- und vor allem Ausgrenzungsmechanismus. Da im Nationalsozialismus praktisch nicht zwischen »konventionellen« und »moralischen« Normen unterschieden wurde,[21] konnte fast jeder Bereich des Lebens »moralisiert« werden. Es ist daher kein Zufall, wenn ein zentraler Begriff wie derjenige der Treue sich in den unterschiedlichsten Zusammenhängen wiederfindet. Zu den ideologischen Grundpfeilern der nationalsozialistischen Herrschaft gehörten das Führerprinzip, die Ablehnung des politischen Pluralismus, die Einheitspartei und der Rassegedanke.[22] In welcher Weise »Ehre« und »Treue« an den Rassegedanken angepasst wurden, haben wir schon gesehen. Aber auch das Führerprinzip war eng mit der Treue verbunden: Millionen deutscher Soldaten schworen im Nationalsozialismus einen persönlichen Treueid auf den »Führer«. Nach Hindenburgs Tod im August 1934 wurden sie mit folgendem Schwur vereidigt: »Ich schwöre bei Gott diesen heiligen Eid, daß ich dem Führer des Deutschen Reiches und Volkes, Adolf Hitler, dem Oberbefehlshaber der Wehrmacht, unbe-

20 Alle Zitate ebd., S. 7f.

21 Vgl. dazu S. 13f.

22 Vgl. Diemut Majer, Grundlagen des nationalsozialistischen Rechtssystems. Führerprinzip, Sonderrecht, Einheitspartei, Stuttgart 1987, S. 23.

dingten Gehorsam leisten und als tapferer Soldat bereit sein will, jederzeit für diesen Eid mein Leben einzusetzen.«[23]

Dieser Eid spielte in den Diskussionen der Offiziere des 20. Juli 1944 eine große Rolle. Für die Verschwörer stellte sich nämlich die Frage, ob sie sich durch den Treueid gebunden fühlen mussten, auch wenn sie den Unrechtscharakter von Hitlers Herrschaft klar erkannten. Sie kämpften dabei allerdings weniger mit den NS-typischen Bindungsgefühlen als mit ihrer Interpretation von Treue und Pflichterfüllung im Rahmen »preußischer Tugenden«.[24]

Der Schwur der Soldaten, aber auch der Beamten, wurde im Alltag, wie Tilman Allert bemerkt, durch eine Art »verkleideten Schwur«[25] eingeübt. Gemeint ist eine Geste, die das politische Regime des Nationalsozialismus überall sichtbar repräsentierte: der sogenannte »deutsche Gruß« oder »Hitlergruß«. Seine Wortfolge wie auch seine gebärdensprachliche Ausformung wurden in amtlichen Erlassen und Rundschreiben bis ins Detail festgelegt. In einer Anordnung des Reichsinnenministeriums vom 22. Januar 1935 etwa heißt es:

»Das Gesetz über das Staatsoberhaupt des deutschen Reiches vom 1. August 1934 und das Gesetz über die Vereidigung der Beamten und der Soldaten der Wehrmacht vom 20. August 1934 haben die Verbundenheit der deutschen Beamtenschaft mit dem Führer und Reichskanzler zu einem

[23] Sven Lange, Der Fahneneid. Die Geschichte der Schwurverpflichtung im deutschen Militär, Bremen 2003, S. 118; Reichsgesetzesblatt, Jg. 1934, Teil I, Nr. 98, S. 785.

[24] Vgl. hierzu H. D. Kittsteiner, »Adel, Ehre und Gehorsam. Die ›preußischen Tugenden‹ und ihre Überwindung im Gewissen. Anmerkungen zum Silvesterbericht 1945 des Carl-Hans Graf von Hardenberg«, in: »Ein Traum, was sonst?« Preußische Tugenden. Ein Lesebuch, hrsg. von der Stiftung Schloss Neuhardenberg, Göttingen 2002, S. 159–273.

[25] Tilman Allert, Der deutsche Gruß. Geschichte einer unheilvollen Geste, Frankfurt am Main 2005, S. 45.

höchstpersönlichen und unlösbaren Treueverhältnis ausgestaltet, dem in besonderer Form des deutschen Grußes Ausdruck zu geben die Beamten-, Angestellten- und Arbeiterschaft der öffentlichen Verwaltung, wie ich überzeugt bin, freudig gewillt ist. Ich ordne daher an, daß fortan die Beamten, Behördenangestellten und -arbeiter den deutschen Gruß im Dienst und innerhalb der dienstlichen Gebäude und Anlagen durch Erheben des rechten – im Fall körperlicher Behinderung des linken – Armes und durch den gleichzeitigen deutlichen Ausspruch ›Heil Hitler‹ ausführen. Ich erwarte von den Beamten, Behördenangestellten und -arbeitern, daß sie auch im außerdienstlichen Verkehr in gleicher Weise grüßen.«[26]

Wie sehr die NS-Propaganda bemüht war, das Treue-Thema in der deutschen Alltagswelt zu verankern, belegt auch eine frühe Anordnung von Joseph Goebbels. Schon 1933 verfügte der Propagandaminister, als Pausenzeichen des Reichsrundfunks fortan die Melodie des Glockenspiels der Potsdamer Garnisonkirche zu verwenden: »Üb' immer Treu' und Redlichkeit«, ein Volkslied aus dem 18. Jahrhundert, in dem diese Tugenden der Habgier des bösen Juden entgegengesetzt werden.[27]

[26] Ebd., S. 46f.

[27] Der Text des Volkslieds: »Üb' immer Treu' und Redlichkeit / Bis an dein kühles Grab / Und schneid nicht mehr als dritthalb Ell'n / Von einer Kette ab // Dann wirst du wie auf grünen Au'n / Dein Weberleben gehen / Dann kannst du ohne Furcht und Grau'n / Dem Jud ins Auge sehn. // Dem Bösewicht wird alles schwer / Er schneid' fünf Ellen ab / Er war bei Meistern in der Lehr / Die metzten noch viel mehr. // Drum übe Treu und Redlichkeit / Bis an dein kühles Grab / Und schneid' nicht mehr als dritthalb Ell'n / Von einer Kette ab. // Dann segnen Enkel deine Gruft / Und mancher Meister spricht: / Der Kerl war manchmal auch ein Schuft / Jedoch der schlimmste nicht.« Zit. nach Uta Freifrau von Aretin, »Preußische Tradition als Motiv für den Widerstand gegen das NS-Regime«, in: Thomas Vogel (Hrsg.), Aufstand des Gewissens. Militärischer Widerstand gegen Hitler und das NS-Regime 1933 bis 1945, 6. Aufl., Hamburg, Berlin, Bonn 2001, S. 279–285, hier S. 280. Siehe auch: Der Deutsche Rundfunk,

Die »Treue« hält sehr bald auch Einzug im nationalsozialistischen Arbeitsrecht. So legte das »Gesetz zur Ordnung der nationalen Arbeit« vom 20. Januar 1934 fest:

»§ 1: Im Betriebe arbeiten der Unternehmer als Führer des Betriebes, die Angestellten und Arbeiter als Gefolgschaft gemeinsam zur Förderung der Betriebszwecke und zum gemeinen Nutzen von Volk und Staat. § 2: (1) Der Führer des Betriebes entscheidet der Gefolgschaft gegenüber in allen betrieblichen Angelegenheiten, soweit sie durch dieses Gesetz geregelt werden. (2) Er hat für das Wohl der Gefolgschaft zu sorgen. Diese hat ihm die in der Betriebsgemeinschaft begründete Treue zu halten.«[28]

Die Passage belegt nicht nur eindrucksvoll, wie sich der Treuebegriff in der NS-Gesetzgebung ausbreitete, sie ist auch ein gutes Beispiel für die Berufung der Nationalsozialisten auf vermeintlich germanische Vorbilder. Es finden sich darin nämlich gleich alle Schlüsselbegriffe der damaligen Germanenideologie: Führer, Gefolgschaft und Treue.[29] Mit der Ausschaltung der Gewerkschaften wurden in diesem Gesetz also gleichzeitig die Loyalitätsgefühle gegenüber der eigenen Klasse durch die Treue zur neu erfundenen arischen Volksgemeinschaft ersetzt.

Wie die Vorstellung der »Nibelungentreue« die deutschen Mediävisten beflügelte, so inspirierte die hier anklingende Vorstellung der »Volkstreue« die Forschung der nationalsozialistischen Rechtshistoriker. Bereits in der Weimarer Republik war eine rechtshistorische Literatur entstanden, die ein spezifisch germanisches Treueverhältnis in der Geschichte zu erkennen glaubte. So schrieb etwa Claudius Freiherr von Schwerin in einer 1926 veröffentlichten Abhandlung über den Treuebegriff

12. Jg., Heft 49 (vom 30. 11. 1934), S. 2. Ich danke Karl Borromäus Murr für den Hinweis auf diese und andere interessante Quellen.

[28] RGBl. 1934 I, S. 45.

[29] Vgl. Kroeschell, Studien, S. 183.

des »altgermanischen Rechts«: »Treue schulden sich zunächst Verwandte. Als Schwurbrüder oder Wettbrüder schließen sich daher vertraglich Männer zu einem engen Schutz- und Treueverhältnis zusammen. [...] Die Treue im Vertrage aber erschöpft sich nicht im Halten des Vertrages. Sie erfordert im Kreise der Verwandtschaft und überall, wo sie eindringt, nicht nur die Unterlassung alles dessen, was dem anderen schaden könnte; sie verlangt, alle Kräfte einzusetzen zum Schutz, zur Unterstützung des anderen. Sie ist Altruismus. [...] Doch nicht nur fordert das Recht in bestimmten Fällen Treue bis zur Aufopferung des eigenen Selbst, es straft auch schwer dann, wenn diese Treue nicht gehalten wird. Der Treulose ist ehrlos. Das Recht nimmt ihm seine Ehre und stößt ihn so aus der Gemeinschaft.«[30]

Der Rechtshistoriker Karl Kroeschell stellt dazu treffend fest, dass hier archaische Treuebande, wie sie in der Literatur idealisiert dargestellt wurden, zu einem »germanischen Rechtsmysterium« übersteigert worden seien.[31] Er sieht in der Überspannung der Lehre von der »germanischen Treue« nicht nur das Ergebnis gewissermaßen handwerklicher Fehler der rechtshistorischen Wissenschaft. Vielmehr spiegelte diese Lehre den politischen Kontext wider: Die rechtswissenschaftliche Theoriebildung verlief parallel zur allgemeinen Entwicklung der Auffassung von der »deutschen Treue«. Entsprechend hatte diese Auffassung nicht nur Konsequenzen für die Rechtsgeschichte, sondern ebenso für die juristische Doktrin und Praxis. Treuepflichten überwucherten im Laufe der 1930er Jahre das Zivilrecht, Strafrecht, Handelsrecht und Arbeitsrecht. Insbe-

[30] Claudius Freiherr von Schwerin, »Der Geist des altgermanischen Rechts, das Eindringen fremden Rechts und die neuerliche Wiedererstarkung germanischer Rechtsgrundsätze«, in: Germanische Wiedererstehung, hrsg. von Hermann Nollau, Heidelberg 1926, S. 216.

[31] Kroeschell, Studien, S. 162.

sondere nach der blutigen Niederschlagung des angeblichen Röhm-Putsches am 30. Juni 1934 widmeten sich immer mehr Rechtstheoretiker diesem Problem. So veröffentlichte die Zeitschrift *Deutsches Recht* in ihrer Ausgabe vom 25. November 1934 folgende Aufsätze: G. A. Waltz, »Der Treuegedanke im Völkerrecht«; W. Merck, »Die Treue im älteren deutschen Recht«; K. Ziegert, »Der Treuegedanke im Strafrecht«; H. Lange, »Die Vertragstreue«; Freiherr Heyl zu Herrmsheim, »Der Treuebegriff im Gesellschaftsrecht«; I. Eben-Servais, »Der Treuegedanke im Familienrecht«; B. Siebert, »Die Treue im Arbeitsrecht«.[32]

Erst in den 1970er Jahren haben sich deutsche Rechtshistoriker kritisch mit diesem Erbe auseinandergesetzt; vielfach wirkt es, wie Karl Kroeschell noch 1995 bemerkte, in der Rechtsgeschichte bis heute nach.[33]

Hotel Sacher

Die offiziellen nationalsozialistischen Äußerungen zum Treuebegriff, wie wir sie bisher anhand von Gesetzen, Anordnungen und Verlautbarungen untersucht haben, wirken heute meist bizarr und erwecken den Anschein, die deutsche Nachkriegsgeschichte sei durch einen Abgrund von jener ideologischen Welt getrennt. Dieser Eindruck verändert sich, wenn man die moralischen Urteile analysiert, die in der Populärkultur der NS-Zeit zum Ausdruck kommen – besonders in einer Unterhaltungskultur, die nicht vordergründig propagandistischen Zwecken diente.

Der Kriminalfilm *Hotel Sacher* aus dem Jahr 1939 etwa wird heute als »UFA-Klassiker« auf DVD vertrieben und manchmal

[32] Alle Artikel in: Deutsches Recht, IV (1934), Nr. 22 vom 25. November 1934.
[33] Vgl. Kroeschell, Studien, S. 207.

sogar im Fernsehen gezeigt.[34] Er gehört zu den zahlreichen NS-Unterhaltungsfilmen, die als »unpolitisch« gelten. Solche Erzeugnisse der Populärkultur sind eine gute Quelle für uns, da sie moralische Fragen und Konfliktsituationen thematisieren, ohne – und das war den Produzenten selbst wichtig – direkt NS-Ideologie zu propagieren. Es sind scheinbar ganz harmlose Filme, die gerade deshalb die moralische Welt des Nationalsozialismus gut dokumentieren.

Hotel Sacher spielt am Silvesterabend 1913/14 in dem berühmten Wiener Hotel. Die Handlung ist die eines Spionagefilms: Der kaisertreue österreichische Beamte Stefan Schefczuk (Willy Birgel) ist russischer Abstammung und durch seine ehemalige Geliebte, die schöne russische Agentin Nadja Woroneff (Sybille Schmitz), in Spionageverdacht geraten. In einer zentralen Szene des Films versucht er, sich mit ihr auszusprechen, da er nicht glauben mag, dass sie ihn verraten hat.

»Nadja: Ich brauch dir nicht viel zu erzählen. Du hast ja schon erraten, wie alles zugegangen ist.

Stefan: Aber ich hatte bis jetzt immer noch die leise Hoffnung, dass ich mich täuschte. Nur eins versteh ich nicht. Wie konntest du das tun, wo du wusstest, was für mich auf dem Spiel stand?

N: Dass man dich verhaften würde, wusste ich nicht. Und selbst wenn ich es gewusst hätte: Ich konnte nicht anders handeln. Es konnte mir doch nur recht sein, wenn du mit Österreich in Konflikt kommst.

S: Warum?

N: Damit du dir klarwirst, wohin du gehörst.

S: Lass das!

N: Ich lasse das nicht. Du sollst erkennen, dass dein Volk

34 Hotel Sacher, Kriminalfilm, Deutschland 1939, Produzent: Walter Tjaden, Regie: Erich Engel. Der Film ist als DVD (UFA Klassiker Edition) erhältlich.

mündig geworden ist und seine Freiheit verlangt und dass du verpflichtet bist, das Deine dazu zu tun.

S: Dies wagst du von mir zu erpressen? Dafür untergräbt man meine Ehre mit den niederträchtigsten Mitteln. Und eine Frau, die behauptet, mich zu lieben – du machst das alles mit. Unfassbar!

N: Es ist doch bereits Krieg in Österreich, wenn auch nicht für alle Augen erkennbar. Da haben persönliche Gefühle zu schweigen.

S: Und diese Phrase genügt dir, dich auch darüber hinwegzusetzen, dass ich morgen früh wieder in Haft genommen werde?

N: Das kann leicht wieder in Ordnung gebracht werden. Deine Unschuld kann bewiesen werden. Und du wirst mit allen Ehren wieder in dein Amt eingestellt. Es kommt nur auf deinen guten Willen an.

S: Man muss schon sagen, ihr versteht euer Geschäft. Und was verlangt man dafür?

N: Die Zusicherung, dass du deine Stellung nicht wieder zum Schaden unseres Volkes verwendest.

S: Ich soll euch vom Amt aus zuarbeiten? In eure Hände arbeiten?

N: Ja. Das würde man zur Bedingung machen.

S: Nadja, hast du mich jemals gekannt, dass du es wagst, mir das anzubieten? Eine Aufforderung zum Landesverrat?

N: Landesverrat? Wen verrätst du denn? Einen veralteten, sinnlos gewordenen Staat, der mit Gewalt andere Völker bevormundet, die ihn hassen.

S: Weil sie nicht sehen, wie gut sie leben unter seiner Herrschaft.

N: Und wenn sie lieber frei leben wollen?

S: Ich kenne diese Schlagworte, ich weiß auch, woher sie bezogen werden.

N: Was meinst du denn, wie lange dieser Staat noch leben wird?

S: Keiner weiß, was kommt. Wer aber Geschichte machen will, darf nur so handeln, dass er hoffen darf, sein Bestes gegeben zu haben.

N: Nein, nur der macht Geschichte, der die Stimme des Kommenden zu hören versteht. Stefan, ich kam hierher in der Hoffnung, dich auf unsere Seite zu ziehen und gemeinsam mit dir zu kämpfen für unser russisches Vaterland.

S: Das ist verlorene Mühe, Nadja. Du wirst mich nie dazu bringen, was in meinen Augen Verrat ist.

N: Stefan! Ich warne dich. Wenn du nicht nachgibst, wird man kein Mittel unversucht lassen, um dich zu vernichten. Gib nach, oder man wird dich vernichten!

S: Ich bin Österreicher! Und ich werde als Österreicher meine Pflicht tun bis zum Äußersten.

N: Was heißt das?

S: Ich werde dich verhaften lassen. Noch in dieser Stunde.

N: Gut. Stoß uns beide ins Unglück. Dich noch mehr als mich.«

Auf diese Schlüsselszene folgt ein letztes Gespräch zwischen Stefan Schefczuk und seinem österreichischen Freund Kurt. Nachdem Schefczuk durch die bevorstehende Verhaftung von Nadja Woroneff seine Ehre als Offizier wiederhergestellt hat, kommen ihm Zweifel an seinem Handeln, und es deutet sich sein auf diese Szene folgender Selbstmord an:

»Kurt: Warum bist du so niedergedrückt? Du hast doch erreicht, was du wolltest.

Stefan: Ja, aber du weißt nicht, was mich das gekostet hat.

K: Ich habe geahnt, dass dir diese Frau noch immer nahesteht.

S: Sie ist die einzige Frau, die ich geliebt habe. Und ich liebe sie immer noch.

K: Aber du weißt doch auch, wofür du dieses Opfer gebracht hast. Du bist deiner Pflicht treu geblieben.

S: Es ist merkwürdig mit dem, was wir tun. Wenn die

Dinge herankommen, dann sieht man nur die eine Seite. Erst wenn sie vorbei sind, die andere.

K: Wie meinst du das?

S: Nadja Woroneff hat nicht aus Eigeninitiative gehandelt. Von ihrem Standpunkt aus war es kein Verrat.

K: Ich versteh dich nicht. Du selbst hast immer die als Verbrecher bezeichnet, die sich mit ihrem kurzsichtigen Verstand gegen eine Staatsform auflehnen, an der Jahrhunderte gebaut haben.

S: Jahrhunderte. Darum fühlt man sich versucht zu fragen, ob eine solche Form nicht veralten kann.

K: Das wäre das Ende Österreichs.

S: Ja, das wäre das Ende.

K: So steht es also um dich?

S: Lass, vielleicht seh ich alles nur aus meiner Stimmung heraus so grau in grau. Ich will dich nicht mutlos machen, Kurt. Aber da fällt mir ein, ich habe meine Dokumentenmappe mit Papieren, die ich für meine Angelegenheit benötige, unten beim Portier liegengelassen. Würdest du so lieb sein und sie mir hochholen?

K: Selbstverständlich.

S: Kurt, bleib so, wie du bist.

K: Ich hole inzwischen deine Mappe.

S: Ich werde inzwischen dem Portier sagen, dass er sie dir aushändigen soll.«

Kehren wir kurz zur ersten Szene zurück: Hier gestehen sich Stefan und Nadja, dass sie einander weiterhin lieben. Dennoch versucht Nadja (im Klappentext heißt es über sie: »Unruhig und nervös flackern die Augen der rassigen Nadja«),[35] ihren ehemaligen Geliebten von seiner österreichtreuen Haltung abzubringen und als Spion anzuwerben. Wie wir gesehen haben, weist er sie zurück und zeigt sie bei der Polizei an. Kurz darauf

[35] Zitat vom Cover der DVD *Hotel Sacher* (UFA Klassiker Edition).

Kennen Russen Treue?

gesteht er einem österreichischen Freund seine Zweifel und erschießt sich in seinem Hotelzimmer. Was Stefan nicht mehr erfährt: Nadja hat währenddessen beschlossen, ihn bei der Polizei zu entlasten, und bringt sich so selbst in Gefahr.

Auf den ersten Blick spielt Treue in *Hotel Sacher* eine ähnliche Rolle wie in vielen preußischen Novellen des 19. Jahrhunderts: Der hohe Beamte Stefan Schefczuk ist nicht bereit, sein Land zu verraten, und kämpft um die von den Intrigen seiner Geliebten beschädigte Ehre. Man kann den Film aber auch ganz anders interpretieren, und diese andere Lesart fördert eine Dimension zutage, die über preußische Ehr- und Treuebegriffe hinausgeht: 1939, das Jahr, in dem *Hotel Sacher* in die Kinos kam, war auch das Jahr des Hitler-Stalin-Pakts. Das eigentliche Drama in diesem Film ist nicht der vermeintliche Verrat an Österreich-Ungarn. Dass dessen Tage gezählt waren, dürfte damals jedem Zuschauer bekannt gewesen sein, und es wird in dem zitierten Dialog von Nadja Woroneff explizit vorgetragen. Tatsächlich entwickelt sich das Drama des Films aus einem Loyalitätskonflikt: dem Konflikt zwischen dem Imperativ militärischer Pflichterfüllung und der Liebe zu einer Frau gleicher Abstammung, kurz: der Treue zum eigenen Blut. Einerseits liebt Stefan die russische Spionin Nadja – und ist dabei aus Sicht der NS-Ideologie seinem »russischen Blut« treu. Andererseits wird er durch sie und ihre politischen Intrigen in den Augen der Österreicher zum Verräter. Sein zentrales Anliegen ist es, zu erfahren, ob Nadja ihn wirklich liebt oder ob sie ihn nur als Instrument missbrauchen will. Denn er selbst liebt sie, obwohl sie eine Spionin ist. Da sich beide am Ende für die Liebe (zum eigenen Blut) entscheiden – Nadja ist bereit, für Stefan ins Gefängnis zu gehen, und diesem kommen Zweifel, ob er als russischstämmiger Österreicher nicht für die falsche Sache kämpft, und er erschießt sich –, kann der Film als wahre Tragödie enden, und zwar als nationalsozialistische Tragödie: Die beiden, treuer in ihrer Liebe und der Liebe zu ihrem Volk als gegenüber dem Vielvölkerstaat Österreich-Ungarn, opfern sich. Wichtig erscheint dabei die Rolle des Unbewussten – das NS-Publikum wurde gleichsam aufgefordert, zu erkennen, was der Hauptfigur selbst zum Teil verborgen bleibt: Stefan Schefczuk definiert sich trotz seiner russischen Herkunft als Österreicher; doch obwohl er sich seiner Abstammung, seiner »Rasse«, nicht wirklich bewusst ist, folgt er letztlich deren Gesetz. Seine Zweifel offenbaren es – auf eine Weise, die das Publikum 1939 verstand.

Der Untergang

Es ist nicht davon auszugehen, dass diejenigen, die sich *Hotel Sacher* heute im Fernsehen oder auf DVD ansehen, die auf Blut und Treue fixierte Botschaft des Films auf dieselbe Weise verstehen wie das damalige Publikum. Aber als Teil einer Rezeptionsgeschichte der Nachkriegszeit scheint dieses Nichtverstehen durch eine gewisse Spannung geprägt zu sein: die Spannung zwischen einer Unschuld, welche die wachsende *Distanz* zur Nazivergangenheit widerspiegelt, und einer unbewussten oder halbbewussten *Akzeptanz* der (nun unterschwelligen) Botschaft, die auf das Fortwirken bestimmter ideologischer Strukturen nach dem Ende des Nationalsozialismus verweist.

Sehr wahrscheinlich besteht hier ein umgekehrtes Verhältnis zwischen dem Faktor Zeit und den Polen von Akzeptanz und Distanz, oder einfacher gesagt: Je mehr Zeit seit dem Krieg vergangen ist, desto größer die Distanz und geringer die Akzeptanz. Doch wenn es um das Fortwirken bestimmter normativer Strukturen geht, ist die Situation eigentlich komplizierter – zumindest im Hinblick auf Fragen der (kollektiven) Schuld und Verantwortung. Dies zeigt ein anderer populärer deutscher Kinofilm, der erst Jahrzehnte nach dem Ende des Nationalsozialismus entstanden ist und von diesem Ende selbst handelt: *Der Untergang*. 2004 in München uraufgeführt, schildert er die letzten Tage Adolf Hitlers und seiner unmittelbaren Gefolgschaft im Führerbunker.[36] Das Drehbuch basiert auf den Erinnerungen von Traudl Junge, Hitlers ehemaliger Sekretärin, und auf Joachim Fests historischer Skizze über das »Ende des Dritten Reiches«.[37]

In einer Weise, die höchst bemerkenswert ist, wenn man bedenkt, wann der Film produziert wurde, wird in ihm dauernd – explizit oder implizit – moralisch geurteilt, was auch die Zuschauer zu solchen Urteilen nötigt. Dies geschieht durch eine Art *affektive Resonanz*, ein gefühlsmäßiges Mitschwingen, sei es durch Gefühle der Empörung oder der Sympathie. Die Personen in *Der Untergang* lassen sich grob in zwei Gruppen aufteilen: in diejenigen, die bis zum Ende glühende Nationalsozialisten bleiben, und diejenigen, die das Leiden des deutschen Volkes schließlich über den Willen des »Führers« und die Weltanschauung des Nationalsozialismus stellen. Zur ersten Gruppe gehören Hitler selbst, Joseph und Magda Goebbels sowie Heinrich Himmler, zur anderen der »intellektuelle Architekt« Albert Speer und der »gute Arzt« Professor Ernst Günther Schenck. Selbstverständlich erfahren wir in dem Film nicht – und können dieses Wissen bei den Zuschauern auch nicht voraussetzen –, dass SS-Obersturmbannführer Schenck zwischen 1943 und 1944 in Mauthausen grausame Ernährungsversuche mit KZ-Häftlingen durchgeführt hat und gegen ihn deshalb später auch ein Dienstverfahren eingeleitet wurde.[38]

36 Der Untergang, Deutschland 2004, Regie: Oliver Hirschbiegel, Drehbuch und Produktion: Bernd Eichinger.

37 Joachim Fest, Der Untergang. Hitler und das Ende des Dritten Reiches. Eine historische Skizze, Berlin 2002; Traudl Junge, Bis zur letzten Stunde. Hitlers Sekretärin erzählt ihr Leben, unter Mitarbeit von Melissa Müller, München 2002. Zu Traudl Junges Erinnerungen siehe auch Kapitel 5 dieses Buches.

38 Vgl. Ernst Klee, Das Personenlexikon zum Dritten Reich. Wer war was vor und nach 1945? Frankfurt am Main 2003, S. 530f.; und Elisabeth Bauschmid,

Die Filmemacher haben an den Anfang von *Der Untergang* ein Motto gesetzt, das sie offenbar als Inbegriff moralischer Niedertracht verstehen:

»Wenn der Krieg verloren geht,
ist es vollkommen egal,
wenn das Volk mit untergeht.
Ich könnte darüber noch keine
Träne weinen, denn es hätte nichts
anderes verdient.«
Adolf Hitler 1945

Gegen diesen Verrat am deutschen Volk wenden sich im Film Albert Speer, der heimlich die Zerstörungsbefehle des »Führers« torpediert, und der aufopfernde Arzt Schenck, der größte Gefahren auf sich nimmt, um bis zum Schluss deutsche Verwundete zu retten. Das deutsche Publikum wurde 2004 also mit einer Interpretation der NS-Vergangenheit konfrontiert, die in ihren normativen Prämissen stark an ebendiese Vergangenheit erinnerte: Während Speer und Schenck der deutschen Volksgemeinschaft treu bleiben, lassen Hitler, Goebbels und Himmler sie im *Untergang* im Stich – Hitler und Goebbels durch Selbstmord, Himmler durch versuchte Flucht und späteren Selbstmord. Mit anderen Worten: Die Treue gegenüber dem deutschen Volk oder der Verrat an ihm bildet im Film die moralische Grenze zwischen Gut und Böse. Der ideologische Kontext dieser Botschaft wird – etwa durch die Darstellung der »bösen« Nazis – einfach ausgeblendet, so dass die Zuschauer nicht sofort bemerken, welche Art der Treue hier positiv bewertet wird. Es ist wohl anzunehmen, dass dies den Filmemachern selbst nicht bewusst war.

Wiederholung geschieht. Ernst Klee erhielt den Geschwister-Scholl-Preis, in: Süddeutsche Zeitung, 26. 11. 1997.

In der Semantik des Treuebegriffs lassen sich zwei Hauptbereiche unterscheiden. Einmal die rechtliche Dimension: die Treue zu einem Gesetz, einem Vertrag oder einem Befehl. Daneben finden wir aber auch eine Semantik, die sich eher auf das Soziale bezieht: die Treue zur Familie, zu den Kindern, zur/zum Geliebten und überhaupt zu denjenigen Freunden und Bekannten, denen man sich nahe fühlt. Für beide Bereiche lassen sich im Nationalsozialismus wie auch in der Nachkriegszeit Beispiele finden – die entscheidende Frage ist jedoch, welche für die NS-Ideologie spezifisch sind. Ganz eindeutig gehören die Nürnberger Gesetze in diese Kategorie, insbesondere das »Gesetz zum Schutze des deutschen Blutes und der deutschen Ehre«, das die »Treue zum arischen Blut« zum Rechtsgut erklärt. Bei der SS scheint die Treue im rechtlichen Sinn damit zusammenzufallen: Die Erfüllung der SS-Pflichten ist identisch mit der »Treue zum Blut«.

Das Beispiel aus dem Film *Hotel Sacher* stellt sich nur auf den ersten Blick etwas komplizierter dar. Hier scheint ein unauflösbarer Konflikt vorzuliegen: Stefan Schefczuk fügt sich entweder dem klassischen soldatischen Treuebegriff, oder er folgt seiner einzig wahren Liebe, die, auch wenn es ihm nicht bewusst ist, mit seinem »Blut« in Einklang steht. Am Ende des Films wird jedoch klar, dass es eine Hierarchie der Loyalitäten gibt: Die Treue zur eigenen Herkunft, die »Blutstreue«, ist einzig entscheidend.

In dem 65 Jahre später produzierten Film *Der Untergang* scheint der Treuebegriff der Nazizeit fortzuwirken: Während Deutschland untergeht, bleiben die Guten ihrem »Volk« treu, und die Bösen verraten es. Die Treue bezieht sich hier nicht direkt auf das »Blut«, aber auch nicht auf verfassungsmäßige Prinzipien, sondern eher auf die nicht weiter als Wert hinterfragte »deutsche Volksgemeinschaft«. Diese Vorstellung bestimmt – und das ist das Entscheidende – auch weiterhin die Art und Weise, in der die deutsche Gesellschaft ihre Vergangenheit interpretiert. Doch eine solche Lesart kann bestätigt, angegriffen oder deutlich korrigiert werden, wie es in historischen Ausstellungen, Artikeln, Filmen, TV-Serien und Debatten über die NS-Vergangenheit zunehmend geschieht.[39]

Damit können wir jetzt einen vorläufigen Versuch wagen, den Begriff der Treue im Rahmen einer Moralgeschichte des Nationalsozialismus genauer zu fassen und so zugleich die Aufgaben und die Besonderheit einer solchen Moralgeschichte zu bestimmen: »Treue« bezeichnet in fast jedem moralischen System eine Eigenschaft, die positiv bewertet wird. Sie ermöglicht es erst, dass Menschen langfristige soziale Bindungen eingehen können, und macht das Verhalten innerhalb dieses Rahmens berechenbar. Der Treuebegriff, den wir in den NS-Quellen vorfinden, weicht davon in verschiedener Hinsicht ab, vor allem in seiner radikal antiuniversalistischen Ausrichtung: Der Nationalsozialismus betrachtet Treue als eine spezifisch »deutsche« oder »arische« Tugend, als seien moralische Werte das Eigentum bestimmter vorgegebener Gemeinschaften. Diese partikulare Auffassung wird verstärkt durch ihre Verbindung mit der rassistischen Idee der »Blutstreue«, wie sie in den Nürnberger Gesetzen rechtlich fixiert wurde.

Für sich genommen, also losgelöst vom Kontext der NS-Verwendung, bleibt die »Treue« jedoch ein positiver Begriff, eine Tugend. Darin gleicht sie vielen unter dem Nationalsozialismus propagierten »moralischen« Begriffen. Dieses Problem,

39 In den erregten Debatten, die die Eröffnung der neuen Dauerausstellung im Deutschen Historischen Museum in Berlin und die Wanderausstellung »Vernichtungskrieg. Verbrechen der Wehrmacht 1941 bis 1944« (1995) begleiteten, wurden die Bestätigung und die Angriffe deutlich. Eine eindeutige Korrektur bieten die neueren populären Fernsehfilme über Albert Speer (*Speer und Er*, 2005, Regie: Heinrich Breloer) und die Wehrmacht (*Die Wehrmacht. Eine Bilanz*, 2007, Regie: Ingo Helm, Christian Frey, Alexander Berkel u.a.).

dass die nationalsozialistische Ideologie Moralbegriffe umgeformt hat, die für sich genommen positiv bewertet werden können, spielt heute in Deutschland bei vielen moralischen Begriffen eine Rolle – selbst bei solchen, die nach dem Ende des Nationalsozialismus den meisten suspekt waren, wie beispielsweise die »Kameradschaft«. Und Ähnliches gilt sicher auch für die »Treue«.

Fragt man nun nach der Spezifität der Begriffe allein aus der Perspektive einer historischen Semantik, so wird man untersuchen, wie sich der Begriff der Treue im 19. Jahrhundert entwickelt hat, wie er dann in Deutschland eine besondere Ausprägung erfuhr, wie er sich möglicherweise nach dem Zweiten Weltkrieg noch einmal veränderte und worin er gleich blieb. Das ist gewiss für sich interessant und wichtig, aber die spezifische Bedeutung des NS-Treuebegriffs und ähnlicher Begriffe, die Auseinandersetzungen um den Nationalsozialismus bis heute wesentlich mit beeinflusst, wird so gerade nicht erfasst. Wenn wir heute wissen wollen, ob nationalsozialistische Treuevorstellungen weiterhin eine Rolle spielen – etwa im Film *Der Untergang* –, dann nicht aus rein historischem Interesse für den Wandel von Begriffen. Vielmehr hat dies mit der Tatsache zu tun, dass Verbrechen *gemeinschaftlich* kaum ohne Rechtfertigungen begangen werden können. Eine Veränderung der Moral, die Ausbildung einer partikularen Moral, ist eine Bedingung für die Durchführung solcher Verbrechen. Insofern ist die Moral Teil der Tat. Die Frage nach dem spezifischen Begriff der Treue betrifft diese Form der Beteiligung. Das gilt umso mehr für die Diskussion um die moralischen Kategorien nach dem Krieg. Die Frage, ob der Treuebegriff in *Der Untergang* ein nationalsozialistischer ist, ist nicht einfach eine Frage nach der historischen Kontinuität. Sondern es geht darum, inwieweit dieser Begriff – wie unterschwellig auch immer – dazu beitragen kann, die NS-Verbrechen selbst im Nachhinein zu nivellieren, indem sie, in Wiederholung einer der großen Lügen der

Adenauerzeit, als die Tat einer kleinen Gruppe moralisch abnormer Verbrecher dargestellt werden. In jedem solchen Fall handelt es sich nicht nur um die Frage, wann und in welchem Kontext bestimmte Begriffe zuerst auftauchen, sondern um die Frage nach der *gesellschaftlichen Moral*, also danach, wieweit sie – nach der Erfahrung des Holocaust – in Geltung bleiben können. Das gilt nicht zuletzt für den Begriff der Treue, insbesondere für den der Treue zur eigenen »Nation«.

Kapitel 5

Deutsche Schuld 1946: Hans Frank, Traudl Junge, Karl Jaspers[1]

Wie hat man sich in Deutschland unmittelbar nach dem Ende der NS-Herrschaft mit Schuldgefühlen auseinandergesetzt, oder genauer: auf welche Weise fühlte man sich moralisch schuldig? Dieser Frage möchte ich im Folgenden anhand von drei Beispielen nachgehen. Ich werde dabei vor allem auf »Schuldgefühle« stoßen, die letztlich eine wirkliche Auseinandersetzung mit der entstandenen Schuld zu vermeiden halfen.

Für viele Leser liegt sicher auf der Hand, warum ich das erste meiner drei Beispiele ausgewählt habe. Jeder Einstieg in den Diskurs über die moralische Schuld und die Schuldfrage, die sich aus Nationalsozialismus und Holocaust ergeben, bezieht sich auf einen bestimmten Aufsatz, der grundlegend wurde für diese Debatte[2] und der für sich in Anspruch nimmt, sich sowohl gegen einen zu engen wie gegen einen zu weiten begrifflichen Horizont zu wenden. Gemeint ist *Die Schuldfrage*, Karl Jaspers' Streitschrift von 1946.[3] Die Auswahl der beiden anderen Beispiele wird zunächst weniger plausibel erschei-

1 Eine frühere Version dieses Textes ist erschienen unter dem Titel »Relegating Nazism to the Past: Expressions of German Guilt in 1945 and Beyond«, in: German History, Jg. 25, H. 4, 2007, S. 219–238. Übersetzung aus dem Englischen: Klaus Binder.

2 Vgl. Dan Diner, »Schulddiskurse und andere Narrative – Epistemisches zum Holocaust«, in: Ders., Gedächtniszeiten. Über jüdische und andere Geschichten, München 2003, S. 180–200, hier S. 181.

3 Karl Jaspers, Die Schuldfrage. Ein Beitrag zur deutschen Frage, Zürich 1946 (ebenfalls Heidelberg 1946).

nen: nämlich der Texte von Traudl Junge und Hans Frank, von zwei Autoren also, die auf jeweils eigene Weise dem innersten Kreis des NS-Regimes nahestanden und die nach dem Krieg beide ihr Gefühl persönlicher Schuld zum Ausdruck brachten.

Halten wir zunächst fest, dass Junge wie Frank offen *zugaben*, sich schuldig zu fühlen – für höherrangige Nationalsozialisten oder Personen, die zum inneren Führungskreis gehörten, ein keineswegs selbstverständlicher Schritt. Der eine schrieb und sprach über seine Schuld während der Monate, die er im Gefängnis verbrachte, bevor er in Nürnberg verurteilt und gehenkt wurde: Hans Frank, der Anwalt und Generalgouverneur des besetzten, nicht ins Reich eingegliederten Teils von Polen, den die Nationalsozialisten »Generalgouvernement« nannten. Franks Erinnerungen erschienen unter dem Titel *Im Angesicht des Galgens*.[4] Traudl Junge wiederum war eine von Hitlers Sekretärinnen, ihr diktierte er sein »privates« und sein »politisches Testament«; bis kurz nach Hitlers Selbstmord hat Junge im Bunker unter der Reichskanzlei gelebt. Nach dem Krieg schrieb sie ihre Erinnerungen nieder, damals unter dem Titel »Meine Zeit bei Adolf Hitler«. Ihr Versuch, den Text 1947 an einen amerikanischen Journalisten zu verkaufen, scheiterte. So erschienen ihre Erinnerungen erst 2002, in *Bis zur letzten Stunde*, dem Buch, das sie zusammen mit der Historikerin Melissa Müller veröffentlicht hat.[5] Ebenfalls 2002 wurde während der Berlinale – zufällig in der Nacht, bevor Traudl Junge starb – der Dokumentarfilm *Im toten Winkel. Hitlers Sekretärin* uraufgeführt, der breite, auch internationale Beachtung fand. 2004 schließlich kam, unter großem Medienecho, Oliver

[4] Hans Frank, Im Angesicht des Galgens. Deutung Hitlers und seiner Zeit auf Grund eigener Erlebnisse und Erkenntnisse. Geschrieben im Nürnberger Justizgefängnis, München 1953; 2. Aufl., Neuhaus bei Schliersee 1955 (Selbstverlag durch Brigitte Frank).

[5] Traudl Junge, Bis zur letzten Stunde. Hitlers Sekretärin erzählt ihr Leben, unter Mitarbeit von Melissa Müller, München 2002.

Hirschbiegels Film *Der Untergang* in die Kinos, der ausgiebigen, allerdings auch ziemlich unkritischen Gebrauch von Junges Darstellung der letzten Tage NS-Deutschlands und seines »Führers« macht.[6]

Traudl Junge hat in Hitlers Bunker gelebt und fast täglich mit ihm zusammengearbeitet, und doch behauptete sie nach dem Krieg, sie habe nichts vom Holocaust gewusst. Aber nicht das ist hier von vorrangigem Interesse, für unseren Zusammenhang bedeutsamer ist, dass sie bei zwei Gelegenheiten ausführlich über ihre Schuld gesprochen hat: in ihren Erinnerungen von 1947 und im Dokumentarfilm von 2002. Ihre Biographin Melissa Müller, die 2001 ebenfalls lange Gespräche mit Junge geführt hat, nennt den Prozess, der hier stattfand, eine »Chronologie der Schuldverarbeitung«.[7]

Warum aber sollten wir im Zusammenhang von Holocaust und Nachkriegsdeutschland zuerst die Schuldfrage betrachten, genauer: das Bewusstsein dieser Schuld und die verschiedenen Formen, mit ihr umzugehen? Eine Antwort auf diese Frage scheint verbunden mit dem weiter gespannten Problem, ob und wie sich Historiker der Geistes- und Kulturgeschichte auch mit der Geschichte moralischer Gefühle beschäftigen sollten. Außer Frage steht zunächst, dass eine Auseinandersetzung mit solchen Gefühlen selbst auf einer pragmatischen Ebene unerlässlich ist, um den katastrophalen Erfolg des Nationalsozialismus zwischen 1933 und 1945 verstehen zu können. Seit der Nachkriegszeit und bis heute wird Deutschland von Diskussionen über die moralische Schuld geprägt, die aus der NS-Vergangenheit und insbesondere aus dem Holocaust resultiert. Was jedoch weitge-

[6] Im toten Winkel. Hitlers Sekretärin, Dokumentarfilm, Österreich 2002, Konzeption: André Heller und Othmar Schmiderer; Der Untergang, Deutschland 2004, Regie: Oliver Hirschbiegel. Siehe zum Film *Der Untergang* auch Kapitel 4 dieses Buches.

[7] Vgl. Melissa Müller, »Chronologie einer Schuldverarbeitung«, in: Junge, Bis zur letzten Stunde, S. 231–263.

hend zu fehlen scheint, ist eine genauere Untersuchung der spezifischen moralischen Argumente, die in diesen Debatten eine Rolle spielen. Wir müssen uns fragen, wie sich die Art und Weise, in der moralische Gefühle oder Argumente in den letzten Jahrzehnten ausgedrückt und gebraucht wurden, zu der Art und Weise verhält, in der Menschen diese Gefühle während der NS-Zeit geteilt haben. Dabei geht es nicht in erster Linie um das Vorhanden- oder Nichtvorhandensein klassischer moralischer Dilemmata, also um Konflikte zwischen einander entgegengesetzten moralischen Imperativen: Allem Anschein nach waren solche Konflikte nicht das Hauptproblem in NS-Deutschland.[8] Unser Problem zeigt sich am deutlichsten an jener großen Gruppe von Menschen, die eine Ideologie teilten und mit dieser auch eine Reihe gemeinsamer *moralischer Gefühle*; Gefühle, die unter den neuen sozialen, politischen und ideologischen Bedingungen der Nachkriegszeit verändert, angepasst oder beibehalten wurden. In dieser Hinsicht werde ich der von Historikern wie Claudia Koonz und Alon Confino vertretenen These folgen, dass es im Dritten Reich doch so etwas wie eine »moralische Grundlage« gegeben habe – zumindest in den Augen der Nationalsozialisten und ihrer Anhänger. Ebenso teile ich ihre Auffassung, dass wir mehr darüber in Erfahrung bringen müssen, wie diese »Moral« funktioniert hat und wie sie nach dem Niedergang des NS-Staats transformiert wurde.[9] Alon Confino hat darauf hingewiesen, dass der totale Krieg und der Holocaust nicht etwa die Folge eines Werteverfalls waren, sondern dass im Gegenteil »moralische Werte mit dazu beitrugen, die

[8] Die moralischen Dilemmata werden aus analytischer Sicht als »unausweichliche Schuld« diskutiert in: P. S. Greenspan, Practical Guilt. Moral Dilemmas, Emotions, and Social Norms, Oxford 1995, S. 151–186.

[9] Vgl. Alon Confino, »Fantasies about the Jews, Cultural Reflections on the Holocaust«, in: History & Memory, 17, 1/2 (2005), S. 296–322; Claudia Koonz, The Nazi Conscience, Cambridge 2003.

extremen Bedingungen des Krieges herbeizuführen«.[10] So sollen die folgenden Beobachtungen nachzeichnen, auf welche Weise bestimmte nationalsozialistische Werte und moralische Gefühle unmittelbar nach dem Ende des Dritten Reichs an die neuen Bedingungen angepasst, beibehalten oder verändert wurden.

I.

Beginnen wir mit dem Fall Hans Frank. Es gibt erst seit kurzem eine detaillierte Studie zu diesem Juristen, der seinen »Führer« schon während der Weimarer Republik entschlossen verteidigt hat und später unter anderem zum Reichsrechtsführer, zum Reichsminister ohne Geschäftsbereich und, wie erwähnt, zum Chef des Generalgouvernements in Polen aufgestiegen ist.[11] Frank, der Züge des deutschen Bildungsbürgers mit einem ausgesprochenen Sinn für Macht verband, war überzeugter Antisemit und fand Gefallen an einer extrem gewalttätigen Herrschaft über die jüdischen und nichtjüdischen Polen, die seiner Kontrolle unterstanden. Und er hat Zeugnisse seines Hasses hinterlassen. So erklärte er zum Beispiel am 2. August 1943 während eines Empfangs für dreißig Reichsredner (eigens rhetorisch geschulte Funktionäre der NSDAP) im Krakauer Königssaal: »Bei uns stehen die Dinge ganz klar. […] Hier haben wir mit 3 ½ Millionen Juden begonnen, von ihnen sind nur noch wenige Arbeitskompanien vorhanden, alles ist – sagen wir einmal – ausgewandert.«[12] Etwas direkter wurde er

[10] Confino, »Fantasies about the Jews«, S. 300.

[11] Vgl. Dieter Schenk, Hans Frank. Hitlers Kronjurist und Generalgouverneur, Frankfurt am Main 2006.

[12] Zit. nach Léon Poliakov, Josef Wulf, Das Dritte Reich und die Juden. Dokumente und Aufsätze, Berlin 1955, S. 185.

am 4. März 1944 bei einer Arbeitstagung für Redner der NSDAP in Krakau: »Wenn heute da und dort ein Wehleidiger mit Tränen in den Augen den Juden nachtrauert und sagt: Ist das nicht grauenhaft, was den Juden gemacht worden ist, dann muß man den Betreffenden fragen, ob er heute noch derselben Meinung ist. […] Die Juden sind eine Rasse, die ausgetilgt werden muß; wo immer wir nur einen erwischen, geht es mit ihm zu Ende.«[13]

Frank hatte viele Feinde im NS-Staat, was für einen Mann in seiner Machtposition nicht ungewöhnlich war. Er konkurrierte vor allem mit Heinrich Himmler um die Macht in Polen und musste im Kampf gegen diesen einflussreichen Widersacher einige Niederlagen hinnehmen. Bei Kriegsende versuchte Frank unerkannt zu bleiben; nach einem gescheiterten Selbstmordversuch wurde er aber identifiziert und dem Internationalen Militärgerichtshof in Nürnberg überstellt.

In der ersten Phase des Prozesses enthüllte Frank seinen gerade vollzogenen Übertritt zum Katholizismus. Der Gefängnispsychologe Gustave M. Gilbert bat ihn um eine Stellungnahme zur Anklage, und Frank schrieb: »Ich betrachte diesen Prozeß als ein gottgewolltes Weltgericht, das bestimmt ist, die schreckliche Leidenszeit unter Adolf Hitler zu untersuchen und zu beenden.«[14] Gilbert gibt in seinem Bericht wieder, wie Frank seine Schuld in dieser »fürchterlichen Zeit« gesehen hat:

»Wissen Sie, es gibt eine göttliche Strafe, die viel vernichtender in ihrer Ironie ist als alle Strafen, die Menschen bisher erfunden haben! Hitler verkörperte den Geist des Bösen auf der Erde und erkannte keine höhere Macht an als seine eigene. […] Wenn nur einer von uns den Mut gehabt hätte, ihn

13 Ebd.

14 Zit. nach Gustave M. Gilbert, Nürnberger Tagebuch. Gespräche der Angeklagten mit dem Gerichtspsychologen, Frankfurt am Main 1993, S. 11.

zu erschießen! Das ist das einzige, was ich mir vorwerfe! Wie viel Elend, Tod und Zerstörung wäre dann erspart geblieben! 1942 fing ich an, zur Besinnung zu kommen und zu erkennen, was für ein Dämon sich in ihm verkörperte. Als ich gegen die damaligen öffentlichen Terrormaßnahmen protestierte, beraubte er mich meines militärischen Ranges und der politischen Macht – ließ mich als Strohpuppe als Generalgouverneur von Polen dasitzen, um mich in die Geschichte als Symbol für die Verbrechen, die in diesem unglückseligen Land begangen wurden, eingehen zu lassen. Das war die satanische Bosheit in ihm. Und jetzt sitze ich hier – aber es geschieht mir recht –, ich war am Anfang mit dem Teufel im Bunde. In den folgenden Jahren erkannte ich, was für ein kaltblütiger, harter und gefühlloser Psychopath er in Wirklichkeit war.«[15]

In seinem Buch *Verhöre. Die NS-Elite in den Händen der Alliierten* hebt Richard Overy hervor, dass Hans Frank insofern ein besonderer Fall sei, als er bereitwillig zugegeben habe, einer »unrechten Sache« gedient zu haben, »was ihm nunmehr unendlich leid tue, doch auch er weigerte sich zu akzeptieren, dass er persönlich irgendein Verbrechen begangen hätte«. Overy kommt daher zu dem Schluss: »Die gewöhnliche, scheinbar so einfache Unterscheidung zwischen Gut und Böse schien aus zahlreichen und komplexen Gründen das Fassungsvermögen der meisten Vernommenen zu übersteigen.«[16]

Wir stehen im Fall Frank also vor dem Problem, dass er einerseits seinen Anteil an der »Schuld« auf sich nimmt, offen Reue und Bedauern über die Verbrechen des Nationalsozialismus äußert und auch zugibt, an deren Durchführung beteiligt gewesen zu sein. Andererseits aber macht er Hitler und Himm-

[15] Ebd., S. 25f.

[16] Richard Overy, Verhöre. Die NS-Elite in den Händen der Alliierten 1945, München 2005, S. 151.

ler für die »Perversion der Rassenpolitik« verantwortlich und weigert sich, seinen Anteil an der Ermordung von Millionen jüdischer und nichtjüdischer Polen in seinem Machtbereich anzuerkennen.[17] Wir könnten nun einfach feststellen, dass aus den Ausführungen dieses notorischen Lügners nicht mehr hervorgeht als seine Strategien für den Gerichtssaal. Damit hätten wir aber nur einen weiteren Beleg dafür, dass Frank sich zwar abscheulicher Verbrechen schuldig gemacht hatte, dies aber nicht zugab und vielleicht auch nicht zugeben konnte. Interessanter erscheint dagegen die Art, in der er seine Schuldgefühle geäußert hat – und diese lässt sich nicht ohne weiteres auf eine »Strategie« reduzieren.

Vor allem ein Aspekt fällt auf an Franks Vorgehen. Am 18. April 1946 antwortet er in der Vormittagsverhandlung auf die direkte Frage: »Haben Sie jemals irgendwie an der Vernichtung von Juden sich beteiligt?« mit einer ebenso direkten Erklärung, deren letzter Satz berühmt werden sollte: »Ich sage: Ja! ... Wir haben den Kampf gegen das Judentum jahrelang geführt, und wir haben uns in Äußerungen ergangen – und mein Tagebuch ist mir selbst als Zeuge gegenübergetreten –, die furchtbar sind ... Tausend Jahre werden vergehen und diese Schuld von Deutschland nicht wegnehmen.«[18]

An Franks Ausführungen vor dem Nürnberger Gerichtshof wird deutlich, dass er die deutsche Schuld nicht nur anerkennt, sondern sie gleichzeitig zu einem Mittel macht. Allem Anschein nach zieht er ein gewisses Gefühl von Stolz und sogar Befriedigung daraus, die eigene Schuld einzugestehen. Dieser Eindruck wird bestätigt durch das, was er zu Gilbert über seinen Anwalt Dr. Seidl sagt: »Ha! Der kleine Seidl ist unbezahlbar! Göring nennt ihn Mickey Maus. Er will mein Schuldge-

17 Ebd., S. 170.
18 Gilbert, Nürnberger Tagebuch, S. 268.

ständnis abschwächen. Ich bin froh, daß es heraus ist, und dabei soll es bleiben.«[19]

Doch so offen Frank die Dinge in dieser Phase des Prozesses ausgesprochen hat, in seiner »Schlusserklärung« vom 31. August 1946 widerruft er sein »Geständnis«, und zwar auf bezeichnende Weise. Die folgende Passage stammt aus seinem Buch:

»Ich muß nur noch ein Wort von mir berichtigen. Ich sprach im Zeugenstand von tausend Jahren, die die Schuld von unserem Volke wegen des Verhaltens Hitlers in diesem Kriege nicht nehmen könnten. [...] die riesigen Massenverbrechen entsetzlicher Art, die [...] vor allem in Ostpreußen, Schlesien, Pommern und im Sudetenland von Russen, Polen und Tschechen an Deutschen verübt wurden und noch verübt werden, haben jede nur mögliche Schuld unseres Volkes schon heute restlos getilgt. [...] Mit der gewissen Hoffnung, daß aus all' dem Grauen der Kriegszeit und den schon wieder überall drohenden Entwicklungen vielleicht doch noch ein Friede ersteht, an dem auch unser Volk seinen segnenden Anteil gewinnen möge, beende ich mein Schlußwort. Die ewige Gerechtigkeit Gottes aber ist es, in der ich unser Volk geborgen hoffe und der allein auch ich mich vertrauensvoll beuge.«[20]

Beide »Geständnisse« Franks sind aus mehreren Gründen interessant. Zunächst erscheint es merkwürdig, mit welcher Leichtigkeit er seine Meinung ändert. Schon die erste Erklärung kann ihm nicht leichtgefallen sein, umso schwerer müsste es gewesen sein, sie im zweiten Schritt zu widerrufen. Jedenfalls scheint der Widerruf nicht aus einer bewussten, zuvor gefassten strategischen Überlegung Franks zu folgen. Vielmehr erweckt er den Eindruck eines Menschen, der den Kontakt mit

[19] Ebd.
[20] Frank, Im Angesicht des Galgens, 2. Aufl., S. 426f.

der Realität verloren hat. Gleichzeitig geht es ihm offensichtlich darum, den aktiven Part zu übernehmen und weiterhin, wenn auch unter veränderten Umständen, eine wichtige Rolle zu spielen. Noch vor dem Gericht in Nürnberg setzt er seine früheren Gefechte gegen diesen oder jenen hochrangigen Nationalsozialisten fort. Dadurch, dass er die Schuld des Nationalsozialismus im Allgemeinen und die Hitlers im Besonderen anerkennt, stellt er alle seine mitangeklagten Parteigenossen in den Schatten, denn die tun, was sie können, um ihre Schuld kleinzureden. Indem er die Verantwortung für Hitlers Verbrechen anerkennt – weil, wie er erklärt, der Führer dies für seine Person verweigert habe –, macht er sich zum Helden. Zugleich scheint er das volle Ausmaß der nationalsozialistischen Verbrechen nicht zu begreifen. Ganz offensichtlich nutzt Frank die Schuld als ein Mittel, um sich selbst in der Rolle eines katholischen Märtyrers zu präsentieren – in einer Rolle, die sich sehr gut mit seiner alten NS-Ideologie verträgt. Die Art, in der er sich vom Nationalsozialismus distanziert, seine Anerkennung der neuen, tausendjährigen Schuld einbegriffen, liegt ganz offensichtlich auf der Linie dessen, was er während der Nazizeit gesagt und getan hat. Schon die Leichtigkeit, mit der Frank seine Haltung zur Frage der deutschen Schuld veränderte, war erstaunlich, der milde Ton, in dem er nun über die Juden spricht, ist vollends verblüffend. Das folgende Zitat ist Gilberts Aufzeichnungen entnommen:

»Wissen Sie, was mich schließlich zu der Erkenntnis brachte, daß ich meine Schuld sühnen müßte? Vor ein paar Tagen las ich eine Notiz in der Zeitung, daß Dr. Jacoby, ein jüdischer Rechtsanwalt aus München, der einer der besten Freunde meines Vaters gewesen war, in Auschwitz vergast wurde. Als dann Höß aussagte, wie er 2 ½ Millionen Juden vernichtete, erkannte ich, daß er der Mann war, der kaltblütig meines Vaters besten Freund – einen sympathischen, aufrechten, freundlichen alten Mann – und mit ihm Millionen anderer unschuldiger Menschen umgebracht hat, und ich hatte nichts getan, um es zu verhindern! Es ist richtig, ich habe ihn nicht selbst umgebracht, aber das, was ich sagte, und das, was Rosenberg sagte, ermöglichte solche Dinge! [...] Aber Hitler gab kaltblütig den Befehl; Höß sagte uns, wie er den Auftrag erhielt und ausführte. [...] Es besteht kein Zweifel, dass dieser Teufel Hitler uns dazu brachte.«[21]

Diese Äußerungen lassen sich nur schwer mit denen in Verbindung bringen, die Hans Franks Kriegstagebuch durchziehen. Dort nämlich scheint er mit Himmler darin zu wetteifern, wer die Notwendigkeit, Polen von »Läusen und Juden« zu befreien, am häufigsten in solche und ähnliche zynische Späße kleiden konnte.[22] Was die oben zitierte Passage offenbart, ist nicht, wie man vielleicht denken könnte, ein gewisses Schuldgefühl, verbunden mit dem Gefühl, sich eigentlich doch nicht geirrt zu haben. Vielmehr ist es zweifelhaft, ob die Schuld, für die Frank nun glaubt büßen zu müssen, etwas mit moralischen Schuldgefühlen im üblichen Sinn gemein hat. Betrachtet man die Leichtigkeit, mit der er seine Schuld insgesamt zum Ausdruck bringt, fragt man sich, ob Schuld und Eingeständnis bei ihm überhaupt mit wirklichen Empfindungen verbunden sind. Das, was Frank als Schuld versteht, muss man im Grunde als »nicht-moralisch« bezeichnen. Erhellender ist es aber, wenn man die eingestandene »Schuld« im Licht nationalsozialistischer Wert- und Moralvorstellungen und deren Übertragung in die deutsche Nachkriegssituation zu begreifen versucht.

21 Gilbert, Nürnberger Tagebuch, S. 272.

22 Poliakov, Wulf, Das Dritte Reich und die Juden, S. 180: »Man kann natürlich in einem Jahr nicht sämtliche Läuse und Juden [aus Polen] hinaustreiben, das wird im Laufe der Zeit geschehen müssen.«

II.

Wenden wir uns nun dem Fall Traudl Junge zu. Der Dokumentarfilm *Im toten Winkel*, das von André Heller geführte und kaum geschnittene Interview mit Hitlers ehemaliger Sekretärin, fand nach seiner Premiere in diversen Kritiken in Zeitungen und Zeitschriften positive Resonanz. Von Jeffrey M. Anderson, einem der Kritiker, stammt folgende typische Reaktion:

»Der Film beginnt, und Traudl Junge schaut uns an, mit einem hellwachen Blick. Sie ist eine adrette, gut gekleidete, rüstige Dame von 81 Jahren. Doch muss sie, bevor sie ihre Geschichte erzählt, über Schuld sprechen. Ab Herbst 1942 arbeitete Junge als persönliche Sekretärin für einen Menschen, der wie die Inkarnation des Bösen über diese Erde kam: Adolf Hitler. Fünfzig Jahre hat Junge über ihre Erfahrungen geschwiegen, fünfzig Jahre lang hat sie Schuld getragen. Nun, dank der Bemühungen des Konzeptkünstlers André Heller und des Dokumentarfilmers Othmar Schmiderer, hat sie sich bereit erklärt, ihre Geschichte für den Film *Im toten Winkel. Hitlers Sekretärin* zu erzählen.«[23]

Tatsächlich hat Traudl Junge, wie wir bereits wissen, nicht »fünfzig Jahre … über ihre Erfahrungen geschwiegen«, sie hatte sie sehr viel früher aufgeschrieben und verkaufen wollen. Jahrzehnte nach diesem gescheiterten Versuch war sie bereit, mit Journalisten zu sprechen und an einem Film über ihr Leben als Sekretärin des »Führers« mitzuwirken. Was ihre Erinnerungen von 1947 angeht, so fragt sich, ob sie tatsächlich die »Chronologie einer Schuldverarbeitung« darstellen, die die Historikerin und Junge-Biographin Melissa Müller in ihnen sieht, oder nicht einfach nur ein Sich-Einstellen, eine praktikable Umstellung auf die neue Situation.

[23] Jeffrey M. Anderson, »The Great Dictation«, in: San Francisco Examiner, 28. 2. 2003.

Dass sich ihre Perspektive grundlegend gewandelt habe, ist eine Vorstellung, die von Traudl Junge selbst genährt wurde. Im neuen Vorwort zu ihren Erinnerungen von 1947 schreibt sie: »Als ich mein Manuskript mit Abstand von mehreren Jahrzehnten wieder las, erschreckte und beschämte mich die Kritik- und Distanzlosigkeit, mit der ich damals ans Werk gegangen war. Wie konnte ich nur so naiv und leichtsinnig gewesen sein?«[24] Weiter heißt es: »Erst Mitte der sechziger Jahre begann ich langsam, mich ernsthaft mit meiner Vergangenheit und meinen wachsenden Schuldgefühlen auseinanderzusetzen. Dies wurde im Lauf der vergangenen 35 Jahre zu einem immer quälenderen Prozess; der aufreibende Versuch, mich selbst und meine damaligen Motivationen zu verstehen. Ich habe gelernt, dazu zu stehen, dass ich 1942, 22 Jahre jung und abenteuerlustig, von Adolf Hitler fasziniert war, dass er ein angenehmer Chef und väterlicher Freund war, dass ich die warnende Stimme in mir, die ich durchaus vernahm, absichtlich überhörte und die Zeit bei und mit ihm fast bis zum bitteren Ende genoss. Nach den Enthüllungen über die Verbrechen dieses Mannes werde ich bis zu meiner letzten Stunde mit dem Gefühl der Mitschuld leben.«[25]

Deutlich betont sie ihre Wandlung – und umso mehr erstaunt es, dass Junges Erinnerungen von 1947 mehr oder weniger identisch sind mit dem, was sie im Dokumentarfilm von 2002 erzählt. Auf ihr eigenes Leben lassen sich die letzten Worte ihres Vorworts kaum anwenden: »Der Mensch ist auf der Welt, um sich lernend zu wandeln.«[26] Darauf kommen wir noch einmal zurück. Zunächst aber verdienen einige andere Punkte der zitierten Passage unsere Aufmerksamkeit. Als Erstes: Traudl Junge gesteht ein, dass sie Schuld trägt, genauer:

[24] Junge, Bis zur letzten Stunde, S. 9.
[25] Ebd., S. 10.
[26] Ebd., S. 12.

dass sie diese Schuld mit Hitler teilen müsse. Doch im Gegensatz zu dem, worauf die meisten Besprechungen des Dokumentarfilms abheben, im Gegensatz auch zu dem, was sie in ihrem eigenen Bericht sagt, sieht es so aus, als habe sie ihre Meinung über ihr Schuldigsein nicht geändert, ja als spreche sie im Grunde überhaupt nicht über Gefühle moralischer Schuld.

Denn was könnte Junge gemeint haben, wenn sie schreibt oder sagt, sie müsse nun »im Gefühl der Mitschuld« an den »Verbrechen dieses Mannes« leben? Weder im Dokumentarfilm noch in den Erinnerungen von 1947 finden wir irgendeinen Hinweis darauf, dass sie wirklich schlimme Dinge als Zeugin miterlebt hat; nichts davon, dass sie dabei gewesen wäre, als Hitler verbrecherische Befehle gab, dass sie gar selbst an bösen Taten beteiligt gewesen wäre. Welche Schuld aber hätte sie dann mit Hitler zu teilen? Um mögliche Missverständnisse zu vermeiden: Sicher gibt es Situationen, die uns eine besondere moralische Verpflichtung auferlegen. Wird jemand von einem Auto überfahren, sind wir als Zeugen, wenn wir helfen können, moralisch – und auch nach dem Gesetz – dazu verpflichtet, aktiv Hilfe zu leisten. Wir können uns dieser Verpflichtung nicht entziehen, indem wir die Verantwortung zu handeln leugnen. Kein Zeuge kann sich mit der Bemerkung zurückziehen, es sei ungerecht, dass er und nicht ein anderer in diese Situation geraten sei. Doch Traudl Junge verweist an keiner Stelle ihrer Berichte auf etwas, das dem zu subsumieren wäre, was in der deutschen Rechtsprechung als »unterlassene Hilfeleistung« gilt; sie gesteht auch nicht ein, schuldhaft an einem Mord oder Selbstmord beteiligt gewesen zu sein. Ebenso wenig beschreibt sie eine ernsthafte Verfehlung des »Führers«. Ganz im Gegenteil: In einer langen Passage erzählt sie, wie menschlich sich Hitler gegenüber seiner Diätköchin Marlene von Exner im Berliner Bunker verhalten habe. Er habe diese Frau, nachdem der »tüchtige und emsige SD [Sicherheitsdienst]« herausgefunden hatte, dass »tatsächlich jüdisches Blut in der mütterlichen Linie vorhanden war«, vor der Verfolgung durch Martin Bormann geschützt. Hitler, so erinnert sich Junge, »hatte eine Unterredung mit Frau von Exner, in welcher er sagte: ›Es tut mir außerordentlich leid um Sie, aber Sie werden verstehen, dass ich nicht anders kann, als Sie aus meinem Dienst zu entlassen. Es ist mir unmöglich, für mich persönlich eine Ausnahme zu machen […]‹«.[27]

Daran schließt sich die wohl einzige Passage an, in der Traudl Junge über einen Vorfall berichtet, bei dem sie selbst eine entscheidende Rolle als Verfechterin der Moral spielt. Nachdem Marlene von Exner gezwungenermaßen aus dem Führerbunker nach Wien zurückgekehrt war, hatte man ihre Familie dort nicht, wie dies zwischen Hitler und Bormann vor ihrer Abreise fest vereinbart worden war, »arisiert«, sondern die Exners wurden als Juden verfolgt. Die Schwester und auch Marlene selbst verloren ihren Arbeitsplatz. Bormann hat die »Arisierung« hintertrieben, denn er hatte, wie es bei Junge heißt, »mit seinem Werbungsversuch bei der charmanten Wienerin kein Glück gehabt und konnte ihr das nie verzeihen«.[28] Als Traudl Junge davon durch einen Brief der Exner erfuhr, wurde sie aktiv:

»Ich war so wütend und entrüstet, dass ich mich an die großbuchstabige Schreibmaschine setzte, den Brief wörtlich abschrieb und damit zum Führer ging. Er bekam einen roten Kopf vor Zorn, rief sogleich nach Bormann. Auch der Reichsleiter hatte einen roten Kopf, als er aus Hitlers Zimmer kam und maß mich mit einem wütenden Blick. Aber immerhin erhielt ich im März die glückliche Botschaft, dass nun wieder alles in Ordnung sei, die ganze Familie Exner mir außerordentlich danke und die Arisierung endlich durchgeführt sei.«[29]

[27] Ebd., S. 132.
[28] Ebd.
[29] Ebd., S. 133.

Damit liefert Junge einen Bericht – einen, wenn er denn wahr ist, höchst eindrucksvollen Bericht – von ihrer und des Führers Anständigkeit. So wie sie die Angelegenheit darstellt, konnte Hitler zwischen »guten« und »schlechten Juden« unterscheiden – gegen das NS-Gesetz. Der Bericht zeigt auch, dass Traudl Junge zu effektivem Handeln fähig war. Wir wissen nicht, wie viele Menschen in NS-Deutschland sich gegen Martin Bormann stellen konnten und sich dabei sogar durchsetzten. Es war – und das ist entscheidend an diesem Vorfall und Junges Bericht – in der menschlich-allzumenschlichen Atmosphäre von Hitlers innerstem Kreis nicht der Antisemitismus des Führers und seiner vielen deutschen Anhänger, der ein moralisches Problem geschaffen hatte, sondern der Reichsleiter Bormann, und dies, so stellt es Junge dar, resultierte aus dessen rachsüchtigem und nachtragendem Naturell.

Ob 1947 oder 2002: So wie sie über ihre Zeit mit Hitler berichtet, hat Traudl Junge an ihrem Arbeitsplatz Antisemitismus niemals aus erster Hand erlebt. Diese Lücke im Text – und wenn er in dieser Hinsicht ernst zu nehmen ist, kann man das nur als extreme Form der Amnesie deuten –, die Auslassung ist es, die ihr Schuldeingeständnis schwer verständlich macht. Selbst wenn Junge tatsächlich keine abscheulichen Entscheidungen oder Äußerungen Hitlers oder seiner Entourage miterlebt hat (und diese nicht einfach nur vergessen hat und von den NS-Verbrechen tatsächlich erst nach deren »Enthüllung« erfahren haben sollte), warum glaubte sie dann im Mai 1945 und für ihr ganzes weiteres Leben, mit einem »Gefühl der Mitschuld« leben zu müssen? Das ist schwer zu erklären. Wenn wir die Ursache dafür nicht in irgendeiner ihrer Taten oder Unterlassungen finden können – in Taten, wie wir sie normalerweise mit Schuldgefühlen verbinden –, dann müssen die von ihr bezeugten Gefühle der Schuld von etwas anderem herrühren. Zwei mögliche Quellen kommen einem in den Sinn, wenn man ihr zuhört, und möglicherweise sind beide im Spiel.

Zum einen könnte sich Junge nach der Niederlage des Nationalsozialismus und während der Entwicklung der westdeutschen Demokratie unter wachsendem Druck gefühlt haben, ihre enge Arbeitsbeziehung mit Hitler zu erklären. Aber damals hätte sie niemand dafür verurteilt, für ein Monster gearbeitet zu haben, wenn sie von dessen Verbrechen nichts gewusst hatte. Außerdem sind Gefühle moralischer Schuld eigentlich nur von Menschen zu erwarten, die sich tatsächlich unmoralisch verhalten haben – das wiederum hat Junge ihrem Bericht zufolge nicht getan. Zum anderen könnten sich ihre Schuldgefühle in ihrem Inneren entwickelt haben, so wie sie das selbst andeutet. Sie nennt ihr Buch einen »Versöhnungsversuch, nicht mit meiner Umwelt, sondern mit mir selbst«.[30]

1947 wie 2002 spricht Junge vom »Gefühl ihrer Mitschuld« mit Hitler, und offenbar hat dieses »Schuldgefühl« seine Ursache auch nicht in Handlungen, die sie unterlassen hat. Dennoch: Es gibt eine Stelle, an der klarwird, dass sie in einem bestimmten Moment nicht gehandelt hat. Bemerkenswert ist diese Stelle darum, weil sie die ganz offensichtliche Immoralität ihres Nichthandelns augenblicklich übergeht; und auch ihre Gesprächspartner haben an diesem Punkt nicht nachgehakt. Traudl Junge erzählt, dass sie von der geplanten Ermordung der Goebbels-Kinder vorher gewusst habe. Eindringlich beschreibt sie, wie sehr sie das Schicksal der Kinder bedrückt habe:

»Ich verließ das Kinderzimmer und grübelte darüber nach, wie ein Mensch es zulassen könnte, dass seinetwegen diese unschuldigen Geschöpfe sterben müssen. Frau Goebbels sprach mit mir darüber. Es gab ja keine Standesunterschiede mehr, nur noch eine Schicksalsverbundenheit. Diese Frau litt die größten Qualen von uns allen. Ihr stand ein sechsfacher Tod bevor, während wir nur einen einzigen zu überwinden hatten.«[31]

[30] Ebd., S. 9.
[31] Ebd., S. 193.

In Junges Bericht wird der Kindermord zu einem Aspekt des »Schicksals«, das sie, Magda Goebbels und die Goebbels-Kinder miteinander »verbunden« habe. Hätte sie möglicherweise einen Ausweg aus dieser grauenhaften Situation finden können? Hätte sie eine andere praktische Möglichkeit gehabt, als sich mit der ihr zugedachten Rolle abzufinden und die Kinder in ihren letzten Stunden zu unterhalten? Es ist ein sehr trauriger Bericht, und doch erscheinen die Kinder an keiner Stelle als autonome Personen mit einem eigenen Recht auf Leben – ganz anders als die Autorin, die am Ende das Überleben dem »Schicksal« vorzieht und nach Hitlers Selbstmord aus dem Bunker flieht.

Traudl Junge stellt sich nicht den Fragen wirklicher moralischer Verantwortung, nicht den Fragen, bei denen das Empfinden moralischer Schuld angemessen wäre, sondern sie lenkt ihr Verantwortungsgefühl auf einen anderen Punkt. Ihre letzten Worte im Gespräch mit Melissa Müller lauten: »Heute trauere ich zweifach: um das Schicksal jener Millionen Menschen, die von den Nationalsozialisten ermordet wurden. Und um das Mädchen Traudl Humps, dem die Selbstsicherheit und Umsicht gefehlt hat, im rechten Moment zu widersprechen.«[32] Was Junge im ersten Teil dieser Äußerung anspricht, ist so abstrakt wie viele andere Fakten, die bei ihr als Auslöser für Gefühle wirksam werden. Und der zweite Teil enthüllt etwas, das wir gewöhnlich als Selbstmitleid bezeichnen und nicht als Schuldgefühl. Einen entscheidenden und viel konkreteren Auslöser für ihre Gefühle beschreibt sie in der folgenden Passage, die nur im Interview von 2001 auftaucht:

»Ich muss damals schon oft an der Gedenktafel für Sophie Scholl in der Franz-Joseph-Straße vorbeigegangen sein, ohne sie zu bemerken. Eines Tages fiel sie mir auf, und als ich mir vergegenwärtigte, dass sie 1943 hingerichtet wurde, als mein

[32] Ebd., S. 263.

Leben bei Hitler erst so richtig begann, war ich zutiefst schockiert. Sophie Scholl war ursprünglich ja auch ein BDM-Mädchen, ein Jahr jünger als ich, und sie hatte sehr wohl erkannt, dass sie es mit einem Verbrecherregime zu tun hatte. Mit einem Mal kam mir meine Entschuldigung abhanden.«[33]

Die eigene Jugend als Entschuldigung anzuführen ist nicht sehr überzeugend, wenn es um die Leugnung moralischer Schuld geht. Aber darum geht es auch gar nicht, sondern Traudl Junge phantasiert sich hier in eine Situation, in der sie die Rolle von Sophie Scholl hätte einnehmen können: die Rolle einer Märtyrerin. Es ist diese Phantasie, die ihr einige Erleichterung verschafft. Nicht nur, dass sie sich überhaupt nicht an Hitlers Antisemitismus erinnert, sie scheint sich auch der Meinungen, Gefühle, politisch-ideologischen Überzeugungen und fundamentalen Werte nicht mehr bewusst, die sie in NS-Deutschland mit zahllosen anderen Deutschen geteilt hat. In ihrer Selbstdarstellung wird die Phantasie, sie hätte eine zweite Sophie Scholl sein können, damit zu einem reinen Zufall. Insofern verwundert es nicht, dass sie am Ende Bedauern äußert – mit dem Mädchen Traudl, das bedauerlicherweise inaktiv blieb.

So ist, was Junge Schuldgefühl nennt, ein starkes Gefühl des Selbstmitleids, das ihrem eigenen Schicksal gilt. In die Makroanalyse gewendet und sozialgeschichtlich verstanden, hat dieses Gefühl die Bedeutung, sich selbst (und dies in quasi kollektivem, stillschweigendem Einverständnis) zu versichern, dass in NS-Deutschland so viel doch nicht falsch war, als dass es sich nicht durch kleine Veränderungen hätte korrigieren lassen – und damit auch der Lauf einer bedauerlich unmoralischen Geschichte.

Beide, Traudl Junge wie Hans Frank, sprechen von Gefühlen der Schuld, und beide meinen damit wohl eher ein Schicksal

[33] Ebd., S. 261.

als konkrete Vergehen. Beide erklären sie, der Verführung durch den Führer erlegen zu sein, und es gibt in ihren Berichten kaum Hinweise auf andere Quellen ihrer Schuldgefühle. Darum sprechen sie auch beide nicht von dem, was normalerweise als moralische Schuld betrachtet wird, sondern von etwas, was sie Schuld *nennen*. Und sie meinen damit – das scheint mir die wahrscheinlichste Erklärung – Schuld in ebendem Sinn, in dem sie während der NS-Zeit verstanden wurde.

Weder die Berichte von Hans Frank und Traudl Junge noch der allgemeine Diskurs über die »deutsche Schuld« im Deutschland der Nachkriegsjahre lassen sich wirklich verstehen, wenn wir nicht berücksichtigen, welchen Einfluss der Nationalsozialismus auf die Werte und geteilten moralischen Gefühle der Menschen hatte. Als Ideologie und als erfolgreiche soziale Bewegung arbeitete er mit einem ganz eigenen Muster solcher Gefühle, die von jedem verlangt wurden, der Teil dieser Bewegung sein wollte. Schon ein oberflächlicher Blick auf NS-Reden, Parteiversammlungen, ideologisches Schrifttum etc. zeigt, wie wichtig moralische Urteile und Gefühle für die NS-Rhetorik waren. Natürlich gibt es nicht den einen Schlüssel, um diese Dynamik zu erfassen, und sie ist bisher von der Forschung auch kaum untersucht worden. Unternimmt man diesen Versuch, so besteht eine besondere Schwierigkeit darin, das Spezifische nationalsozialistischer Moralvorstellungen im Verhältnis zu traditionellen moralischen Werten zu begreifen. Das heißt, wir müssen tatsächlich jeden zentralen moralischen Begriff und jedes damit verbundene moralische Gefühl daraufhin untersuchen, welchen Bedeutungswandel sie während der NS-Zeit und danach erfahren haben.

Auf dieses Abgrenzungsproblem verweisen auch die Berichte von Hans Frank und Traudl Junge. Möglicherweise erscheinen uns ihre Schuldgefühle als ganz selbstverständlich und begründet. Aber gerade dann würden wir erwarten, dass sich diese Gefühle mit Vorstellungen von dem verbinden, was moralisch richtig ist; wir würden erwarten, dass eine Person, die bestimmte Taten im Nachhinein bedauert, auch Verantwortung für sie übernimmt. Doch genau das fehlt in beiden Berichten: Weder Frank noch Junge erkennen ihre Taten und früheren Überzeugungen an und bewerten, was diese in Wirklichkeit waren. Vielmehr lassen sie nur ein Verständnis von Schuld erkennen, das von nationalsozialistischen Moralvorstellungen geprägt ist, genauer: Junge wie Frank beziehen sich auf etwas, das sie als *Schande* begriffen haben und begreifen. In dieser Hinsicht weisen ihre Berichte eine Diskurslogik auf, die sich in Deutschland nach dem Krieg rasch verbreitete und die sich wie folgt zusammenfassen lässt: Die Judenvernichtung war kein Verbrechen, an dem viele Deutsche aufgrund gemeinsamer Ansichten über die Juden mitgewirkt haben, aber die Judenvernichtung wurde zur Schande aller Deutschen, unabhängig davon, ob sie an den Verbrechen beteiligt waren oder diese gutgeheißen haben, denn die Verbrechen wurden in ihrem Namen und in ihrer Gegenwart verübt.[34] Was in diesem Gedankengang fehlt, ist, dass Schuld und Schuldhaftigkeit nicht durch die bloße Anwesenheit am Ort eines Verbrechens begründet werden, sondern durch die Art und Weise, in der man als Person in dieses Verbrechen verwickelt ist.

III.

Doch in der Nachkriegszeit war die deutsche Debatte um Nationalsozialismus und Holocaust stets begleitet von Fragen nach Schuld und »Schande« sowie nach den verschiedenen Formen der »deutschen Schuld«. Vor diesem Hintergrund bekam Karl Jaspers' berühmter Aufsatz *Die Schuldfrage* seine Bedeutung. Jaspers hatte dem inneren Kreis des NS-Regimes in keiner

[34] Siehe zum Begriff der »Schande« auch Kapitel 9 in diesem Buch.

Weise nahegestanden, vielmehr musste er bis zuletzt fürchten, in ein KZ verschleppt zu werden. Als die US-Armee Ende März 1945 Heidelberg befreite, galt er daher rasch als politisch verlässlich,[35] als ein Mann, dem man die Genehmigung erteilen konnte, im Wintersemester 1945/46 an der Universität Heidelberg eine Reihe von Vorlesungen zu halten. Einige dieser Vorlesungen sind in die Streitschrift *Die Schuldfrage* eingegangen. In einem vertraulichen Bericht an das US-amerikanische Counter Intelligence Corps meldete der Offizier Daniel F. Penham Anfang 1946, dass einige von Jaspers' Studenten – zumeist ehemalige Wehrmachtssoldaten – seinen Vortrag »mit Gelächter und Füßescharren« quittiert hätten.[36] Das spiegelt sich in der ersten Auflage des Texts wider, für die Jaspers seinen Einleitungsvortrag zu den Vorlesungen von 1945/46 mit aufnahm.[37] Er wusste damals, dass er vor einem ziemlich feindseligen studentischen Publikum stand. Und wenn er vor diesem Publikum davon sprach, man müsse sich um einen neuen »gemeinsamen Boden« bemühen und sich »miteinander geistig zurechtfinden«, dann wollte er, dass man ihm als einem »Deutschen unter Deutschen« zuhörte.[38]

[35] Zu Jaspers' Situation 1945 vgl. Ralf Kadereit, Karl Jaspers und die Bundesrepublik Deutschland. Politische Gedanken eines Philosophen, Paderborn u.a. 1999, S. 13 ff.

[36] »307th Counter Intelligence Corps Detachment. Headquarters Seventh Army, APO 758, U.S. Army, 23 Feb. 1946«, in: Heidelberg 1945, hrsg. von Jürgen C. Heß, Hartmut Lehmann und Volker Sellin, Stuttgart 1996, S. 418–427, hier S. 423. Weiter heißt es dort: »Sobald das begann, unterbrach Professor Jaspers die Vorlesung und erklärte, dass er solche Demonstrationen nicht tolerieren werde.«

[37] Vgl. Jaspers, Die Schuldfrage, S. 11–26. Dieser Abschnitt wurde in späteren Ausgaben nicht vollständig oder gar nicht wiedergegeben. Da der Text den Status eines Klassikers erlangt hatte, sollte er nicht mehr als an eine spezifische Situation gebunden erscheinen. Doch erschwerte nun gerade die Auslassung das Verständnis des besonderen, eben an die Geschichte gebundenen Tons von Jaspers' Streitschrift.

[38] Ebd., S. 14 und »Vorwort«, o.S.

1946/47 wurde Jaspers von ehemaligen Nationalsozialisten und NS-Sympathisanten heftig dafür angegriffen, dass er sich überhaupt an der Diskussion über die deutsche Schuld beteiligte. Dennoch wurden die Argumente, die er in *Die Schuldfrage* vorlegte, in der westdeutschen Gesellschaft schließlich zu einem »moralischen Imperativ«, wie Dan Diner es genannt hat,[39] zu einem Imperativ, auf den sich auch Jürgen Habermas an prominenter Stelle ausdrücklich bezogen hat.[40] Ein wesentlicher Aspekt von Habermas' Interesse an Jaspers ist ihre gemeinsame Verachtung des Nationalsozialismus; ein weiterer Jaspers' Betonung einer freien und offenen Kommunikation, das »Miteinanderreden« als Grundlage eines erneuerten und ethischen Nachkriegsdeutschland.[41] Gerade angesichts der Rezeptionsgeschichte des Aufsatzes muss man darauf hinweisen, dass Jaspers, der eine Liste ethischer Normen vorlegte, nach denen die deutsche Schuld zu beurteilen sei, sich einer anderen Tatsache nicht gestellt hat: dass nämlich diese Normen in NS-Deutschland – und anschließend in beiden sich in Deutschland entwickelnden Gesellschaften, im Westen wie im Osten – von der Mehrheit der Menschen nicht unbedingt geteilt wurden.[42] In dieser Hinsicht ist Jaspers' Aufsatz in sich widersprüchlich: Nachdem er zunächst konstatiert, dass im Dritten Reich eine gemeinsame moralische Grundlage gefehlt habe, argumentiert

39 Diner, »Schulddiskurse«, S. 181.

40 Siehe Jürgen Habermas, »Vom öffentlichen Gebrauch der Historie«, in: Die Zeit, 7. 11. 1986, abgedruckt mit einer Ergänzung in: Ders., Eine Art Schadensabwicklung, Frankfurt am Main 1987.

41 Vgl. Jaspers, Die Schuldfrage, S. 14 ff.

42 Im folgenden Kapitel gehe ich auf eine ähnliche Haltung ein, nämlich auf den Juristen Fritz von Hippel, der sich der Diskussion um die Moral des NS-Zeit ebenfalls so nähert, als hätten die meisten Deutschen die gleichen Ansichten wie Briten oder Amerikaner. – Zu Habermas' Versäumnis, die nichtkommunikative Basis ethischer Normen angemessen zu berücksichtigen, siehe Ernst Tugendhat, Vorlesungen über Ethik, Frankfurt am Main 1993, S. 161–176.

der Philosoph im Folgenden so, als sei eine solche doch vorhanden gewesen.[43]

Für uns ist Jaspers' Text insofern bedeutsam, als er eine argumentative Brücke schlägt zwischen den Deutschen, die in der Nachkriegszeit jede eigene Schuld leugneten, und jener sich langsam herausbildenden, liberal orientierten Hauptströmung der öffentlichen Meinung, die in der Anerkennung der deutschen Schuld die eigentliche Grundlage des neuen, demokratischen Staates in Westdeutschland sah. Aus diesem Grund hat Mark W. Clark Jaspers' Streitschrift als »zentralen Bestandteil der ursprünglichen Katharsis« von Nachkriegsdeutschland bezeichnet.[44] Natürlich wurde Jaspers' Versuch in den folgenden Jahrzehnten immer wieder kritisiert, auch von Autoren, die keinesfalls der revanchistischen oder reaktionären Szene zuzurechnen waren. Am nachdrücklichsten meldete sich Theodor W. Adorno zu Wort, der, wenn auch in allgemeinen Begriffen, in seinem berühmten Essay *Jargon der Eigentlichkeit* die Frage stellte, ob Philosophen wie Jaspers statt aufzuklären nicht viel eher zu einer Atmosphäre beitrügen, die jede ernsthaft kritische und darum folgenreiche Diskussion über den Nationalsozialismus unmöglich machte.[45]

In jüngerer Zeit hat der Historiker Norbert Frei die Vorstellung bestritten, dass es bei den Alliierten nach dem Krieg überhaupt eine ausführlichere Diskussion über die deutsche »Kollektivschuld« gegeben habe – Frei stellte damit eine von Jaspers' grundlegenden Annahmen und einen seiner argumen-

43 Vgl. Jaspers, Die Schuldfrage, S. 19ff., § 2: »Die großen Verschiedenheiten zwischen uns«.

44 Mark W. Clark, »A Prophet without Honour: Karl Jaspers in Germany, 1945–48«, in: Journal of Contemporary History, Jg. 37, Nr. 2, 2002, S. 197–222, hier S. 221.

45 Vgl. Theodor W. Adorno, Jargon der Eigentlichkeit. Zur deutschen Ideologie, Frankfurt am Main 1964; Clark, »A Prophet without Honour«, S. 219.

tativen Schwerpunkte in Frage.[46] Dagegen betont er, welchen strategischen Nutzen die Behauptung einer solchen kollektiven Schuld besaß, als es darum ging, eine sachliche Auseinandersetzung mit den deutschen Massenverbrechen zu verhindern. Frei isoliert damit eine schwer greifbare – und sicherlich unbeabsichtigte – Denkfigur, die Jaspers' Essay prägt: eine ausführliche Betrachtung der Frage einer deutschen Kollektivschuld, die ganz offensichtlich von der realen, grundlegenden Schuldfrage ablenkt (was im Rückblick natürlich einfacher zu erkennen ist). Denn diese Frage ist verbunden mit einer enormen Zahl *individueller* Verbrechen, begangen von zahllosen einzelnen Tätern, die auf die eine oder andere Weise dazu beigetragen haben, dass der Holocaust möglich wurde.

Jaspers' Aufsatz ist in zwei Teile gegliedert, deren erster, »Die Schuldfrage«, sich mit der »Schematik der Unterscheidungen«, den Schuldbegriffen also, befasst, der zweite dann mit den »deutschen Fragen«. Wobei dieser zweite Teil wiederum aus drei Unterkapiteln besteht: »Die Differenzierung deutscher Schuld«, »Möglichkeiten der Entschuldigung« und »Unsere Reinigung«. Seit der Erstveröffentlichung der Streitschrift im Jahr 1946 haben die vier Schuldbegriffe, die Jaspers im ersten Teil entwickelt, viele Autoren und Denker beeinflusst. Es geht um seine Differenzierung zwischen »krimineller Schuld« (dem Begehen von offensichtlichen Verbrechen), »politischer Schuld« (dem Grad der Kollaboration mit dem NS-Regime), »moralischer Schuld« (der Frage der individuellen Verantwortung und des Gewissens) und »metaphysischer Schuld« (der universell geteilten Verantwortlichkeit jener, die sich für das Überleben

[46] Vgl. Norbert Frei, »Von deutscher Erfindungskraft oder: Die Kollektivschuldthese in der Nachkriegszeit«, in: Rechtshistorisches Journal 16 (1997), S. 621–634; Nachdruck in: Gary Smith (Hrsg.), Hannah Arendt Revisited: »Eichmann in Jerusalem« und die Folgen, Frankfurt am Main 2000, S. 163–176. Vgl. Jaspers, Die Schuldfrage, S. 67–72: »Die Kollektivschuld«.

entschieden haben und sich darum nicht gegen die NS-Verbrechen wendeten). Nach Entfaltung dieser »Schematik« ist die kriminelle Schuld zwar weiterhin Gegenstand von Jaspers' Essay, spielt darin aber nur eine untergeordnete Rolle. Letztlich antwortet er damit auf eine im Nachkriegsdeutschland weitverbreitete Ansicht: dass nämlich die *wahren* Verbrecher nur eine kleine und untypische Gruppe von Menschen gewesen seien, die auf die übliche Weise strafrechtlich verfolgt werden könnten. Für Jaspers lag der Schwerpunkt somit eindeutig auf den politischen, moralischen und vor allem metaphysischen Aspekten der »Schuldfrage«.

Dies erklärt vielleicht, warum so viele Deutsche seiner Argumentation folgen konnten – ohne darum viele ihrer Ansichten revidieren zu müssen. In dieser Hinsicht bleiben die Urteile, die zwei in Deutschland geborene Kritiker von Jaspers unabhängig voneinander formuliert haben – der eine war in die USA emigriert, der andere nach Israel, beide waren sie im Nachkriegsdeutschland völlige Außenseiter –, bis heute hochaktuell. Am 15. Juli 1946 schrieb Heinrich Blücher nach der Lektüre von *Die Schuldfrage* einen zornigen Brief an seine Frau Hannah Arendt. Seine Kritik ist in den beiden folgenden Sätzen am besten zusammengefasst: »Dieses ganze ethische Reinigungsgebabbel bringt Jaspers dahin, sich solidarisch in die deutsche Volksgemeinschaft sogar mit den Nationalsozialisten zu begeben statt in die Solidarität mit den Entwürdigten.« Und zu Jaspers' Analyse der deutschen Schuld bemerkte Blücher knapp: »Wir haben nicht zu fragen, was deutsch ist, sondern was recht ist.«[47]

Blüchers harsches Urteil bezieht sein Recht aus Jaspers' Konzentration auf die *deutsche* Schuld. Tatsächlich: Das primäre Interesse des Philosophen an der Frage, wie die deutsche Gesell-

47 Heinrich Blücher an Hannah Arendt, 15. 7. 1946, in: Hannah Arendt, Heinrich Blücher, Briefe 1936–1968, hrsg. von Lotte Köhler, 2. Aufl., München, Zürich 2002, S. 146ff.

schaft auf ethischer Grundlage neu errichtet werden könne, ließ ihm wenig Raum für eine nichtnationale Perspektive. Für einen Kommentator wie Blücher, der sich ausdrücklich als Außenstehender verstand, war es natürlich schwer, die »moralische« Bedeutung von Erklärungen wie der folgenden gutzuheißen: »Deutschland kann nur wieder zu sich kommen, wenn wir Deutschen in der Kommunikation zueinander finden.«[48] Blücher sieht den Punkt: So universell sein Denken angelegt sein mochte, Jaspers opfert dem an keiner Stelle die grundsätzlich nationale Ausrichtung seiner Argumentation – ein Charakteristikum, das er mit einigem rhetorischen Aufwand selbst festhält: »Mit allen diesen Erörterungen möchte ich als Deutscher unter Deutschen Klarheit und Einmütigkeit fördern, als Mensch unter Menschen teilnehmen an unserem Mühen um Wahrheit.«[49]

Skeptisch äußerte sich auch Kurt Blumenfeld zu Jaspers' Nachkriegsvisionen.[50] Blumenfeld, ein führender Zionist, beunruhigte vor allem Jaspers' ausdrückliche Leugnung der Tatsache, dass die Ideen der Nationalsozialisten bei den meisten Deutschen Zustimmung gefunden hatten und sie bereitwillig den Diktaten der NS-Ideologie gefolgt waren – eine Leugnung, die Jaspers in seiner Streitschrift offen äußert. Blumenfeld zitiert die betreffende Passage: »Der deutsche Antisemitismus war in keinem Augenblick eine Volksaktion. Bei den deutschen Pogromen fehlte die Mitwirkung der Bevölkerung, es fanden keine spontanen Grausamkeitsakte gegen Juden statt. Die Volksmenge schwieg und zog sich zurück, soweit sie nicht ihren Unwillen zu schwachem Ausdruck brachte.«[51] Ein Wort in Jaspers' Äußerung – »spontan« – löst Blumenfelds schärfste

[48] Jaspers, Die Schuldfrage, S. 24.
[49] Ebd., Vorwort, o.S.
[50] Hannah Arendt, Kurt Blumenfeld, »... in keinem Besitz verwurzelt«. Die Korrespondenz, hrsg. von Ingeborg Nordmann und Iris Pilling, Hamburg 1995, S. 114ff.
[51] Jaspers, Die Schuldfrage, S. 84.

Einwände aus; mit seinem Kommentar kommt er direkt zum Punkt: »Es gab wenig Dinge, in denen Deutsche so prompt reagierten wie in der Frage des Judenhasses.«[52]

Auch wenn er polemisch zuspitzt, macht Blumenfeld in seiner Kritik auf etwas Wichtiges aufmerksam: Ob Jaspers mit seinen vier Kategorien der Schuld philosophische Einsichten zutage fördern kann oder nicht, sei dahingestellt, sicher ist, dass die historischen und soziologischen Analysen, aus denen er diese entwickelt, oft äußerst befremdlich erscheinen. Nochmals zugespitzt: Der nicht mit dem Naziregime kollaborierende, nur im Stillen empörte und in sich gekehrte deutsche Idealbürger der NS-Jahre, den Jaspers mit seiner Streitschrift vorstellte, fand wohl in deren Autor seinen besten Repräsentanten. Doch muss ihn diese Idealtypologie in die Irre geführt haben, was schon ein flüchtiger Blick auf Jaspers' prekäre Situation während der NS-Zeit deutlich macht. Es war eine Gesellschaft von Deutschen, in der Jaspers dadurch, dass er eine jüdische Frau geheiratet hatte (und sich keineswegs von ihr trennen wollte), in eine durchaus lebensbedrohliche Lage geraten war. Jeder Versuch, den Ursprung dieses fatalen blinden Flecks im Zentrum von *Die Schuldfrage* dingfest zu machen, ist vermutlich vergeblich; einige Erklärungen drängen sich dennoch auf. So könnte Jaspers' tiefes Verbundenheitsgefühl mit der deutschen kulturellen Identität und damit sein leidenschaftlicher Wunsch, wieder einen festen Platz in einer Gesellschaft einzunehmen, mit der er sich wahrhaft identifizieren könnte, zum Willen geworden sein, die scharfen Unterschiede zwischen seiner eigenen Situation und der der meisten anderen Deutschen zu verwischen. Vielleicht hat er sich angesichts der Feindseligkeit, mit der viele Studenten auf seine Vorlesungen reagierten – eine Reaktion, die Jaspers selbst auf das Fehlen

[52] Blumenfeld an Arendt, 5. Nov. 1954, in: ebd., S. 114; Jaspers, Die Schuldfrage, S. 84.

eines »gemeinsamen Bodens« zurückführte[53] –, auch schlicht der Hoffnung hingegeben, dass sich diese Trennung und Konfrontation zumindest auf einer rhetorischen Ebene überwinden ließe. Auf dieser Ebene wäre der »gemeinsame Boden« dann auch mit ehemaligen Nationalsozialisten zu teilen gewesen.[54]

Nach alldem scheint Jaspers' Haltung zur deutschen Schuld bestenfalls problematisch, letztlich aber inkohärent. Das tritt besonders deutlich hervor, wo er sich mit der Frage der Kollektivschuld befasst.[55] Einerseits verteidigt er die alliierte Annahme einer deutschen Schuld. Andererseits formuliert er Einwände gegen die Vorstellung einer Kollektivschuld im »moralischen« oder »metaphysischen« Sinne und schreibt die Hauptlast an der deutschen Schuld »Hitler und seinen Komplizen« zu, dieser, so seine Worte, »kleinen Minorität von Zehntausenden«.[56] Doch wenig später relativiert er seine Ablehnung des Begriffs Kollektivschuld auch wieder, wenn er sie nicht sogar völlig widerruft – je nachdem, wie man die folgenden Sätze liest: »Wir fühlen uns weiter beteiligt nicht nur an dem, was gegenwärtig getan wird, als mitschuldig am Tun der Zeitgenossen, sondern auch an dem Zusammenhang der Überlieferung. Wir müssen übernehmen die Schuld der Väter. Daß in den geistigen Bedingungen des deutschen Lebens die Möglichkeit gegeben war für ein solches Regime, dafür tragen wir alle eine Mitschuld.«[57] Und noch direkter: »Weil wir die Kollektivschuld fühlen, fühlen wir die ganze Aufgabe der Wiedererneuerung des Menschseins aus dem Ursprung.«[58]

In ihrem Buch *Pride, Shame and Guilt* hat die Philosophin

[53] Jaspers, Die Schuldfrage, S. 14, vgl. auch S. 20: »der Mangel eines gemeinsamen uns alle verbindenden Bodens«.

[54] Vgl. ebd., S. 54ff.

[55] Vgl. ebd., S. 67ff.

[56] Ebd., S. 57.

[57] Ebd., S. 71.

[58] Ebd., S. 72.

Gabriele Taylor überzeugend dargelegt, dass wir, wenn wir über Schuldgefühle sprechen, eigentlich Gefühle der Selbsteinschätzung meinen.[59] In dieser Hinsicht ähnelten Schuldgefühle Empfindungen wie Stolz oder – in unserem Zusammenhang wichtiger – Scham.[60] Doch auch Unterschiede zwischen Scham und Schuld hält Taylor fest: Schuldgefühle resultieren ihr zufolge aus der Verletzung rechtlicher Normen und sind mit Strafforderungen verbunden, sie entstehen also in einem Zusammenhang von Verantwortung und zumeist auch Wiedergutmachung. Im Fall der Schamgefühle dagegen besteht dieser Zusammenhang nicht unbedingt.[61]

Taylors Überlegungen sind für unseren Kontext ausgesprochen erhellend. Ausgehend von ihren Thesen können wir zunächst festhalten, dass Hans Frank ausgerechnet daraus, seine Schuld einzugestehen, eine merkwürdige Befriedigung zieht. Diese aber, ausgedrückt in einer monumentalen Geste der Selbstanklage, ist weit entfernt von wirklicher Reue. Franks Insistieren auf seinen verwerflichen Taten erinnert auf unangenehme Weise an Hitlers narzisstische »Monumentalisierung des Negativen« in den Tagen seines Untergangs. Jedenfalls ist diese Überhöhung des Selbst durch ein Hervorheben der eigenen Verbrechen alles andere als die Anerkennung von Verantwortung. Dabei gehört, um auf Taylor zurückzukommen, das Eingeständnis von Verantwortung wesentlich zum Gefühl der Schuld; für Gefühle der Scham dagegen hat die Frage der Verantwortung kaum Bedeutung. Hans Frank und Traudl Junge offenbaren *Gefühle der Scham* – beide jedoch verweigern sie die Anerkennung moralischer Schuld. Das gelingt, weil sie

[59] Gabriele Taylor, Pride, Shame and Guilt. Emotions of Self-Assessment, Oxford 1985; zur Analyse der Schuldgefühle vgl. S. 85–107.

[60] Zur Scham vgl. ebd., S. 53–84.

[61] Zum Verhältnis von Moralempfinden und Verantwortung vgl. R. Jay Wallace, Responsibility and the Moral Sentiments, Cambridge, Mass. 1998.

durch die Art, in der sie ihre Scham zeigen, den Unterschied zwischen Scham und Schuld völlig verwischen. Ihr Mittel dazu sind vor allem verlogene Berichte, genauer: die darin enthaltenen, das eigene Ich schonenden Auslassungen. Faktentreue aber ist eine der ersten Voraussetzungen für jede wirkliche Anerkennung von Schuld.

Die diskursive Argumentation, die Karl Jaspers in seinem Essay zur Schuldfrage entwickelt, ist sicher nicht mit den biographischen Berichten von Frank und Junge zu vergleichen, denen die Begriffe durcheinandergeraten. Dennoch bleibt festzuhalten, dass Jaspers' äußerst weit gefasstes Verständnis von »Schuld«, wie es in seiner Schrift zum Ausdruck kommt, im Deutschland der Nachkriegszeit wohl eher die verbreiteten Schwierigkeiten verstärkt hat, angemessen über moralische Werte und Gefühle zu sprechen und diese kritisch zu prüfen – statt ihre Analyse durch eine Emotionalität zu ersetzen, die der eigenen Rechtfertigung und Entlastung diente. Diese Schwierigkeiten, so scheint mir, haben sich inzwischen zu einem schwer fassbaren, aber doch erkennbaren Erbe verfestigt. Zweifellos besteht dieses Erbe nicht nur aus dem Diskurs, den Intellektuelle wie Karl Jaspers, die dem NS-Regime fernstanden, im Rückblick auf den Nationalsozialismus entwickelt haben. Sehr viel wirksamer waren die Anpassungen »moralischer« Gefühle, wie sie in den Berichten von Hans Frank oder Traudl Junge zum Ausdruck kommen – die Neuausrichtung und das Fortbestehen von Gefühlen, die die nationalsozialistische »Volksgemeinschaft« geeint und ihr Sinn verliehen hatten. Wie genau auch immer wir zwischen Franks radikaler Instrumentalisierung der NS-»Moral« und den bescheidenen Beiträgen der heranwachsenden Traudl Junge zur Führung des NS-Staats unterscheiden müssen – in der Unfähigkeit dieser beiden Menschen, ihre Grundwerte nach dem Krieg zu revidieren, ist ein gesellschaftliches Problem enthalten, das die Jahre unter Adenauer und danach bestimmt hat.

Kapitel 6

Der Führer als Betrüger: Moral und Antipositivismus in Deutschland 1945/46 am Beispiel Fritz von Hippels[1]

I.

»›Führer befiehl! Wir folgen!‹ lautete die für uns so verhängnisvoll gewordene totale Entmündigungsformel und juristische Grundlegung einer inhaltsleer gewordenen Legalität. Diese Blankovollmacht gestattete ihrem Träger bei entsprechender Bedruckung des Reichsgesetzblattes nach Belieben Juden- und Christenverfolgungen, Ausrottung der geistig Selbständigen, Förderung und Belohnung auch der geistig und moralisch Minderwertigen, Umprägung des gesamten Volkes in Richtung auf ein Heer von Technikern, Bauern und Soldaten und vor allem von politisch schlechthin Hörigen und Wundergläubigen. Sie hätte ihrem Träger aber auch genau so gestattet, z.B. in umgekehrter Richtung vorzugehen, etwa die sogenannten ›Gottgläubigen‹ zu verfolgen und hinzurichten oder Wagners Opern zu verbieten und nur noch Mendelssohns Lieder ohne Worte ertönen zu lassen. Denn mit jeder von ihm beschlossenen und im Reichsgesetzblatt formgerecht verkündeten Maßnahme war ja (dank jenes sinnentleerten positivistischen Grundaxioms) auch die zugehörige ›Legalität‹ zwangsläufig mitgegeben! Beliebige juristisch-politische Wendungen, wie wir sie in den vergangenen zwölf Jahren immer wieder staunend miterlebten, erhielten daher von hier aus auch noch eine förmliche dogmatische Rechtsgrundlage.«[2]

[1] Eine frühere Version dieses Textes ist erschienen in: Anne Klein, Jürgen Wilhelm (Hrsg.), NS-Unrecht vor Kölner Gerichten nach 1945, Köln 2003.

[2] Fritz von Hippel, Die nationalsozialistische Herrschaftsordnung als War-

Das Zitat stammt aus einem Vortrag des Rechtstheoretikers und Zivilrechtlers Fritz von Hippel,[3] den dieser im Februar 1946 – also weniger als ein Jahr nach der Niederlage der Wehrmacht und dem Ende des Holocaust – an der Universität Marburg gehalten hat. Publiziert wurde der Text zuerst in der britischen Besatzungszone, in der Zeitschrift *Die Sammlung*;[4] noch im selben Jahr erschien er auch als Broschüre unter dem Titel *Die nationalsozialistische Herrschaftsordnung als Warnung und Lehre. Eine juristische Betrachtung* bei J. C. B. Mohr (Paul Siebeck) in Tübingen. Die Broschüre wirbt auf dem hinteren Umschlagblatt für einige ältere Werke aus derselben renommierten Reihe »Recht und Staat in Geschichte und Gegenwart«: Lieferbar waren 1946 noch – oder wieder – die Texte des sozialdemokratischen Rechtstheoretikers Hermann Heller (1891–

nung und Lehre. Eine juristische Betrachtung, Tübingen 1946, S. 30, Hervorh. im Orig.

3 Fritz von Hippel (geb. 28. 4. 1897, Rostock, gest. 8. 1. 1991, Freiburg i.Br.) promovierte 1922 zum Dr. jur., war von 1926 bis 1933 preußischer Amts- und Landrichter, habilitierte sich 1930 in Frankfurt am Main und wurde dort 1933 auf den Lehrstuhl für Bürgerliches Recht berufen. Ab 1941 lehrte er als Professor in Marburg, ab 1951 als ordentlicher Professor für Bürgerliches Recht, Zivilprozessrecht, Rechtsphilosophie und Internationales Privatrecht in Freiburg im Breisgau. Von Hippel erhielt den Ehrendoktor der Universität Basel und war Träger des Großen Bundesverdienstkreuzes.

4 Die Sammlung, Jg. 1, Heft 5–7, 1946. Herausgeber waren Otto Friedrich Bollnow, Wilhelm Flitner, Herman Nohl und Erich Weniger. – Ingrid Laurien hat in einem Artikel einen Teil der Ergebnisse eines Forschungsprojektes skizziert, das zwischen 1981 und 1985 unter der Leitung von Helga Grebing durchgeführt wurde und politisch-kulturelle Zeitschriften der Westzonen und der SBZ in den Jahren 1945 bis 1949 untersuchte. Laurien weist zwar auf den »moralisierenden« Ton vieler Artikel hin, sie beurteilt die darin formulierten moralischen Urteile selbst aber nicht. Eine inhaltliche Analyse dieser Texte, die zwar eine »Wandlung« versprachen, in Begrifflichkeit und Vorstellungswelt aber zum großen Teil der Vergangenheit verhaftet blieben, steht daher noch aus. Siehe Ingrid Laurien, »Die Verarbeitung von Nationalsozialismus und Krieg in politisch-kulturellen Zeitschriften der Westzonen 1945–1949«, in: Geschichte in Wissenschaft und Unterricht 39 (1988), S. 220–237.

1933). Auf der Liste finden sich ebenfalls Weimarer Publikationen des schillernden Schweizer Nationalökonomen und George-Anhängers Edgar Salin (1892–1975) und des katholischen Kirchenrechtlers und NSDAP-Mitglieds Hans Barion (1899–1973). Von Fritz von Hippel selbst werden zwei Arbeiten aus der Weimarer Republik und vier Werke aus der NS-Zeit empfohlen. Die Letztgenannten lassen bei oberflächlicher Betrachtung zwar keine radikale nationalsozialistische Gesinnung erkennen; gewiss sind es aber auch keine geheimen Manuskripte aus der 1946 gern beschworenen inneren Emigration.

Von Hippels Vortrag lohnt eine nähere Betrachtung, denn er ist typisch für eine Vielzahl von Analysen, die in den ersten Jahren nach dem Holocaust in Zeitschriften, Broschüren und vereinzelten Buchpublikationen zu finden waren.[5] Die frühe Nachkriegszeit, vor allem die Jahre 1945 und 1946, bildete eine wichtige Scharnierstelle, denn hier traten – trotz Zensur – sowohl die Brüche wie auch die Kontinuitäten der für die NS-Zeit charakteristischen moralischen Argumentationsweisen besonders deutlich hervor. Damals wurden einflussreiche Interpretationen des Nationalsozialismus begründet und moralische Diskurse initiiert – oder fortgesetzt –, die bis heute für die Bundesrepublik prägend sind.

Wenn die »juristische Betrachtung« Fritz von Hippels für uns interessant ist, dann nicht deshalb, weil seinem Werk heute noch große Bedeutung beigemessen würde. Selbst im Geleitwort zu einer ihm gewidmeten Festschrift aus dem Jahr 1967 heben seine Schüler lieber die »segensreiche persönliche« als die wissen-

[5] Ich konzentriere mich daher im Folgenden ganz auf diesen frühen Text. Doch sei hier angemerkt, dass von Hippel neun Jahre später eine Monographie publizierte, in der er das »Problem der Verkehrung von Rechtsordnungen« von der »jüdischen Theokratie« über Caligula bis zu Hitler zum Untersuchungsgegenstand machte: Fritz von Hippel, Die Perversion von Rechtsordnungen, Tübingen 1955.

schaftliche Bedeutsamkeit ihres ehemaligen Professors hervor.[6] Von Hippel ist gerade deshalb interessant, weil er eine zwar erfolgreiche, aber insgesamt unspektakuläre Karriere als deutscher Jurist durchlaufen hat – seine Ansichten repräsentieren gewissermaßen den Konsens der Rechtswissenschaft im Nachkriegsdeutschland. Dennoch will ich bestimmte moralische Urteilsformen nicht künstlich mit einer bestimmten Generation oder einer generationellen Prägung in Verbindung bringen. Die seit einiger Zeit auch in der deutschen Geschichtswissenschaft breit diskutierten »generationellen« Ansätze scheinen mir eher eine Form zu sein, sich gerade nicht mit der Ebene des moralischen Urteilens zu beschäftigen – lösen sich hier doch die Urteile auf im unerklärbaren historischen Schicksal einer Generation.

Diese Scheu vor moralischen Urteilen ist in Deutschland nicht nur bei Historikern, sondern auch bei Juristen verbreitet. Bernhard Schlink hat beispielsweise darauf hingewiesen, dass die Vereinigung der Deutschen Staatsrechtslehrer, als sie sich im Jahr 2000 erstmals mit der eigenen NS-Vergangenheit beschäftigte, nicht »moralisch« über die Staatsrechtslehre im Nationalsozialismus sprechen oder gar urteilen wollte. Im Gegenteil wurde der »Mut« gewürdigt, dieses Thema ohne jegliches moralische Urteil anzugehen. Ebenso rühmte man sich dafür, niemals die Taktgrenze überschritten zu haben – keiner der deutschen Staatsrechtslehrer aus der NS-Zeit wurde *ad personam* angegriffen. Die Vortragenden glaubten den inhaltlichen Bruch des Jahres 1945 deutlich machen zu können, ohne sich mit der Kontinuität des juristischen Personals zu befassen.[7]

[6] Vgl. Festschrift für Fritz von Hippel zum 70. Geburtstag, hrsg. von Josef Esser und Hans Thieme, Tübingen 1967.

[7] Vgl. Bernhard Schlink, »Unfähigkeit der Staatsrechtswissenschaft zu trauern?«, in: Ders., Vergangenheitsschuld und gegenwärtiges Recht, Frankfurt am Main 2002, S. 124–144, hier S. 128, S. 134f. Siehe auch Heinrich Senfft, Richter und andere Bürger. 150 Jahre politische Justiz und neudeutsche Herrschaftspublizistik, Nördlingen 1988.

II.

Fritz von Hippel beabsichtigt mit seiner Betrachtung zweierlei: Zum einen will er die zentralen juristischen Grundlagen des Nationalsozialismus analysieren, zum anderen aus dieser Analyse eine moralische Lehre ziehen. Trotz aller »bitteren Wahrheiten« sei sein Text daher auch als »Lebenshilfe« zu verstehen, als »Beitrag zu einer geistigen Orientierung in Verhältnissen, die für uns alle schwer durchschaubar geworden sind«.[8] Da von Hippel seine Analyse des Nationalsozialismus und der NS-Rechtsstruktur eng mit der eigenen Lehre für Gegenwart und Zukunft verzahnt, erscheint es sinnvoll, beide auf ihre Richtigkeit hin zu befragen.

Von Hippels Ziel ist es, *»gewisse tragende Prinzipien der nationalsozialistischen Rechts- und Herrschaftsorganisation aufzuzeigen und kritisch zu beleuchten«.*[9] Die Parole »Führer befiehl! Wir folgen!« begreift er als Muster, nach dem die Nationalsozialisten den ganzen Bereich des Rechts in ein System des blinden Gehorsams verwandelt hätten: als »totale Entmündigungsformel und juristische Grundlegung einer inhaltsleer gewordenen Legalität«. Es habe offensichtlich nur eine Instanz gegeben, die über eine »Blankovollmacht« verfügte – nämlich Hitler, der per Dekret im Reichsgesetzblatt willkürlich Recht setzen konnte –, und diese Vollmacht »gestattete ihrem Träger [...] nach Belieben Juden- und Christenverfolgungen, Ausrottungen der geistig Selbständigen, Förderung und Belohnung auch der geistig und moralisch Minderwertigen, Umprägung des gesamten Volkes in Richtung auf ein Heer von Technikern, Bauern und Soldaten und vor allem von politisch schlechthin Hörigen und Wundergläubigen«. Von Hippel versucht jegliche wirkliche Überzeugung oder konsistente Ideolo-

[8] Von Hippel, Herrschaftsordnung, S. 4.
[9] Ebd., S. 6, Hervorh. im Orig.

gie innerhalb des NS-Systems zu negieren, und zwar auf zwei Ebenen: Weder hatte nach seiner Darstellung der Führer ein klares Programm – offensichtlich verfolgte er Christen genauso wie Juden –, noch hatte das deutsche Volk irgendeinen erkennbaren Willen, außer ebendem, den Befehlen des Führers zu folgen. Zugespitzt könnte man sagen: Das Einzige, was die Deutschen in den Jahren 1933 bis 1945 nach von Hippel falsch gemacht haben, ist, dass sie blind gehorcht haben. Die Deutschen haben zu viel gehorcht, das war ihr einziger Fehler. Über den aktiven Wunsch, mitzumachen, über Täter- und Mittäterschaft erfährt man bei von Hippel nichts – er scheint nicht einmal darüber nachgedacht zu haben. Zudem sind sämtliche dieser möglicherweise vorhandenen Motivationen in seiner Betrachtung nicht nur empirisch inexistent, sondern auch theoretisch bedeutungslos. Von Hippel genügt es, auf das Befolgen einer »*inhaltsleer gewordenen* Legalität« hinzuweisen. Dass Hitler in seinen Augen keine bestimmte Ideologie vertrat – eine, die von vielen oder den meisten Deutschen geteilt worden wäre –, kommt etwa in folgender Bemerkung zum Ausdruck: »Sie [die »Blankovollmacht«, R. G.] hätte ihrem Träger aber auch genau so gestattet, z.B. in umgekehrter Richtung vorzugehen, etwa die sogenannten ›Gottgläubigen‹ zu verfolgen und hinzurichten oder Wagners Opern zu verbieten und nur noch Mendelssohns Lieder ohne Worte ertönen zu lassen.« Hitler, so erfahren wir hier, hat den Vordenker seines Erlösungsantisemitismus[10] Wagner genauso zufällig bewundert, wie er die berühmte deutsch-jüdische Familie Mendelssohn gehasst hat. Kurz: Es ist nur eine Struktur, kein Inhalt, die den Nationalsozialismus ausmacht, und diese Struktur besteht im Befolgen von Befehlen in Form von im Reichsgesetzblatt verkündeten Maßnahmen und Gesetzen – ohne Rücksicht auf ihren Inhalt.

[10] Vgl. Saul Friedländer, Das Dritte Reich und die Juden, Bd. 1: Die Jahre der Verfolgung 1933–1945, München 1998, S. 101–105.

Dass auch Blankovollmachten normalerweise von jemandem erteilt werden, scheint von Hippel zu übersehen.

III.

Die theoretische Grundlage des NS-Rechtssystems besteht für Fritz von Hippel also in einer bestimmten juristischen Annahme, einem, wie er es nennt, »sinnentleerten positivistischen Grundaxiom«: dem Rechtspositivismus. Die Behauptung, der Rechtspositivismus habe die Juristen – und nicht nur sie – gegenüber Adolf Hitler so willfährig gemacht, ist seit 1945 in den unterschiedlichsten Varianten von zahlreichen deutschen Autoren vertreten worden. Manfred Walther hat sie in seinem Artikel »Hat der juristische Positivismus die deutschen Juristen wehrlos gemacht?« eindrucksvoll widerlegt.[11] Er analysiert dort vor allem Gustav Radbruchs einflussreichen und ebenfalls 1946 publizierten Text »Gesetzliches Unrecht und übergesetzliches Recht«[12] – Radbruch war für den Antipositivismus in der deutschen Nachkriegsjurisprudenz stets der wichtigste Kronzeuge.

Manfred Walther und vor ihm ausführlich Peter Caldwell[13] haben darauf hingewiesen, dass bereits die historische Grundannahme der im Nachkriegsdeutschland kursierenden Positivismuskritik nicht der Realität entsprach: Der sogenannte Po-

[11] Manfred Walther, »Hat der juristische Positivismus die deutschen Juristen wehrlos gemacht?«, in: Redaktion Kritische Justiz (Hrsg.), Die juristische Aufarbeitung des Unrechts-Staats, Baden-Baden 1998, S. 299–322.

[12] Zuerst in: Süddeutsche Juristen-Zeitung, Nr. 5, 1946, S. 105–108. Später auch in: Gustav Radbruch, Rechtsphilosophie, 5. Aufl., Stuttgart 1956, S. 347–357. Eine interessante und zu wenig beachtete Kritik an Radbruch und seiner Wirkung in der Nachkriegszeit findet sich in Heinrich Senfft, Richter und andere Bürger, S. 116–120.

[13] Peter C. Caldwell, Popular Sovereignty and the Crisis of German Constitutional Law. The Theory and Practice of Weimar Constitutionalism, Durham 1997.

sitivismus war nämlich in der Weimarer Republik keineswegs die führende juristische Strömung gewesen. Dies zeigt sich schon daran, dass viele antidemokratische Richter massiv politisch gefärbte Urteile fällten. Emil Julius Gumbel hat in seiner 1922 erschienenen Studie *Vier Jahre politischer Mord* das Ausmaß dieser politischen Justiz eindrucksvoll nachgewiesen: Zwischen 1919 und 1922 wurden 354 von rechts begangene politische Morde insgesamt mit 90 Jahren und 2 Monaten Freiheitsentzug, 730 Mark Geldstrafe und einmal lebenslänglicher Haft geahndet; für 22 Morde von links verhängten die Richter hingegen 10 Todesurteile, 3 lebenslängliche Zuchthausstrafen und insgesamt 248 Jahre und 9 Monate Freiheitsentzug.[14] Doch nicht nur die Richter, auch die Rechtstheoretiker der Weimarer Republik waren stark antipositivistisch eingestellt. Und mehr noch galt dies für die Rechtstheorie und die Rechtspraxis im Nationalsozialismus: Beide waren radikal antipositivistisch.[15]

Es kann also gar nicht der angeblich dominante Positivismus des deutschen Juristenstandes gewesen sein, der dessen nazistische Gleichschaltung so sehr erleichtert hat. Vielmehr war es die tiefsitzende antidemokratische Grundeinstellung der Juristen – sie begründete ihre Gegnerschaft gegen Weimar und ihre Zustimmung zum NS-Staat. Diese Tatsache übergehen sowohl von Hippel als auch Radbruch. Doch weit eher als ihre angebliche Wehrlosigkeit ist die unverhohlene Begeisterung erklärungsbedürftig, mit der sich die deutschen Juristen nur kurze Zeit nach der Ernennung Hitlers zum Kanzler für den Nationalsozialismus engagiert haben.

14 Vgl. Walther, Positivismus, S. 303, sowie die Statistiken in Emil Julius Gumbel, Vier Jahre politischer Mord und Denkschrift des Reichsjustizministers zu »Vier Jahre politischer Mord«, Reprint, Heidelberg 1980, S. 73–81.

15 Siehe dazu die relativ frühe Arbeit von Bernd Rüthers, Die unbegrenzte Auslegung. Zum Wandel der Privatrechtsordnung im Nationalsozialismus, Tübingen 1968.

IV.

Nach 1945 war die von Gustav Radbruch, Fritz von Hippel und zahlreichen anderen Juristen in Umlauf gebrachte These vom deutschen Rechtspositivismus, der dem NS-Staat den Weg bereitet habe, beliebt und weit verbreitet. Sie führte zu einer völligen Verkehrung der Opfer-Täter-Konstellation: Die ehemals positivistisch eingestellten Juristen, größtenteils Republikaner und oft Juden, wurden nun für den Untergang der Weimarer Republik verantwortlich gemacht – als prominentester unter ihnen etwa Hans Kelsen, Autor der österreichischen Verfassung von 1920, und seine Reine Rechtslehre.[16] Die konservativen und nazistisch gesinnten deutschen Juristen dagegen, die mit ihrem Antipositivismus tatsächlich zum Ende der ihnen verhassten Weimarer Demokratie beigetragen hatten, die in der nationalen Aufbruchstimmung von 1933 die Stellen ihrer positivistischen Gegner gerne übernahmen und den NS-Staat mitgestalten wollten, stilisierten sich erfolgreich zu frühen Warnern, die schon in Weimar alles vorausgesagt hätten, und zu *Opfern des Positivismus*, womit sie sich zugleich jeglicher Selbstkritik enthoben. Eine Folge der Kritik am angeblich so schädlichen Positivismus war es, dass die in der Weimarer Zeit von republikanischen Rechtslehrern erarbeiteten Ansätze erst in den späten 1960er Jahren wiederaufgenommen wurden – bis heute haben sie nicht überall die Anerkennung gefunden, die sie verdienen.[17]

[16] Vgl. etwa Norbert Leser, »Hans Kelsen (1881–1973)«, in: Neue Österreichische Biographie, Bd. 20, Wien 1979, S. 29–39.

[17] Vgl. Walther, Positivismus, S. 321.

V.

Am Ende seiner Auseinandersetzung mit der Positivismuskritik deutet Manfred Walther eine grundsätzliche Frage an: das »Problem der weitgreifenden Kontinuität in Denkmustern und grundlegenden Modellen dogmatischen Denkens über die verschiedenen politischen Systeme des 20. Jahrhunderts hinweg«.[18] Bezogen auf unseren Kontext kann diese Frage wie folgt formuliert werden: Wie und in welchem Ausmaß wurden nach 1945 in der Auseinandersetzung mit dem Nationalsozialismus moralische Beurteilungsformen fortgeschrieben, die sich in der NS-Zeit herausgebildet hatten?

Hier möchte ich noch einmal von Hippels Text heranziehen. Wie ergeht es den von ihm beschriebenen blinden Befehlsempfängern? Welche Moral vertreten sie, und in welchem moralischen System handeln sie? Von Hippel beschwört folgendes Bild: »Zwei Deutsche begrüßen einander auf der Straße. ›Heil Hitler!‹ rufen sie und erheben dabei den rechten Arm.« Er deutet den Vorgang so: »Was sie zu ihrem Ausrufe veranlaßt, ist dann dasjenige Grundprinzip des Nationalsozialismus, das ein verstohlen fortvegetierender Volkswitz durchaus treffend als ›*Freiwilligen Zwang*‹ bezeichnet hat. Deutsche Volksgenossen haben einander eben so zu grüßen! Man befiehlt ihnen diesen sogenannten ›Deutschen Gruß‹ an und verfolgt sie bis zur Vernichtung ihrer Existenz, sollten sie diesen Gruß verweigern.«[19]

Erneut lautet die Botschaft: Die Deutschen sind von 1933 bis 1945 einem fremden Gesetz gefolgt, blind und unter Zwang. Dem interessanten Aspekt an der Formulierung – der »Freiwilligkeit«, mit der sie sich diesem Zwang unterworfen haben – geht von Hippel nicht weiter nach. Daraus mag sich die larmoyante und schiefe Ausdrucksweise erklären, in der er etwa von

[18] Ebd., S. 322.
[19] Von Hippel, Herrschaftsordnung, S. 6, Hervorh. im Orig.

dem »Unglück, das unser deutsches Vaterland betroffen hat«, spricht.[20] Mit anderen Worten: Die wirklichen Opfer Hitlers sind die Deutschen, die ihm gehorcht haben. Sie mussten sich täglich einem »freiwilligen Zwang« unterwerfen, ständig Scheinbekundungen abgeben, die nicht ihrer wirklichen Gesinnung entsprachen. Sie spielten eine Rolle, die nicht die ihre war. Warum aber spielten sie alle mit?

VI.

Die Ursache dafür erkennt von Hippel in dem, was er die »Grundstruktur des NS-Staates« nennt – in einer »tiefliegenden Entartung« des Rechtsdenkens: »Es ist die doppelte Moral.«[21] Das ist nun die eigentlich zentrale Argumentationsfigur. Die Figur der doppelten Moral prägt den historisch-politischen Diskurs in Deutschland nach 1945. In welcher Weise beschreibt von Hippel den Nationalsozialismus als eine Herrschaft der »Doppelmoral«? Er gibt eine Reihe von Beispielen:

»Während Hitler die seit Jahrhunderten geistig überwundene Ketzerverfolgung der katholischen Kirche brandmarkt und ihre damalige Behinderung einer beginnenden Geistesfreiheit (Galilei) anprangert, veranstaltet er selber im 20. Jahrhundert zugunsten der eigenen dogmatischen Weltanschauung und Rassentheorie eine moderne Ketzerverfolgung allergrößten Stils und behindert in unerhörtem Ausmaße eine inzwischen mündig gewordene Wissenschaft. Während Hitler Schlageter als Freiheitshelden feiert und in den letzten Kampfmonaten unsere gesamte Zivilbevölkerung zu hemmungslosem Freiheitskampfe aufruft, vernichtet er als Partisanen und Heckenschützen in Mengen Angehörige fremder Nationen, von denen

[20] Ebd., S. 3.
[21] Ebd., S. 46.

gewiß nicht wenige auch nur um die Freiheit ihres Vaterlandes rangen.«[22]

Es ist auffällig, dass von Hippels Beispiele sich allesamt ausschließlich auf Hitler beziehen. Dies entspricht völlig seiner Auffassung, alle anderen Deutschen hätten ausschließlich nach dessen Befehlen gehandelt. Es geht einzig und allein um die Moral des Führers; alles andere ist unwichtig und kommt darum in den Beispielen nicht vor. Hier zeichnet sich eine Interpretation des Nationalsozialismus ab, die bis heute fortwirkt: Die NS-Zeit war im Wesentlichen eine *amoralische* Zeit. Die Deutschen standen zwar nicht jenseits jeglicher Moral, aber ihre moralischen Vorstellungen hatten keinerlei politische Auswirkungen – mit Ausnahme von Hitlers Handeln, der eine Doppelmoral praktizierte. Die Menschen haben zwar Befehlen gehorcht, und daraus ist Schlimmes erwachsen, aber dieses Geschehen hatte nichts mit den moralischen Normen zu tun, an die sie selbst glaubten.

Wir sprechen dann von Doppelmoral, wenn wir zum Beispiel sehen, wie jemand, der öffentlich Enthaltsamkeit predigt, ins Bordell geht oder sich den Magen vollstopft. Wichtig an der Rede von der Doppelmoral ist, dass kein Urteil darüber gefällt wird, ob die Predigt selbst moralisch richtig oder falsch ist. Wichtig ist nur, dass der Prediger offenbar einer anderen Moral folgt als der von ihm selbst gepredigten.

Der Begriff der Doppelmoral ist darum so schillernd und für die Analysen der Nachkriegsjahre signifikant, weil er eigentlich nur auf einen Betrug, einen Verrat an den postulierten Idealen hinweist. Er gibt aber keine Antwort auf die Frage: Was wäre gewesen, wenn Hitler der Moral gefolgt wäre, die er gepredigt hat? Diese Frage ist für die Nachkriegszeit keineswegs eine rein rhetorische. Schon bald nach der Niederlage von 1945 vertrat fast die Hälfte der erwachsenen Bevölkerung in Umfragen die

[22] Ebd., S. 45f.

Ansicht, die »Idee« des Nationalsozialismus sei eigentlich gut und nur die »Ausführung« schlecht gewesen.[23] Von Hippel spricht mit großer Vorsicht von den positiven Ideen Hitlers und seiner Anhänger. Gleich am Anfang seiner Darstellung hebt er hervor, dass er sich, wenn es die Zensur nicht gäbe, gern auch über all das äußern würde, »was an echten oder persönlich gar idealen Antrieben Hitler seine Anhänger zugeführt hat, sowie alles, was an fruchtbaren Ansätzen und Neubildungen für die Zukunft in diesem Zeitraume etwa erreicht worden ist«.[24]

Was also aus von Hippels Sicht geschehen ist, ist Betrug oder, wie er es auch nennt, »doppelte Buchführung«.[25] Hitler hat die Deutschen getäuscht. Es ist nun ausschließlich diese Täuschung, die von Hippel als Problem des gesamten Nationalsozialismus darstellt. Dagegen unterzieht er an keiner Stelle diejenigen Normen und Werte einer kritischen Betrachtung, von denen die Deutschen *glaubten*, dass Hitler sie zur Richtschnur seines Handelns machte – was er, und dies war angeblich sein Betrug, de facto nicht tat. Wäre eine »ehrliche« NS-Politik denn moralisch zu rechtfertigen gewesen? Von Hippel ist offenbar der Ansicht, dass er diese Frage nicht zu stellen braucht. Gleichgültig, welche moralischen Normen jemand vertritt: Wenn er nicht nach ihnen handelt, ist er damit gleichsam auf einer tiefer liegenden Ebene schon desavouiert, näm-

23 Mit regelmäßigen Meinungsumfragen versuchten die Alliierten die Einstellung der deutschen Bevölkerung zum Nationalsozialismus zu prüfen. Zwischen November 1945 und Dezember 1946 waren etwa 47 Prozent der befragten Personen dieser Ansicht. Vgl. Anna J. Merrit, Richard L. Merritt (Hrsg.), Public Opinion in Occupied Germany. The OMGUS Surveys, 1945–1949, Urbana, Chicago, London 1970, S. 32 f.; sowie Heiko Buschke, Deutsche Presse, Nationalsozialismus und nationalsozialistische Vergangenheit in der Ära Adenauer, Frankfurt am Main 2003, S. 41 f.

24 Von Hippel, Herrschaftsordnung, S. 5.

25 Ebd., S. 48.

lich als Betrüger. Die Unterstellung der Doppelmoral entlastet die Getäuschten davon, zu prüfen, ob die gepredigte Moral selbst, unabhängig von ihrer Ausführung, richtig oder falsch ist. Von Hippel betont deshalb folgerichtig, dass er den »berechtigten Kern« von Hitlers Anschauungen »ganz offen« lasse und nicht weiter diskutiere.[26]

VII.

Neben »Doppelmoral« und »Positivismus« versteht von Hippel den »Mangel an Toleranz« gegenüber anderen Anschauungen als weiteres charakteristisches Merkmal der NS-Herrschaft. Doch diese scheinbar liberale Kritik bedarf der genaueren Überprüfung: Von Hippel teilt dabei offensichtlich mit dem Nationalsozialismus die Ansicht, dass nicht alle Völker dieselbe Moral haben müssten. Ganz im Gegenteil – sehr deutlich fordert er als Lehre für die Zukunft: »Aufdeckung eines wirklich ernst zu nehmenden *Naturrechts*, das die Welt zu umspannen und doch jeder echten Eigenart und Besonderung ihr volles Recht zu lassen vermag, Begründung nicht zuletzt eines *Rechtes der Völker*, das aus dem bisherigen circulus vitiosus wechselnder souveräner Gewalttat uns alle endlich hinausführt.«[27]

Auch wenn von Hippel hier im Rahmen der Naturrechtsrenaissance der Nachkriegsjahre zu argumentieren scheint, fällt das »und doch« auf: Die von ihm geforderte Toleranz basiert auf der Annahme verschiedener moralischer Normen bei verschiedenen Völkern. Sie steht nicht in Widerspruch zu völkischen Moralvorstellungen, sondern repetiert eine ihrer Grundlagen: die Idee, dass jedes Volk seine ganz eigene Moral besitzt

[26] Ebd., S. 15.
[27] Ebd., S. 53, Hervorh. im Orig.

und es daher einer Anstrengung bedarf, sich mit anderen Völkern zu verständigen. Das Volk, das für die Nazis in dieser Hinsicht eine Sonderrolle einnahm, waren die Juden. Bei ihnen sahen sie ausschließlich eine Doppelmoral am Werk: Nach der NS-Ideologie *geben* die Juden *vor*, eine bestimmte Moral zu besitzen – nämlich eine universalistische –, während sie in Wahrheit ausschließlich ihre eigenen partikularen Interessen verfolgen. Die strukturelle Ähnlichkeit dieser Vorstellung zu von Hippels Beschreibung des Nationalsozialismus ist frappierend – als wäre die eine die Vorlage der anderen. Verstanden sich die antisemitischen Deutschen vor 1945 als Opfer der betrügerischen Juden, so konnten sie sich nach 1945 als Opfer des betrügerischen Führers verstehen.

VIII.

Die Lehre, die von Hippel aus seiner Analyse zieht, ist also die Mahnung zur Toleranz. Er knüpft dabei explizit an die Zeit vor 1933 an: »Abkehr von Fanatismus, Ichbezogenheit und Willkür und volle Hinwendung zu dem, was wir vor 1933 zu tun ohnehin bereits im Begriffe standen: Sorgfältige Herausarbeitung aller tragenden Momente heutiger Rechtsordnung [...].«[28] Seine Prognose für diesen Wandel fällt optimistisch aus: »Mit einem solchen inneren Wandlungsprozesse, den ein jeder von uns nur für die eigene Person antreten und durchmachen kann und der dann schließlich in selbstgewollten Taten seinen Ausdruck finden wird, endet man nun wider alles Erwarten nicht bei einem totalen Bankerott und persönlichen Zusammenbruch, sondern *bei einer neuen Wertbeständigkeit.*«[29] Woraus speist sich dieser ungeheure, angesichts der

[28] Ebd.

[29] Ebd., S. 53f., Hervorh. im Orig.

enormen Zerstörung Deutschlands im Jahr 1946 merkwürdig wirkende Optimismus? Man könnte ihn dadurch erklären, dass er sich als Resultat aus der vorhergehenden Betrachtung von Hippels geradezu aufdrängt.

Die beiden Hauptpunkte seiner Analyse – die Kritik an Positivismus und Doppelmoral – schießen übers Ziel hinaus. Entweder sind die Deutschen dem Führer gefolgt, weil sie durch den vorherrschenden Positivismus keine moralische Handhabe mehr besaßen, sich gegen ihn zu wehren; oder sie folgten einer ihnen moralisch erscheinenden Instanz, die sich nachträglich als eine betrügerische herausstellte. Rein logisch gesehen trägt von Hippel hier eigentlich ein Argument zu viel vor und widerspricht sich dadurch. Doch diese Überproduktion an Begründung ist insofern interessant, als er mit jeder seiner Begründungen in einem Punkt genau dieselbe Illusion zu erzeugen sucht: dass nämlich die tatsächlichen moralischen Normen der Deutschen in den Jahren 1933 bis 1945 in keiner Weise nationalsozialistisch geprägt gewesen seien – obwohl sie in einer amoralischen Zeit lebten. Der legalistische Positivismus und die Doppelmoral des Führers hätten die moralischen Werte nur außer Kraft gesetzt. Indem der Positivismus es untersagte, nach dem moralischen Wert eines Gesetzes oder eines Führerbefehls zu fragen, habe er die Deutschen ganz der Blankovollmacht einer einzigen Person unterworfen – dem betrügerischen Führer. Von zwei Richtungen aus sei so verhindert worden, dass die Deutschen ihre eigenen moralischen Kriterien anwendeten.

Aus dieser Diagnose konnte man nach dem Ende dieser amoralischen Zeit in gewisser Weise nur neuen Optimismus schöpfen: Zum einen war mit dem Tod des Führers der große Betrüger verschwunden. Zum anderen hatte man erkannt, dass die Weimarer Republik ihm nur deshalb zum Opfer fallen konnte, weil der Positivismus die Deutschen daran gehindert hatte, sich moralisch gegen das amoralische neue Regime und seinen Führer zu stellen.

IX.

Von Hippels Optimismus muss aber nicht unbedingt als Resultat mehrfacher Verdrängungsleistungen erklärt werden. Der hoffnungsvolle Ausblick auf ein Leben in einer »neuen Wertbeständigkeit« und andere Formulierungen scheinen nicht rein deskriptiv gemeint zu sein. Der ganze Tonfall seiner Rede lässt den Optimismus nämlich weniger als Resultat einer Diagnose erscheinen denn als einen moralischen Wert an sich, der aus einem bestimmten Schicksal erwachsen ist und den nun jeder – und zwar moralisch – von sich selbst und von den anderen Deutschen einfordern kann. Von sich selbst fordert von Hippel etwa: »Der Vortrag […] wird […] kritisch *und* aufbauend sein müssen.«[30] Dieser moralisch aufgeladene Optimismus erinnert an eine für die NS-Zeit typische moralische Forderung, man denke nur an die »Kraft durch Freude«-Ideologie.

Die für den Nationalsozialismus spezifische moralische Aufladung von Begriffen bricht 1945 nicht einfach ab. In gewisser Weise klingt sie auch in einer Interpretation der Vergangenheit nach, der Fritz von Hippel damals noch erwartungsvoll entgegensah: dem ebenso beliebten wie fragwürdigen Narrativ, das die frühe deutsche Nachkriegsgeschichte als »Erfolgsgeschichte« schildert.[31] Dieses Narrativ oder dieser Gründungsmythos ist natürlich immer wieder auf heftige Kritik gestoßen, vor allem aus zwei Gründen: Zum einen weicht es, ebenso wie von Hippels Analyse, letztlich einer moralischen Bewertung der Geschichte aus. Zum anderen betont es den wirtschaftlichen und politischen Erfolg, den dieses Land nach 1945 bald wieder erreicht hat, und das heißt angesichts der personellen Kontinuitäten: die Leistungen »erfolgreicher« In-

[30] Ebd., S. 4.

[31] Vgl. Christina Oehrl, Sandra Sophia Schmidt, Thomas Terbeck (Hrsg.), Die Bundesrepublik Deutschland – Eine Erfolgsgeschichte?, Münster 2000.

dividuen, von denen sehr viele Ex-Nazis waren. Es läuft also Gefahr, die Perspektive der Opfer dieser NS-Eliten in der BRD, einschließlich der Überlebenden des Holocaust in und außerhalb von Deutschland, einfach auszublenden. Diese ausgeblendete, dunklere Realität bestimmt auch die bekannte »Kehrseite der Wiedergutmachung«.[32]

Doch die moralische Immunisierung und das fortdauernde Unrecht sind nicht die einzigen Probleme, die mit der deutschen »Erfolgsgeschichte« verbunden sind. Zugegeben, wenn wir von der Gegenwart sprechen, verlassen wir jetzt, ohne gesicherte empirische Daten vorliegen zu haben, den analytischen Bereich und beziehen uns auf persönliche Eindrücke oder schweifen möglicherweise in Polemik ab. Aber genaue Beobachter der deutschen Nachkriegssituation können nur schwer leugnen, dass der Begriff des »Erfolgs« – und hier sind wir wieder bei Fritz von Hippel – selten rein *deskriptiv* verwendet wurde, sondern vielmehr stets *normativ*: als eine moralische Forderung an sich selbst und andere, als ein Bekenntnis, so *verpflichtend* wie das Bekenntnis zur demokratischen Ordnung selbst. Diese Form der moralischen Aufladung ist es, die 1945 eben nicht abbricht und trotzdem in jedem einzelnen

32 Vgl. Helga und Hermann Fischer-Hübner (Hrsg.), Die Kehrseite der »Wiedergutmachung«. Das Leiden von NS-Verfolgten in den Entschädigungsverfahren, mit einem Vorwort von Hans Koschnik, Gerlingen 1990. Siehe auch die sehr prononcierte Kritik von Hans Keilson, »Die traumatische Neurose. Zur forensisch-psychiatrischen Begutachtung von Opfern der Nazi-Verfolgung«, in: Horst Hillermann, Julius H. Schoeps (Hrsg.), Justiz und Nationalsozialismus. Bewältigt – verdrängt – vergessen, Stuttgart, Bonn 1987, S. 138–155. Keilson (S. 147) zitiert den Auschwitz-Überlebenden Hillel Klein, der die Wiedergutmachung als einen Akt der Retraumatisierung beschreibt und die Wiedergutmachungsgesetze deshalb als unmoralisch bezeichnet. Sie würden Überlebende dazu zwingen, Symptome vorzuweisen, die den Vorstellungen deutscher Ärzte von Krankheit und Gesundheit entsprächen, wenn sie überhaupt eine Chance haben wollten, in den Genuss von Entschädigungsleistungen zu kommen.

Fall nur sehr schwer und gegen große Widerstände aufzuzeigen ist.[33]

X.

Meine Betrachtungen am Beispiel Fritz von Hippels können natürlich keine umfangreiche und detaillierte Forschung ersetzen, die das Fortwirken der NS-Moral und die Herausbildung neuer Werte und Normen in der Nachkriegszeit untersuchen müsste. Sie weisen bestenfalls auf die wichtige Scharnierfunktion der Jahre 1945 und 1946 hin, als in der Auseinandersetzung mit der unmittelbaren Vergangenheit diese selbst in Argumentationsweisen und Moralauffassungen fortwirkte. So ist die von von Hippel vorgebrachte Kritik am juristischen Positivismus offensichtlich eine Fortsetzung der im Nationalsozialismus am Positivismus geübten Kritik. Genauso verdeckt seine Rede von der Doppelmoral des Führers die mangelnde Bereitschaft, sich mit der NS-Moral selbst auseinanderzusetzen und sich von ihr zu distanzieren. Und auch das eingeforderte optimistische Aufbau-Gefühl erinnert stark an im Nationalsozialismus eingeübte moralische Gefühlsstrukturen. Zumindest auf einer unterschwelligen Ebene scheint von Hippel hier tatsächlich einen Ton getroffen zu haben, der nicht die Vergangenheit, sondern die Zäsur von 1945 »bewältigen« oder überwinden sollte: ein Vorgang, der für all jene von Bedeutung ist, die das Selbstverständnis der jungen Bundesrepublik historisch nachvollziehen möchten.

[33] Den Kritikern des Erfolgsnarrativs wird dabei leicht Demokratiefeindlichkeit oder, noch deutlich moralischer, Undankbarkeit unterstellt. Als ich eine frühere Version dieses Texts auf einer Tagung in Köln vortrug, reagierte der damalige Justizminister von Nordrhein-Westfalen, Wolfgang Gerhards, auf diese These und forderte genau diese moralische Bereitschaft ein, nämlich an den Erfolg zu glauben.

Kapitel 7

»Die Ethik eines wahrheitssuchenden Richters«: Konrad Morgen, Kurt Gerstein und die Spruchkammern der Nachkriegszeit[1]

I.

Im zweiten Band von Saul Friedländers *Das Dritte Reich und die Juden* erscheint an einer Stelle eine Person, mit der ich mich im Folgenden näher beschäftigen möchte. Es handelt sich um den SS-Richter Dr. Konrad Morgen (1909–1982).[2] Morgen verkörpert gleichsam ein zentrales Thema von Friedländer: die Frage nach der ideologischen Motivation und der moralischen Dimension der NS-Verbrechen, oder genauer, das Denken von Männern, die in der einen oder anderen Form ins Zentrum der NS-Verbrechen geraten sind. Über welchen Handlungsspielraum verfügten sie, und wie werden ihre Biographien beurteilt, insbesondere wenn diese sich als mehrdeutig oder zumindest ambivalent erweisen? Saul Friedländer hat dieses Thema schon verfolgt, als er die komplexe und widersprüchliche Lebensge-

[1] Dieses Kapitel basiert auf dem Beitrag »Die Ethik eines wahrheitssuchenden Richters: Konrad Morgen, SS-Richter und Korruptionsspezialist«, in: Fritz Bauer Institut (Hrsg.), Moralität des Bösen. Ethik und nationalsozialistische Verbrechen (Jahrbuch 2009 zur Geschichte und Wirkung des Holocaust), Frankfurt am Main, New York 2009, S. 243–264; engl.: »On Morality and the Holocaust«, in: Christian Wiese, Paul Betts (Hrsg.), Years of Persecution, Years of Extermination. Saul Friedländer and the Future of Holocaust Historiography, London 2010.

[2] Saul Friedländer, Das Dritte Reich und die Juden, Bd. 2: Die Jahre der Vernichtung 1939–1945, München 2006, S. 573. Das Fritz Bauer Institut ist im Besitz des Nachlasses von Konrad Morgen. Darüber hinaus sind dort Unterlagen des Historikers Karsten Raabe vorhanden, die dieser als historisches Hintergrundmaterial für Volker Harry Altwassers Roman »Letzte Haut« (Berlin 2009) zu Konrad Morgen gesammelt hatte.

schichte des SS-Offiziers Kurt Gerstein (1905–1945) untersuchte,[3] der in verschiedener Hinsicht eine Art Antithese zur Person Konrad Morgens bildet. Im Folgenden möchte ich zentrale Äußerungen dieser beiden Männer – und Urteile über ihr Verhalten in der NS-Zeit – miteinander konfrontieren, um die Frage nach ihren inneren Motiven unter einer veränderten Perspektive neu zu stellen.

Als Heinrich Himmlers »Korruptionsexperte« spielte Konrad Morgen eine wichtige Rolle für den obersten Kommandeur der SS. In seiner berüchtigten Posener Rede vom 4. Oktober 1943 hatte Himmler mit viel Rhetorik eine »ganz klare Lösung« der »Judenfrage« eingefordert (worunter er explizit den Massenmord gerade auch an jüdischen Frauen und Kindern verstand) und gleichzeitig die »Anständigkeit« seiner SS-Männer beschworen. Im Zentrum von Himmlers Rede, einer Mischung aus großem Lob und der Androhung drakonischer Strafmaßnahmen, stand ein Tugendkatalog für die SS-Männer. Die von ihm geforderte »Anständigkeit« bezog sich dabei vor allen Dingen darauf, die Vernichtung der Juden nicht zu persönlicher Vorteilsnahme auszunutzen: »Wir hatten das moralische Recht, wir hatten die Pflicht gegenüber unserem Volk, dieses Volk, das uns umbringen wollte, umzubringen. Wir haben aber nicht das Recht, uns auch nur mit einem Pelz, mit einer Uhr, mit einer Mark oder mit einer Zigarette oder mit sonst etwas zu bereichern.«[4] Dabei wusste Himmler selbst am

[3] Saul Friedländer, Kurt Gerstein oder die Zwiespältigkeit des Guten, Gütersloh 1968. Danach sind zwei weitere Arbeiten zu Gerstein erschienen: Pierre Joffroy, L'espion de Dieu. La passion de Kurt Gerstein, Paris 1971 (dt.: Der Spion Gottes. Kurt Gerstein – ein SS-Offizier im Widerstand?, Berlin 1995), und Jürgen Schäfer, Kurt Gerstein – Zeuge des Holocaust. Ein Leben zwischen Bibelkreisen und SS, Bielefeld 1999. Trotz Ergänzungen in vielen Details scheinen die von Saul Friedländer aufgezeigten Kernfragen weiterhin die bedeutsamsten zu sein, um die widersprüchliche Persönlichkeit von Kurt Gerstein zu verstehen.

[4] Posener Rede vom 4. 10. 1943, Dokument 1919-PS, in: Der Prozess gegen die

besten, dass seine SS-Männer neben dem Morden auch ausgiebig mit Rauben beschäftigt waren. Saul Friedländer erklärt den Kontext der Himmler-Rede wie folgt:

»Tatsächlich hatte, während der Reichsführer sowohl lobte als auch drohte, eine Untersuchungskommission unter dem Vorsitz von SS-Untersuchungsrichter Konrad Morgen weitverbreitete Korruption und ungenehmigte Tötungen politischer Gefangener (vor allem von Polen und Russen) direkt im Zentrum des Vernichtungssystems, in Auschwitz, entdeckt. Rudolf Höß wurde von seinem Kommando abberufen (aber auf eine höhere Position in Berlin versetzt); andere mußten ebenfalls gehen: der Leiter der politischen Abteilung, Maximilian Grabner, der Chef der Gestapo von Kattowitz, Rudolf Mildner, ja sogar einer der Chefärzte, [...] Friedrich Entress (der sich darauf spezialisiert hatte, Häftlingen in der Krankenstube des Hauptlagers Phenolinjektionen ins Herz zu geben), und dazu auch kleinere Fische.«[5]

Konrad Morgen war als Kind eines Lokomotivführers in Frankfurt am Main aufgewachsen.[6] Er hatte dort die Liebig-Oberrealschule besucht und nach seinem Abitur zuerst im

Hauptkriegsverbrecher vor dem Internationalen Militärgerichtshof Nürnberg 14. November 1945 – 1. Oktober 1946, Bd. XXIX, Nürnberg 1948, S. 110–173, hier S. 146.

[5] Friedländer, Das Dritte Reich und die Juden, Bd. 2, S. 573. Saul Friedländer verweist in seinen Fußnoten 13 und 14 auf folgende Literatur: Raul Hilberg, »Auschwitz and the ›Final Solution‹«, in: Yisrael Gutman, Michael Berenbaum (Hrsg.), Anatomy of the Auschwitz Death Camp, Bloomington 1994, S. 83; Hermann Langbein, Menschen in Auschwitz, Wien, München 1999, S. 373–379. Zusätzlich ist zu nennen: »The Morgen Commission«, in: Rebecca Wittmann, Beyond Justice. The Auschwitz Trial, Cambridge, London 2005, S. 160–190; James J. Weingartner, »Law and Justice in the Nazi SS: The Case of Konrad Morgen«, in: Central European History, Vol. XVI, No. 3 (September 1983), S. 276–294. Es existiert auch eine revisionistische Darstellung: Hans Hoffmann, »Hast du diese Tötungen befohlen?«. SS-Richter und ihre Ermittlungen in den KZ, Bad Harzburg 1997.

[6] Ich stütze mich hier und im Folgenden auf die im Nachlass vorhandenen

Bankhaus S. A. Goldschmid gearbeitet. Anschließend studierte er Jura an den Universitäten von Frankfurt, Rom und Berlin sowie in Den Haag und Kiel. Morgens Nachlass enthält auch einen von ihm selbst verfassten Bericht, in dem er seinen »politischen Werdegang« beschreibt:

»Die Schmach des verlorenen Krieges begann in mir zu brennen, sobald ich nur zu denken anfing. Ich begann deshalb schon sehr früh, mich mit den äußeren Feinden des Deutschen Volkes zu beschäftigen. [...] Im Ausland lernte ich den unversöhnlichen Hass unserer Feinde kennen. [...] Der Hochschulgruppe der Deutschen Volkspartei war ich beigetreten, da meine Familie dieser Partei etwas nahe stand. Ich wurde auch schnell Hochschulgruppenführer und wurde mit führenden Leuten der Partei bekannt.«

Nachdem er der »volksparteilichen Jugend« keine Kraft mehr zutraute, habe er sich dazu entschieden, »in Zukunft nur noch nationalsozialistisch zu wählen«. Es folgt eine interessante Passage, die seinen späten Eintritt in die NSDAP wohl vor allem durch seine edle Haltung erklären soll:

»Wenn ich der NSDAP hierauf nicht sofort beitrat, so war hierfür in der Hauptsache die Erwägung entscheidend, es lasse sich ethisch nicht rechtfertigen, von einem Lager [...] sofort in ein anderes überzugehen. So unerlässlich mir ein mutiger Schlussstrich durch meinen Austritt schien, sosehr verbot mir der Takt, darüber hinauszugehen. April 1933 trat ich in die NSDAP und die SS ein. Ich habe mich auch hier nicht vorgedrängt, vielmehr meine Aufgabe in strenger Pflichterfüllung und bescheidenem Zurücktreten gesehen.«

Zu seiner religiösen Einstellung schreibt Morgen, ganz auf der Linie der in der SS vorherrschenden Auffassung:

»Aus der Kirche bin ich bereits vor etwa 10 Jahren ausgetre-

eidesstattlichen Erklärungen von Konrad Morgen: Nachlass Konrad Morgen, Box 4.

ten. Ich fand die Religion in unlösbarem Widerspruch mit den naturwissenschaftlichen Erkenntnissen, das Kirchendogma für die moderne Welt zu eng und war mir auch zutiefst des verhängnisvollen, volkszersplitternden und machtlähmenden Wirkens der Kirchen bewusst. Deshalb glaubte ich ein weiteres Verweilen in dieser Organisation vor meinem Gewissen nicht verantworten zu können. Den Entschluss zum Austritt habe ich rein persönlich und völlig unbeeinflusst gefasst.«[7]

Doch wenden wir uns nun Morgens beruflicher Laufbahn zu. Seine erste Stelle als Richter übernahm er am 1. April 1939 am Landgericht Stettin. Nach einem Streit um sein Verhalten in einem Gerichtsfall wurde er aus dem Justizdienst entlassen und diente nach Kriegsausbruch bei der Waffen-SS, wo er in den Rang eines Hauptsturmführers aufrückte, bis er im Jahr 1940 als SS-Richter nach München versetzt wurde. Solche Brüche im Lebenslauf scheinen bei ihm weniger mit seinen politischen Ansichten als vielmehr mit seiner konfrontativen Persönlichkeit in Zusammenhang zu stehen.[8] Wobei gerade dieser Charakterzug, als Teil seiner »SS-Tugendhaftigkeit«, ihn dazu prädisponiert haben mag, Himmler in seinen SS-internen Machtkämpfen zu unterstützen. In Gutachten scheint durch, dass er wohl zumindest nicht überangepasst war. So wird Morgen in einem Zeugnis vom 2. September 1939, ausgestellt vom Oberlandesgerichtspräsidenten Frankfurt am Main, bescheinigt, »daß er immer geneigt ist, Probleme kritisch zu betrachten und sie mit eigener Meinung nachdrücklich zu belegen«. Weiter heißt es dort: »Assessor Dr. Morgen besitzt ein ausge-

[7] Alle zitierten Passagen aus: Lebenslauf des Gerichtsreferendars Dr. Konrad Morgen, 3. 5. 1937, in: Nachlass Konrad Morgen, Box 3, Schriften, Aufzeichnungen, Korrespondenz.

[8] Die »Dienststrafverfügung« vom 25. April 1939 und eine ausführliche Korrespondenz zu diesem Konflikt findet sich in: Nachlass Konrad Morgen, Schriften, Aufzeichnungen, Korrespondenz, Box 2.

prägtes Ehrgefühl und ist ein Mensch von gerader, anständiger Gesinnung [...] Gegen seine politische Zuverlässigkeit sind Bedenken nicht hervorgetreten.«[9]

Ab 1. Januar 1941 war Morgen in Krakau beim SS- und Polizeigericht VI tätig. 1942 enthob ihn Himmler erneut seines Amts, er wurde vom Oberleutnant zum Gefreiten degradiert und an die Ostfront geschickt.[10] Diesmal war Morgen mit anderen Richtern in Konflikt geraten – nach seiner eigenen Aussage, »weil ich als Vorsitzender einen wegen einer Rassensache Angeklagten, der geständig war, freigesprochen hatte, was mir als Sabotage eines Reichsführer-Befehls vorgeworfen wurde«.[11] Er selbst sah aber den »eigentlichen Grund« für seine Degradierung – und es gibt gute Gründe, ihm darin zu folgen – in seiner Arbeit als Ermittler in diversen großen Korruptionsfällen, in die zahlreiche SS-Größen involviert waren. Im Mai 1943 wurde Morgen von Himmler persönlich wieder mit der Aufgabe der Korruptionsbekämpfung betraut und, ausgestattet mit seinem alten Dienstgrad, ans Reichskriminalpolizeiamt in Berlin versetzt. Offensichtlich war er für Himmler plötzlich wieder von Bedeutung im Kampf gegen die Korruption in den Konzentrationslagern und vor allem im Kampf innerhalb der NS-Parteieliten um die Macht im Staat. Von nun an beschäftigte sich Morgen hauptsächlich mit dem spektakulären Fall des ehemaligen KZ-Kommandanten von Buchenwald, Karl Koch,

[9] Nachlass Konrad Morgen, Box 3, Schriften, Aufzeichnungen, Korrespondenz.

[10] Zu der am 17. Oktober 1939 eingeführten selbständigen SS- und Polizei-Gerichtsbarkeit siehe Bianca Vieregge, Die Gerichtsbarkeit einer »Elite«. Nationalsozialistische Rechtsprechung am Beispiel der SS- und Polizei-Gerichtsbarkeit, Baden-Baden 2002, und immer noch: Wolfgang Scheffler, »Zur Praxis der SS- und Polizeigerichtsbarkeit im Dritten Reich«, in: Günther Doeker, Winfried Steffani (Hrsg.), Klassenjustiz und Pluralismus. Festschrift für Ernst Fraenkel, Hamburg 1973, S. 224–236.

[11] Nachlass Konrad Morgen, Box 4, Eidesstattliche Erklärung vom 28. Januar 1947, S. 3.

den er nach komplizierten Recherchen schließlich so stark belasten konnte, dass dieser noch eine Woche vor der Befreiung des Lagers im KZ Buchenwald hingerichtet wurde.

Der Eifer von Konrad Morgen beim Aufdecken von Korruptionsverbrechen war offenbar außerordentlich, und er hat ihm sicher viele Feindschaften in der SS eingebracht. Die genaue Zahl der von Morgen eingeleiteten Verfahren wegen Korruption in deutschen KZs und Vernichtungslagern ist bisher noch nicht eindeutig eruiert worden, es könnten aber gut über 700 gewesen sein. In seinem vielbeachteten Buch *Der SS-Staat* (1946) und in einer Zeugenaussage hat Eugen Kogon die Ermittlungsmethoden von Konrad Morgen selbst als mörderisch bezeichnet.[12] Der Hintergrund dafür war folgender: Als Karl Koch nach langen Recherchen endlich in Untersuchungshaft genommen werden konnte, wurde der für Morgen wichtigste Belastungszeuge, ein SS-Hauptscharführer Köhler, plötzlich tot in seiner Zelle aufgefunden. Morgen versuchte nun nachzuweisen, dass es sich dabei um einen von Koch in Auftrag gegebenen Mord handelte. Dazu, so schildert Raul Hilberg die Zeugenaussage von Kogon, ließ er Proben des Gifts, das im Magen des Toten gefunden wurde, vier sowjetischen Kriegsgefangenen verabreichen. Diese vier Männer seien im Beisein von Morgen und weiteren Zeugen verstorben. Damit habe er einen wichtigen Beweis gegen Koch in Händen gehalten. Ein Verfahren gegen Morgen in dieser Sache ist in der Nachkriegszeit allerdings nie zu einem Urteil gelangt, und es kann nicht bewiesen werden, ob Kogon den Sachverhalt tatsächlich richtig wiedergegeben hat.[13]

[12] Vgl. Eugen Kogon, Der SS-Staat. Das System der deutschen Konzentrationslager, München 1974, S. 325f.

[13] Raul Hilberg stützt sich ganz auf die Zeugenaussage von Eugen Kogon und geht demnach davon aus, dass Konrad Morgen die vier sowjetischen Kriegsgefangenen ermorden ließ, um Koch zu überführen. Vgl. Raul Hilberg, Die Vernichtung der europäischen Juden, Bd. 2, 9. Aufl., Frankfurt am Main 1999,

Ab Herbst 1944 war Konrad Morgen SS-Chefrichter von Krakau und somit auch für das Vernichtungslager Auschwitz zuständig. Hier verfolgte er etwa einen vom deutschen Zoll aufgedeckten Schmuggel mit eingeschmolzenem Zahngold, aber auch weitere Fälle von Diebstahl, Korruption, Körperverletzung und Mord.

Nach dem Krieg wurde Morgen im Nürnberger Hauptkriegsverbrecherprozess als Zeuge der Verteidigung vernommen. Er versuchte dabei gezielt die Rolle der SS zu beschönigen und machte auch ganz offensichtlich Falschaussagen. Zum einen stellte er die Funktion von Auschwitz falsch dar, zum anderen unterstellte er immer wieder, dass die SS mit den Verbrechen in den Vernichtungslagern rein gar nichts zu tun gehabt habe, die Lagerkommandanten sich vielmehr quasi als SS-Männer verkleidet hätten. So erklärte er am 8. August 1946 unter Eid:

»Ich habe angenommen, daß dies geschehen ist aus Tarnungsgründen, um diese Lager, das Vernichtungslager, nicht äußerlich unterscheiden zu lassen von den anderen Arbeitslagern und von dem Konzentrationslager selbst. Unverständlich als Soldat war es mir lediglich, daß man dem Ruf der SS das antut, die mit dieser Vernichtung ja nichts zu tun hatte.«[14]

Um die SS zu schützen, behauptete Morgen an einer Stelle sogar: »Mit ›Vernichtungslager Auschwitz‹ meinte ich nicht das Konzentrationslager. Das gab es dort nicht. Ich meinte ein besonderes Vernichtungslager in der Nähe von Auschwitz,

S. 970. Kogon hat allerdings in seiner Vernehmung vor der Spruchkammer durch Dr. Krüger am 22. 8. 1950 seine frühere belastende Aussage so weit relativiert, dass sie als Grundlage für eine negative Bewertung von Morgen durch das Gericht nicht mehr ausreichte. Die Vernehmung ist in Abschrift vorhanden in: Nachlass Konrad Morgen, Box 4.

[14] Der Prozess gegen die Hauptkriegsverbrecher, Bd. XX, Nürnberg 1948, S. 531–563, hier S. 552.

›Monowitz‹ bezeichnet.«[15] Fast 18 Jahre später, am 9. März 1964, sollte Konrad Morgen im ersten Frankfurter Auschwitz-Prozess weit ausführlicher über die damaligen Ereignisse berichten. Darauf werde ich noch eingehen.

II.

Obwohl der Fall Konrad Morgen nie größere öffentliche Aufmerksamkeit erlangt hat, spielt er nun in dem kontrovers diskutierten internationalen Bestseller *Die Wohlgesinnten* (2008) von Jonathan Littell und in *Letzte Haut* (2009), einem Roman von Volker Harry Altwasser, eine zentrale Rolle. Die Geschichte des SS-Offiziers Kurt Gerstein, der für Zyklon-B-Lieferungen verantwortlich war und gleichzeitig ausländischen Diplomaten und Vertretern des Widerstands über die Massenmorde in deutschen Vernichtungslagern berichtet hat, wurde dagegen schon früh durch Rolf Hochhuths Schauspiel *Der Stellvertreter* (Uraufführung 1963 in Berlin) einer breiten Öffentlichkeit bekannt. Wie wir aus Saul Friedländers detaillierter Studie wissen, hat Gerstein selbst nach seinem Tod im Juli 1945 für sein Verhalten als SS-Offizier keine volle Rehabilitation erfahren. In seinen Schlussbemerkungen zitiert Friedländer aus dem Spruch der zuständigen Entnazifizierungskammer[16] in Tübingen vom 17. August 1950:

[15] Ebd., S. 545.

[16] Im Zuge der Entnazifizierung wurden in Deutschland sogenannte Spruchkammerverfahren durchgeführt; die Spruchkammern, die von deutschen Laienrichtern geführt wurden, fällten Urteilssprüche gegen ehemalige nationalsozialistische Funktionäre. Das »Gesetz zur Befreiung von Nationalsozialismus und Militarismus« sah dabei fünf Kategorien vor, in welche die betroffenen Personen eingeteilt wurden: Hauptschuldige (Kriegsverbrecher), Belastete (Aktivisten, Militaristen, Nutznießer), Minderbelastete, Mitläufer, Entlastete. Siehe auch Andreas Eichmüller, »Die Strafverfolgung von NS-Verbrechen durch

»[…] Die Bekanntgabe dieser Vernichtungsmaßnahmen an prominente Persönlichkeiten der evangelischen Kirche und an Angehörige der holländischen Widerstandsbewegung mit der Bitte, die Weltöffentlichkeit davon zu unterrichten, sowie die Unbrauchbarmachung von zwei Blausäurelieferungen waren Widerstandshandlungen, die den Betroffenen bei Entdeckung seiner Handlungsweise in höchste Gefahr gebracht hätten. Dieses Verhalten […] kann jedoch angesichts des entsetzlichen Ausmaßes der vergangenen Verbrechen nicht zu einem völligen Ausschluß seiner Mitverantwortlichkeit führen, sondern nur zu einer milderen Beurteilung beitragen. Man hätte von dem Betroffenen erwarten können, daß er sich nach seinen Erlebnissen im Lager Belzec mit allen Kräften dagegen sträubte, sich zum Handlanger für einen organisierten Massenmord machen zu lassen. Die Kammer ist der Auffassung, daß der Betroffene nicht alles getan hat, was ihm möglich gewesen wäre, und daß er noch andere Mittel und Wege hätte finden können, sich persönlich aus der Aktion herauszuhalten. So ist nicht verständlich und nicht entschuldbar, daß er als überzeugter Christ […] sich […] als Auftraggeber gegenüber der Lieferfirma Degesch verwenden ließ. Daß er als Einzelner gar nicht in der Lage war, die Vernichtungsmaßnahmen zu verhindern oder durch die Unbrauchbarmachung geringerer Mengen der gelieferten Blausäure auch nur einem Teil das Leben zu retten, mußte ihm nach dem, was er bisher erlebt hatte, völlig klar geworden sein. Die Kammer hat den Betroffenen unter Zubilligung der festgestellten mildernden Umstände […] daher nicht in die Gruppe der Hauptschuldigen, sondern in die niedrigere Gruppe der Belasteten eingestuft […].«[17]

westdeutsche Justizbehörden seit 1945. Eine Zahlenbilanz«, in: Vierteljahrshefte für Zeitgeschichte, Jg. 56, H. 4, 2008, S. 621–640.

[17] Friedländer, Kurt Gerstein, S. 193f.

Friedländer kommentiert diesen Spruch, indem er fragt, was denn eigentlich das Kriterium sein könne für den Widerstand in einem totalitären System, der notgedrungen zwiespältig gewesen sein musste. Er sieht es in »der Gefahr, die man auf sich nimmt. Zahlreiche Deutsche nahmen für sich in Anspruch, sie hätten von innen her gegen das System Widerstand geleistet, um ihre Teilnahme an nazistischen Unternehmungen zu erklären. Doch wie viele waren es, die ihren Widerstandswillen dadurch bewiesen, daß sie Taten vollbrachten, die sie, falls sie entdeckt worden wären, das Leben gekostet hätten? Einer von diesen war Kurt Gerstein.«[18]

Das Handeln des tief religiösen SS-Mannes Kurt Gerstein fand jedoch, wie wir gesehen haben, in dem Spruchkammerverfahren der Nachkriegszeit keine Gnade, und er wurde als »belastet« eingestuft. Dies hatte zur Folge, dass seinen Hinterbliebenen nicht nur die Auszahlung einer Erbschaft versagt blieb, sondern seine Witwe zudem die hohen Verfahrenskosten begleichen musste. Im Nachlass von Konrad Morgen findet sich eine weitaus positivere Beurteilung. Die Spruchkammer Ludwigsburg unter Vorsitz von Justizoberinspektor Mayer befand am 24. Juni 1948 in seinem Fall:

»Der Betr. war wohl ab 1941 SS-Richter. Bei Kriegsanfang sind SS-Gerichte aufgebaut worden, die analog zu den Kriegs- u. Feldgerichten sowie den Gerichten der Luftwaffe u. der Marine als ordentliche Gerichte anzusehen sind, die sich mit all den Vergehen u. Verbrechen befassten, deren Verfolgung u. Ahndung im Militär-Strafgesetzbuch vorgesehen sind. Nun war der Betr. fast ausschliesslich mit der Ermittlung von Kapitalverbrechen beauftragt, wie sie in jedem Kulturstaat verfolgt werden. Es konnte ihm nicht nachgewiesen werden, dass er sich [bei] dieser Aufgabe einer Rechtsbeugung oder einer Rechtsunterdrückung schuldig gemacht hat. Im Gegen-

[18] Ebd., S. 196.

teil, er hat gerade die Leute der SS verfolgt u. sie zur Rechenschaft gezogen. Er hat dabei die Ethik eines wahrheitssuchenden Richters bis zum äussersten gewahrt u. die Pflicht eines gewissenhaften Vertreters des Rechts erfüllt. Die Kammer war deshalb überzeugt, dass er als SS-Richter überhaupt nicht zur Rechenschaft gezogen werden kann. Im Gegenteil hat die Kammer die Überzeugung gewonnen, dass der Betr. bei der Verfolgung der oben angeführten Fälle nicht nur den Mut gehabt, gegen die höchsten SS-Führer anzukämpfen, sondern er hat dadurch aktiven Widerstand geleistet. Denn ein wesentlicher Teil der Tätigkeit der SS war die Anwendung von Gewalt, überhaupt in den K.Zs. Und gegen diese Gewalt hat der Betr. durch sein energisches Einschreiten mit aller Energie angekämpft, sodass es ihm auch gelang, ab 1942 die Gewalt in Buchenwald zu brechen, sodass von dorten nach Aussagen des Zeugen Miller wesentlich bessere Zustände herrschten. Unbestritten ist auch, dass der Betr. im kausalen Zusammenhang damit Nachteile erlitten hat. In dem Falle des Schutz-Polizisten ist er unmittelbar darnach strafversetzt worden, in den anderen Fällen musste er damit rechnen, dass er von den SS-Leuten meuchlings ums Leben gebracht wird, so wie es dem Oberscharführer Köhler vermutlich ergangen ist. Er hat so mit seinem Leben gespielt u. ist unbeirrt den Weg eines Richters gegangen.«[19]

Aus diesen Gründen stufte die Kammer Morgen in die Gruppe der »Entlasteten« ein.

Doch keines der beiden Spruchkammerurteile war endgültig: Das Urteil über Gerstein wurde in einem weiteren Verfahren zwar zunächst bestätigt, schließlich erklärte der baden-württembergische Ministerpräsident und spätere Bundeskanzler Kurt Georg Kiesinger ihn 1965 aber ebenfalls zum »Entlas-

[19] Nachlass Konrad Morgen, Box 4, Spruchkammer der Interniertenlager Ludwigsburg, 24. 6. 1948.

teten«.[20] Gegen Konrad Morgen wurden noch Jahrzehnte nach dem »Freispruch« mehrere Ermittlungsverfahren eingeleitet, aber jeweils ohne Ergebnis eingestellt. In Frankfurt am Main wurde ein Verfahren wegen Tötungsversuchen an russischen Gefangenen durchgeführt und am 29. März 1961 eingestellt.[21] Ein weiteres Verfahren wegen Beteiligung an der Deportation und Vernichtung ungarischer Juden wurde erst am 6. März 1972 eingestellt. Im Nachlass von Morgen findet sich sogar ein Einstellungsbescheid über ein Verfahren, das nur zum Erliegen kam, weil er inzwischen gestorben war.[22]

Das öffentliche Bild von Morgen und seine Selbstdarstellung blieben trotzdem grundsätzlich positiv. Ein Bericht in den *Stuttgarter Nachrichten* aus dem Jahre 1950 ist typisch für den Ton der Zeit:

»Im Krieg SS-Richter, blieb Morgen seinem Gefühl für Recht und Sauberkeit treu. Überall spürte er den Verbrechen und der Raffgier hoher und höchster SS-Führer nach, kontrollierte heimlich ihre Bankkonten und Wohnungen und schickte einen nach dem anderen ins Zuchthaus. Unter den 700 Strafverfahren sind zwölf Todesurteile gegen die Schlimmsten, die er zu Fall gebracht hat: Darunter der Kommandant von Buchenwald, Koch.«[23]

Weitere Zeitungsausschnitte im Nachlass von Morgen zeigen, dass er sogar als Mann des Widerstandes gehandelt wurde:

»Der früher als Hauptschuldiger angeklagte SS-Untersuchungsrichter Dr. Konrad Morgen wurde von der Spruchkammer des Interniertenlagers Ludwigsburg in die Gruppe der Entlasteten eingestuft. Dr. Morgen war Sturmbannführer

[20] Vgl. Schäfer, Kurt Gerstein – Zeuge des Holocaust, S. 19.

[21] Vgl. Weingartner, »Law and Justice in the Nazi SS«, S. 276–294.

[22] Staatsanwaltschaft Frankfurt am Main, Aktenzeichen 4 Js 767/58 und 4 Js 402/70.

[23] Nachlass Konrad Morgen, Box 3, Abschrift – *Stuttgarter Nachrichten*, Nr. 218 v. 19. 9. 1950.

der SS, konnte aber seine Zugehörigkeit zu der Widerstandsgruppe Hildebrandt nachweisen, die Hitler beseitigen und der NS-Gewaltherrschaft ein Ende bereiten wollte.«[24]

Bei negativer Berichterstattung über seine Person war Morgen immer bestrebt, sich wieder ins rechte Licht zu setzen. So schrieb er etwa an den Chefredakteur der *Deutschen Volkszeitung*, als diese einen kritischen Artikel über ihn veröffentlicht hatte: »Auch in den schwärzesten Stunden jener dunklen Jahre habe ich nie ganz den Glauben daran verloren, dass die Redlichkeit meines Bemühens im Sinne der Menschlichkeit und eines höheren Rechtes doch erkannt und von Wohlgesinnten gefördert werden würde.«[25]

III.

Kurt Gerstein war nach eigenem Bekunden in die SS eingetreten, nachdem er von der Ermordung von Geisteskranken in Grafeneck und Hadamar erfahren hatte. Er »beschloss [...], auf jeden Fall den Versuch zu machen, in diese Öfen und Kammern hineinzuschauen, um zu wissen, was dort geschieht«.[26] Zwar ist diese Begründung, wie einige Punkte in Gersteins komplizierter und verworrener Biographie, nicht unumstritten, sicher ist jedoch, dass er vor dem Eintritt in die SS zweimal von der Gestapo verhaftet worden war: das erste Mal am 24. September 1936, weil er systematisch Schriften der Bekennenden Kirche an Staats- und Ministerialräte versandt hatte.

[24] Nachlass Konrad Morgen, Box 4, Zeitungsausschnitt, ohne Ort, ohne Datum. Blf Stuttgart, 25. Juni 1950 r (Eig. Bericht).

[25] Nachlass Konrad Morgen, Box 3, Brief von Konrad Morgen an den Chefredakteur der *Deutschen Volkszeitung* vom 15. 10. 1964.

[26] Gersteins Bericht, den er am 4. Mai 1945 in Tübingen verfasst hat, ist abgedruckt in: »Dokumentation zur Massenvergasung«, Schriftenreihe der Bundeszentrale für Heimatdienst, Bonn 1962, S. 5.

Diese Verhaftung führte im Oktober 1936 zu seinem Ausschluss aus der NSDAP. Gleichwohl hat Gerstein auch danach versucht, seiner christlichen Überzeugung Ausdruck zu verleihen, etwa durch die Herausgabe einer dünnen Broschüre, die vor allem der christlichen Sexualethik gewidmet war: *Um Ehre und Reinheit.*[27] Im Juli 1938 erfolgte die zweite Verhaftung, und er war sechs Monate im Konzentrationslager Welzheim interniert, bis ihn ein Gestapobeamter freiließ.

Zwar versuchte Gerstein sich danach noch einmal mit dem Regime zu arrangieren, aber sein Verhältnis zum Nationalsozialismus war stets zumindest ambivalent.[28] Nachdem er am 19. August 1942 in Treblinka die Ermordung von Juden mit eigenen Augen gesehen hatte – als Hygienefachmann der Waffen-SS sollte er den Massenmord an Menschen mittels Abgasen beobachten und ein »verbessertes« Verfahren entwickeln –, sprach er in der Nacht darauf in einem Schlafwagen den Sekretär der schwedischen Gesandtschaft in Berlin, Baron Göran von Otter, an. Von Otter bezeugte später die Richtigkeit des folgenden Berichts:

»Ich habe noch unter dem frischen Eindruck der entsetzlichen Erlebnisse diesem alles erzählt mit der Bitte, dies seiner Regierung und den Alliierten sofort zu berichten, da jeder Tag Verzögerung weiteren Tausenden und Zehntausenden das Leben kosten müsse. […] Ich traf dann Herrn von Otter noch zweimal in der schwedischen Gesandtschaft. […] Ich versuchte in gleicher Sache dem Päpstlichen Nuntius in Berlin Bericht zu erstatten. Dort wurde ich gefragt, ob ich Soldat sei. Daraufhin wurde jede weitere Unterhaltung mit mir ab-

[27] Vgl. Friedländer, Kurt Gerstein, S. 56; Kurt Gerstein (Hrsg.), Um Ehre und Reinheit, Selbstverlag, Hagen o. J. (aber mit einem Vorwort, von Kurt Gerstein unterschrieben mit »Hagen, Im Mai 1936«). Darin zwei Texte von Gerstein: »Im Kampf um Ehre und Reinheit«, S. 13–22, sowie »Unser Weltbild«, S. 22–28.

[28] Siehe Schäfer, Kurt Gerstein – Zeuge des Holocaust, S. 121–152.

gelehnt und ich wurde zum Verlassen der Botschaft seiner Heiligkeit aufgefordert.«[29]

Saul Friedländer hat in seinem Buch zahlreiche weitere bewegende Versuche Gersteins, Zeugnis abzulegen, dokumentiert und soweit möglich die Quellen überprüft. Er betont, dass Gerstein fast schon fahrlässig vielen Menschen von seinen Erlebnissen berichtet habe, und man gewinnt den Eindruck, dass er damit eine zutiefst moralisch-politische, wenn auch vergebliche Mission der Aufklärung und Warnung vor allem der neutralen Länder betrieb, gleichzeitig aber seine eigenen tiefsitzenden Schuldgefühle zu besänftigen suchte. »Unbewußt«, so resümiert Friedländer, »erstrebte er den Tod, um den Konflikten zu entrinnen, die ihm immer unerträglicher wurden.«[30] Sowohl für seine Zeit als SS-Offizier wie auch für die Zeit danach steht außer Frage, dass Gerstein zutiefst von den von ihm bezeugten Morden geprägt und erschüttert war – was die Spruchkammer, wie wir wissen, nicht davon abhielt, ihn in die Reihe der »Belasteten« einzuordnen.

Von Konrad Morgen finden wir aus der NS-Zeit keinerlei Zeugnisse, die auf so etwas wie Widerstand schließen lassen – obwohl er die Spruchkammer mit seiner späteren Darstellung derart beeindruckte, dass sie ihm sogar »aktiven Widerstand« bescheinigte. Auch seine Dissertation *Kriegspropaganda und Kriegsverhütung* aus dem Jahr 1936, über die er später behauptete, sie sei in der Partei nicht auf Zustimmung gestoßen, passte gut zu den Friedensvisionen, welche die Nationalsozialisten vor Kriegsausbruch propagierten. Morgen selbst schrieb: »Auch den Frieden umgibt eine durchaus nordische Atmosphäre.«[31] Durch seine Arbeit als Korruptionsjäger innerhalb

[29] Kurt Gerstein, in: »Dokumentation zur Massenvergasung«, S. 9f.

[30] Friedländer, Kurt Gerstein, S. 157.

[31] Konrad Morgen, Kriegspropaganda und Kriegsverhütung (Wesen und Wirkungen der Publizistik, Bd. 4. Arbeiten über die Volksbeeinflussung und geistige Volksführung aller Zeiten und Völker), Leipzig 1936, S. 108.

der SS war er aber im Zentrum der Diadochenkämpfe der SS-Elite angekommen, und das – wie seine vorübergehende Degradierung vielleicht zeigt – nicht immer mit hinreichender Deckung durch Himmler oder Hitler.[32] Man kann angesichts seines massiven Vorgehens, insbesondere gegen Koch, sicher sagen, dass er nicht davor zurückschreckte, sich innerhalb des Systems mächtige und gefährliche Feinde zu schaffen. Aber was war dabei sein Ziel? Widerstand zu leisten oder Himmlers pervertiertes Ideal einer »anständigen« SS zu realisieren?[33]

Sicher hat Konrad Morgen für sich in Anspruch nehmen können, einen gewissen nationalsozialistischen Idealismus zu vertreten. Doch führte ihn dies tatsächlich in einen Widerspruch zur SS? Offensichtlich war er, wie seine oben zitierte Aussage aus dem Nürnberger Hauptkriegsverbrecherprozess zeigt, selbst 1946 noch von dieser Organisation überzeugt.[34] Das Einschwören auf volksgemeinschaftliche Ideale und Tugenden gehörte zu den üblichen Ritualen in Partei und SS. Im Nachlass von Morgen findet sich auch sein eigener NSDAP-Personal-Ausweis, dem ein Vorwort von Hitler vorangestellt ist, datiert auf den 9. Januar 1927:

[32] Weingartner (»Law and Justice in the Nazi SS«, S. 286) verweist darauf, dass Morgen sich auf Konflikte innerhalb der SS-Hierarchie eingelassen hatte.

[33] Rebecca Wittmann (Beyond Justice, S. 308) weist darauf hin, dass Morgen sogar manchmal gegen Befehle seiner Vorgesetzten gehandelt habe und dafür niemals belangt worden sei: »It is quite telling that Morgen was not punished for his direct disobedience to one of the highest officials of the SS. We already know that no one was ever punished for refusing to follow his or her orders; presumably, Morgen was reprimanded for doing his duty with too much zeal and without any proper order from Berlin. This was also the standard Morgen himself applied in investigating the guards at Auschwitz.«

[34] Ebd., S. 172: »Morgen [im Auschwitz-Prozess; R. G.] defended the laws of the SS, arguing that individual and sadistic murder ›was beneath a true German; and despite everything that everyone says about them, despite everything that happened, the SS never ordered or demanded such cruelties. On the contrary.‹«

»[…] Handle dabei in allem, als ob das Schicksal Deines ganzen Volkes nur auf Deinen Schultern allein läge und erwarte nichts von anderen, was Du nicht selbst zu geben und zu tun bereit bist, bleibe stets das Vorbild für Deine Mitgenossen! Als Führer sei hart in Deiner eigenen Pflichterfüllung, entschlossen in der Vertretung des Notwendigen, hilfreich und gut zu Deinen Untergebenen, nie kleinlich in der Beurteilung menschlicher Schwächen, groß im Erkennen der Bedürfnisse anderer und bescheiden in Deinen eigenen! Betrinke Dich nie!« Und weiter: »Erfülle alle Deine Verpflichtungen der Bewegung gegenüber und bedenke, daß das größte Werk nur dann von Menschen vollendet werden kann, wenn diese bereit sind, ihr eigenes Ich der größeren gemeinsamen Notwendigkeit und dem gemeinsamen Nutzen unterzuordnen. Gib dabei Deinen Volks- und Parteigenossen in allem jenes Beispiel, das Du selber gerne an ihnen sehen möchtest. Sieh' im Letzten Deiner Volksgenossen immer noch den Träger Deines Blutes, mit dem Dich das Schicksal auf dieser Erde unzertrennlich verbunden hat, und schätze deshalb in Deinem Volke den letzten Straßenfeger höher als den König eines fremden Landes! […] Wenn Du für die Nationalsozialistische Deutsche Arbeiterpartei kämpfst, so kämpfst Du damit für Dein Volk.«[35]

Dieser moralische Duktus ist jenseits des Zynismus und völkischen Partikularismus, der aus Hitlers Ermahnung spricht, durchaus als »Idealismus« verstanden worden – und Konrad Morgen gibt in vielfacher Hinsicht vor und nach 1945 geradezu das Idealbild des anständigen SS-Mannes Himmler'scher Prägung ab.

[35] Nachlass Konrad Morgen, Box 5, Fotos, Dokumente: NSDAP – Ausgabe 1935; Personal-Ausweis Konrad Morgen; Mitgliedsbuch Nr. 2 536 236; Eingetreten: 1. Mai 1933; Vorwort von Adolf Hitler, München, 9. Januar 1927, S. 4/5.

Eine Kluft trennt also Kurt Gersteins Empörung über die Massenmorde des NS-Staates, die er sowohl während des Kriegs als auch nach Kriegsende vor seinem vermutlichen Selbstmord deutlich geäußert hat, von der widersprüchlichen Haltung Konrad Morgens. Das zeigt sich vor allem an einem Schlüsseldokument: der langen Vernehmung von Morgen im Frankfurter Auschwitz-Prozess am 9. März 1964.[36] Seine Zeugenaussage war wegen der Informationen, die er den Anklägern lieferte, für den Prozess von erheblicher Bedeutung. Für unseren Kontext entscheidender ist jedoch, dass in ihr zahlreiche moralische Gefühle und Wertungen Morgens zum Ausdruck kommen, die auf die Tradierung einer bestimmten NS-Moral verweisen.

Auf eine Frage des Vorsitzenden Richters hin beschreibt Morgen zuerst, weshalb er überhaupt in Auschwitz zu ermitteln begonnen hatte:

»Meine Untersuchungen im Konzentrationslager Auschwitz wurden ausgelöst durch ein Feldpostpäckchen. [...] Es enthielt nämlich drei Klumpen mit Gold. [...] Bei dem Gold handelte es sich um hochkarätiges Zahngold, das in einer primitiven Weise zusammengeschmolzen war. Es war ein sehr großer Klumpen, vielleicht in der Größe von zwei Fäusten, der andere war wesentlich kleiner, der dritte mehr unbedeutend. Aber immerhin, es war eine ganze Anzahl von Kilos. Ehe ich nun weiter etwas veranlaßte, überlegte ich mir die Sache. Zunächst war die Dreistigkeit, mit der hier der mir bis dahin unbekannte Täter vorgegangen war, verblüffend. Und es schien sich hier um eine ausgemachte Dummheit zu handeln. Aber je länger ich über die Sache nachdachte, glaubte

[36] Vernehmung des Zeugen Konrad Morgen, 25. Verhandlungstag, 9. 3. 1964, in: Der Auschwitz-Prozeß. Tonbandmitschnitte, Protokolle, Dokumente, hrsg. vom Fritz Bauer Institut Frankfurt am Main und dem Staatlichen Museum Auschwitz-Birkenau, Digitale Bibliothek Nr. 101 (DVD-ROM), Berlin 2004, S. 5553–5693.

ich, daß eine solche Auffassung den Täter unterschätzte. Denn immerhin: Bei Hunderttausenden von Feldpostpäckchen war die Chance sehr gering, daß nun ausgerechnet diese gefährliche Sendung beschlagnahmt und entdeckt werden würde. Sondern hier schien mir ein Zug einer raffinierten Primitivität und einer skrupellosen Rücksichtslosigkeit bei dem Täter vorzuwalten, ein Zug, der sich dann bei meinen späteren Ermittlungen im Konzentrationslager Auschwitz als richtig erweisen sollte.«[37]

Im Folgenden legt Morgen seine Berechnung des Goldwerts dar, den diese »raffinierte Primitivität« buchstäblich aus den Menschen herausgezogen hatte:

»Meine weitere Überlegung, die jagte mir allerdings einen nicht geringen Schauder den Rücken herunter, denn ein [Kilogramm] Gold besteht ja aus 1 000 Gramm. Ich wußte, daß die Zahnstationen der Konzentrationslager beauftragt waren, in den Krematorien das dort anfallende Gold der Leichenverbrennung zu sammeln und an die Reichsbank abzuführen. Und eine Goldplombe, das sind ja nur wenige Gramm. 1 000 Gramm oder mehrere Tausend Gramm bedeuteten also den Tod von mehreren Tausend Menschen. Aber es trägt ja nicht jeder Goldplomben, sondern in der damaligen, doch sehr armen Zeit nur ein gewisser Bruchteil. Und je nachdem, wie man schätzte, ob jeder Zwanzigste oder Fünfzigste oder Hundertste Gold im Mund trug, mußte man diese Zahl damit multiplizieren, und so stellte eigentlich diese beschlagnahmte Sendung sozusagen den Gegenwert von Zwanzig-, Fünfzig- oder Hunderttausenden von Leichen dar.«[38]

»Ein erschütternder Gedanke«, bemerkt Morgen hier, bevor er diesen Anflug von Empathie mit den Opfern sofort wieder relativiert: »Aber das geradezu Unfaßbare daran war, daß der

[37] Ebd., S. 5557f.
[38] Ebd., S. 5558f.

Täter unbemerkt derartig bedeutende Mengen beiseite bringen konnte.«[39] Wir werden nun seinem Bericht weiter folgen, der – neben den schrecklichen Fakten und einer erstaunlich starken Betonung »jüdischer Mittäterschaft« – durchweg dieselbe Sensibilität erkennen lässt:

»So stand ich dann an einem Vormittag auf dem Bahnhof in Auschwitz. [...] Auschwitz war eine kleine Stadt mit einem sehr großen Durchgangs- und Verschiebebahnhof, etwa wie Bebra. [...] Die Menschen, die stiegen da aus, die jungen lustig, die älteren mürrisch, abgearbeitet, als wäre es die alltäglichste Sache von der Welt. [...] Ich fing mit dem Anfang vom Ende an, nämlich der Rampe in Birkenau. Die Rampe sah aus wie jede andere Rampe auf einem Güterbahnhof auch. [...] Ich fragte deshalb meinen Führer, wie das nun vor sich ginge. Er erklärte mir, daß ein Transport, meistens Juden, vom Bahnhof, kurz vor der Ankunft, vorm Einlaufen in Auschwitz, dem Lager gemeldet wird. [...] Dann wurden die Türen der Waggons geöffnet, die Ankömmlinge mußten aussteigen und ihr Gepäck absetzen. Männer und Frauen mußten sich getrennt aufstellen, und dann, erklärte er mir, würde zunächst nach Rabbinern gefragt. Rabbiner und sonstige bedeutende jüdische Persönlichkeiten wurden sofort ausgesondert, ins Lager gebracht, in eine Baracke, die sie für sich hatten. [...] Danach fragte man nach Spezialisten, die das Lager brauchte – das Lager war ja mit großen Industriebetrieben verbunden –, die suchte man dann vorher aus. Und der Rest, der wurde dann nach arbeitsfähig, arbeitsunfähig getrennt. Die Arbeitsfähigen marschierten zu Fuß in das Lager Auschwitz, wurden dort regulär als Häftlinge aufgenommen, eingekleidet, eingeteilt. Die andere Gruppe mußte auf Lastwagen Platz nehmen und ging sofort, ohne daß eine namentliche Feststellung erfolgte, in die Gaskammern nach Birkenau. [...]

39 Ebd., S. 5559.

Von der Rampe folgten wir der Spur der Todesfrachten zum Lager Birkenau, es lag einige Kilometer entfernt. [...] Dahinter lag das sogenannte Lager ›Kanada‹, wo die Effekten der Opfer durchsucht, geordnet, weiterverwandt wurden. [...] Und dahinter lagen dann die Krematorien. [...] In dem Hof war ein Rudel, muß man sagen, jüdischer Häftlinge mit gelbem Stern, mit ihrem Kapo, der einen langen Knüppel trug, und die uns sofort umkreisten. Sie liefen dauernd so im Kreise da herum, gegenwärtig jeden Befehls und nach jedem Blick haschend. Und es schoß mir so durch den Kopf: Die verhalten sich ja genauso wie ein Rudel Schäferhunde. Und das sagte ich dann auch da meinem Begleiter, der darüber lachte und sagte, ja, das wäre auch die Aufgabe. [...] Und an diesem Gang lagen dann verschiedene Kammern ohne jede Einrichtung, kahl, nackt, Zementfußboden. Auffällig und zunächst unerklärlich war nur, daß in der Mitte ein vergitterter Schacht stand, der bis zur Decke führte. Ich hatte zunächst dafür keine Erklärung, bis man mir sagte, daß durch eine Öffnung vom Dach aus Gas, und zwar in kristalliner Form, das Zyklon B, in diese Todeskammern gegossen würde. Bis zu diesem Moment war also der Häftling ahnungslos, und dann war es natürlich zu spät.«[40]

Nach diesem Teil seiner Zeugenaussage kommt Morgen zum eigentlichen Ziel seiner Untersuchungen:

»Nachdem ich diese äußeren Einrichtungen gesehen hatte und irgendwie SS gar nicht in Erscheinung getreten war, interessierte mich natürlich, nun mal die SS-Leute zu sehen und kennenzulernen, die diesen ganzen Apparat da verwalteten und in Betrieb hielten. Es wurde mir dann ein kurzer Blick in

[40] Ebd., S. 5560–5567. Ein Teil der hier zitierten Aussage von Konrad Morgen ist bereits abgedruckt in: Langbein, Menschen in Auschwitz, S. 336f. Aber gerade jene Stellen, an denen Morgen im Verhör versucht, systematisch Juden für ihre eigene Vernichtung verantwortlich zu machen, sind dort nicht zitiert.

die sogenannte Wachstube des Lagers Birkenau gestattet, *und hier habe ich dann zum ersten Mal einen wirklichen Schock erlitten* [Hervorhebung R. G.]. Sie wissen, eine militärische Wachstube, die zeichnet sich bei sämtlichen Armeen der Welt durch eine spartanische Einfachheit aus. Es steht da ein Schreibtisch, es hängen Anschläge, es sind da einige Pritschen da für diejenigen, die da abgelöst werden, Schreibtisch und Telefon. Aber das hier war anders. Es war ein niedriger, etwas schummriger Raum, und da standen bunt zusammengewürfelte Couchen herum. Und auf diesen Couchen, da lagen malerisch einige SS-Leute, meistens untere Führerdienstgrade, und dösten da mit glasigen Augen vor sich hin. Ich hatte den Eindruck, daß sie die Nacht vorher ziemlich viel Alkohol genossen haben mußten. Statt eines Schreibtisches stand ein riesiger Hotelherd da, und auf diesem buken vier, fünf junge Mädchen Kartoffelpuffer. Es waren offensichtlich Jüdinnen, sehr schöne, orientalische Schönheiten, vollbusig, feurige Augen, trugen auch keine Häftlingskleider, sondern normales, ganz kokettes Zivil. Und die brachten nun ihren Paschas, die auf den Couchen da rumlagen und dösten, die Kartoffelpuffer und fragten besorgt, ob auch genügend Zucker darauf war, und fütterten die. [Pause] Keiner nahm von mir und meinem Begleiter – immerhin also doch einem Hauptmann[41] – Notiz. Es wurde keine Meldung gemacht, es ließ sich keiner stören. Und ich glaubte, meinen Ohren nicht zu trauen: Diese weiblichen Häftlinge und die SS, die duzten sich gegenseitig. Ich muß also wohl ziemlich entgeistert meinen Begleiter angeschaut haben. Der zuckte nur die Achseln und sagte: ›Die Männer haben eine schwere Nacht hinter sich. Sie hatten einige Transporte abzufertigen.‹ […] da schritt ich nun zur Aktion und ließ das ganze SS-Krematoriumskommando in seiner Unterkunft vor den Spinden antreten und nahm eine Durchsu-

[41] Morgen war zu der Zeit SS-Hauptsturmführer.

chung vor. Und wie ich mir es gedacht hatte, kam dann da einiges zum Vorschein: goldene Ringe, Münzen, Ketten, Kettchen, Perlen, so ziemlich sämtliche Währungen der Welt. Bei dem einen wenig ›Souvenirs‹, wie der Betreffende sagte, bei dem anderen ein kleines Vermögen. Was ich aber nicht erwartet hatte, war, daß aus einem der zwei Spinde mir die Geschlechtsteile frisch geschlachteter Bullen entgegenfielen. Ich war zunächst völlig entgeistert und konnte mir also den Verwendungszweck nicht vorstellen. Bis mir der betreffende Spindinhaber errötend – tatsächlich, das gab es – dann gestand, daß man sich das besorge zur Auffrischung der eigenen sexuellen Potenz. [Pause] Nachdem ich also diese Durchsuchung vorgenommen und damit ziemlich das ganze Krematoriumskommando da festgenagelt, kurz vernommen hatte, war der Tag zu Ende.«[42]

Wenig später spricht Konrad Morgen des Längeren über einen angeblich *fast ausgeführten* Akt des Widerstands, den er im Anschluss an seine Erlebnisse in Auschwitz erwogen hatte, genauer: über seine Überlegungen, wohin ihn dieses Vorhaben führen würde. Die Passage wirft ein scharfes Licht auf die moralischen Gefühle und Überzeugungen, nach denen Morgen durchgängig gehandelt zu haben scheint, sowohl während der NS-Zeit als auch danach:

»Am Ende dieser schlaflosen Nacht mußte ich einsehen, daß dieses System nur von außen zu bekämpfen und zu stürzen war. Und ich glaubte, den Versuch dazu machen zu müssen. [...] Ich war deshalb entschlossen, nach der Schweiz zu gehen. [...] 36 Stunden später etwa näherte ich mich meinem Ziel. In der Zwischenzeit hatte ich mich soweit wieder beruhigt, daß ich nun die mir bevorstehenden nächsten Ereignisse versuchte ins Auge zu fassen, glaubte, daß mir der Grenzübertritt gelingen würde, und fragte mich, wie sich das nun im

[42] Der Auschwitz-Prozeß, S. 5567–5570.

einzelnen drüben abspielen würde. Sicherlich sofort dann eine Vernehmung, man würde von einer Dienststelle zu einer höheren weitergereicht werden. Und während ich mir das plastisch vorzustellen versuchte – die Fragen, meine Antworten –, da wurde mir plötzlich klar, daß dieser mein Bericht und meine Erzählung ja für einen Außenstehenden, insbesondere für einen Neutralen, so unglaublich und unfaßbar klingen mußte, daß mir nichts geglaubt werden würde. Es würde bestimmt die Frage kommen: Haben Sie denn selber eine Vergasung gesehen, haben Sie eine Leiche, einen geschlagenen Häftling gesehen? Und ich hätte ehrlicherweise sagen müssen: Nein.

Aber ich riß mich aus dem Gedanken, stellte mir das umgekehrt vor, dachte: Wenn das nun gutgeht, dir wird geglaubt, was passiert denn dann? Sicher, die Schweizer Regierung, die würde nichts machen. Aber man würde mich der Presse wahrscheinlich stellen, ich würde da Ausführungen machen. Folge davon wäre, die Kriegspropaganda gegen Deutschland, die würde auf ungeheuren Touren anlaufen. Und ich mußte mir sagen, nach dem, was ich gesehen hatte: Bei einem totalen Zusammenbruch, bei einer völligen Besiegung Deutschlands, da würden die Siegermächte uns, das ganze deutsche Volk, ja aufgrund dieser Vorkommnisse vernichten und jeden einzelnen, so dachte ich mir, vierteilen. [Pause] Und nun so etwas in die Wege zu leiten und verantworten zu müssen, das ging über meine Kraft.

›Deutsches Volk‹, das ist ja ein großer Begriff, aber er setzt sich aus vielen einzelnen zusammen. Und ich dachte nun an die Nächsten. Zunächst natürlich an meine Eltern, die mir unter Opfern das Studium ermöglicht hatten und die ich nur als brave, anständige Menschen kannte und die ein solches Los nicht verdienten. Ich dachte weiter an meine Kameraden, die ich vor kaum einem Vierteljahr an der Rußlandfront verlassen hatte. [...] Auch die hatten das nicht verdient. Und so sah ich dann auch, von welcher Seite ich die Angelegenheit betrachtete, aus einer solchen Handlung nur neues Unheil kommen, und ich fuhr daraufhin nach Berlin zurück.«[43]

IV.

Gehen wir davon aus, dass Morgens Bericht über seinen geplanten, aber nicht ausgeführten Grenzübertritt in die Schweiz der Wahrheit entspricht, so ist daran von besonderem Interesse, was er in Bezug auf die moralischen Skrupel sagt, die ihn am Ende davon abhielten zu desertieren: Seine moralische Verpflichtung, sein Gefühl der »Treue« gilt zuallererst seiner Familie, seinen Kameraden, dem deutschen Volk. Das Schicksal der Opfer wiegt dagegen nach den verstrichenen 36 Stunden nicht mehr so schwer. Mögliche Schuldgefühle den Opfern gegenüber scheint Morgen in seiner Zeugenaussage auch dadurch abzuschwächen – oder gar nicht erst aufkommen zu lassen –, dass er diese im Rückblick als *Mittäter* imaginiert:[44] die jüdischen Frauen als lasziv-willige Bedienstete der Wachmannschaft und die angeblich Schäferhunden gleichenden jüdischen Bewacher als aggressive Horde. Ganz anders Kurt Gersteins »Dynamik der Erinnerung«: In seiner Darstellung gibt es sogar mehr jüdische Opfer, als historisch belegt ist. An einer Stelle in seinem berühmten Gerstein-Bericht spricht er etwa von 25 Millionen Opfern.[45]

Morgen mag sich also durchaus für einen Moment über die Verbrechen in Auschwitz empört haben – sein Unbehagen an-

[43] Ebd., S. 5575–5579.

[44] Das trifft auch für seine Befragung beim Nürnberger Hauptkriegsverbrecherprozess am 7. August 1946 zu.

[45] Zit. in Friedländer, Kurt Gerstein, S. 102: »Die von der BBC angegebenen Zahlen sind nicht richtig; in Wirklichkeit handelt es sich im ganzen um 25 000 000 Menschen!«

gesichts der Massenmorde des NS-Regimes wog für ihn aber offensichtlich lange nicht so schwer wie die Gefühle der Treue und Solidarität gegenüber dem deutschen Volk. Während seine Empörung über die Verfehlungen der Wachmannschaften und anderer SS-Offiziere echt wirkt, scheint seine Empörung über die Ermordung der Juden viel schwächer, vielleicht sogar nur nachträglich vorgespielt zu sein. Jedenfalls lässt er jegliche Empathie vermissen: In keinem Moment scheint Morgen sich in das Leiden dieser Menschen hineinversetzen zu können, in keinem Moment sich vorzustellen, er könnte auch einer anderen Gruppe von Menschen angehören – es gibt eigentlich nur sein »Volk«. Alles andere ist für ihn eher abstrakt. Seine moralischen Gefühle und Äußerungen entsprechen den moralischen Gefühlen und Werten, die im Rahmen der nationalsozialistischen »Volksgemeinschaft« als verbindlich galten und von allen Deutschen immer wieder eingefordert wurden. Für Morgen blieb dieser affektive Rahmen, diese partikulare NS-Moral, nach dem Krieg bestehen, auch wenn er die Massenmorde in Auschwitz nun verurteilt. Vielleicht verabscheut er die Verbrechen wirklich, vielleicht spiegelt seine Verurteilung nur das Gebot der neuen Zeit. Entscheidend ist jedoch, dass seine eigentliche Empörung, sein Gefühl des »Schocks«, wie er es nennt, ganz auf die Unsauberkeiten in den eigenen, »arischen« Reihen fokussiert bleibt, anders gesagt: auf die Schande, die diese in seinen Augen sowohl über die SS als auch über das deutsche Volk gebracht hatten.

Es ist unklar, ob Morgen sich vor 1945 überhaupt über die Morde an den Juden empört hat oder ausschließlich über die korrupten Begleitumstände des Mordens. Womöglich hat ihn die Korruption so sehr gestört, dass sie ihn zu seinem halbherzigen Fluchtversuch motivierte. In seinen Äußerungen nach 1945 verteidigt er jedenfalls weiterhin die Werte der SS und versucht sie von den Verbrechen in den Vernichtungslagern abzugrenzen. Vielleicht war es gerade diese ungebrochene Treue zum deutschen Volk und zur »anständig« gebliebenen SS, welche die Spruchkammer in ihm letztlich einen wahren Widerstandskämpfer entdecken ließ. Seinen Kampf gegen die Korruption innerhalb des NS-Staates konnte man in der Nachkriegszeit problemlos empathisch nachvollziehen. Dagegen war es diesen Gerichten offenbar unmöglich, für den gänzlich ungewöhnlich agierenden, wahrhaft von den deutschen Verbrechen gezeichneten Kurt Gerstein Sympathie aufzubringen. Warum? Das mehr oder weniger subtile Fortwirken von nationalsozialistischer Mentalität und völkischer Gesinnung hat es wohl verhindert, dass man in ihm damals einen Helden des deutschen Widerstands erkannte. Möglicherweise sah das Gericht in Gerstein trotz allem auch eine Art Verräter, hatte er doch intimste Geheimnisse des Staates an ausländische Diplomaten und Vertreter des ausländischen Widerstands weitergegeben.

In der unmittelbaren Nachkriegszeit, in der die Spruchkammern über Konrad Morgen und Kurt Gerstein befanden, sind solche Echos der NS-Moral besonders deutlich zu vernehmen. Ihre so unterschiedlich bewerteten NS-Biographien zeigen, wie notwendig es ist, den Übergang vom nationalsozialistischen Deutschland in die Nachkriegszeit vor dem Hintergrund einer noch zu schreibenden *Moralgeschichte* genauer zu untersuchen.

Kapitel 8

Moralität des Bösen: Adolf Eichmann und die deutsche Gesellschaft[1]

I.

Ludwig Wittgenstein hat in seinen *Philosophischen Untersuchungen* eine längere Passage einer Kippfigur gewidmet, dem »H-E-Kopf«.[2] Es handelt sich um eine Zeichnung, die man als Hasenkopf oder als Entenkopf sehen kann. Das Interessante daran ist, dass wir immer entweder den einen oder den anderen Kopf sehen, und obwohl beide nicht die leiseste Ähnlichkeit miteinander haben, sind sie kongruent.[3]

Seit Beginn der bis heute anhaltenden Kontroverse um Hannah Arendts Buch *Eichmann in Jerusalem*[4] scheint sich das Bild des im Glaskasten sitzenden Massenmörders ähnlich einer

[1] Eine frühere Version dieses Textes wurde veröffentlicht unter dem Titel »Zum Fortwirken der NS-Moral. Adolf Eichmann und die deutsche Gesellschaft«, in: Raphael Gross, Yfaat Weiss (Hrsg.), Jüdische Geschichte als Allgemeine Geschichte. Festschrift für Dan Diner zum 60. Geburtstag, Göttingen 2006, S. 212–234.

[2] Ludwig Wittgenstein, Philosophische Untersuchungen, Frankfurt am Main 1977, S. 308–311. Wittgenstein kannte die Figur aus einem Buch des US-amerikanischen Psychologen Joseph Jastrow (Fact and Fable in Psychology, Boston 1900, S. 295), der sie selbst in den *Fliegenden Blättern*, einem deutschen satirischen Wochenblatt, entdeckt hatte.

[3] Ebd., S. 311.

[4] Hannah Arendt, Eichmann in Jerusalem. Ein Bericht von der Banalität des Bösen. Aus dem Amerikanischen von Brigitte Granzow, München 1964; Orig.: Eichmann in Jerusalem. A Report on the Banality of Evil, New York 1963, zuvor veröffentlicht als fünfteilige Essayserie in der Zeitschrift *New Yorker* (16. und 23. Februar, 2., 9. und 16. März 1963) unter dem Titel »A Reporter at Large: Eichmann in Jerusalem«.

Kippfigur ständig hin und her zu bewegen.[5] Einmal sehen wir einen subalternen Beamten und beflissenen Karrieristen vor uns, der zwar skrupellos Anweisungen befolgt und auch eigenen beruflichen Ehrgeiz entwickelt, aber keinerlei ideologische Motive für sein Handeln erkennen lässt. In dieser Sichtweise wird die Vorstellung von der »*Banalität* des Bösen« erkenntnisleitend, die durch Arendts Untertitel sprichwörtlich geworden ist und zugleich vehemente Kritik hervorgerufen hat. Dann wieder erkennen wir in der im Glaskasten sitzenden Gestalt einen überzeugten nationalsozialistischen Antisemiten, der es als seine Mission begreift, die organisatorischen Voraussetzungen für die Deportation von Millionen Juden in den Tod zu schaffen, und dabei angetrieben wird von einem durch die NS-Ideologie legitimierten Hass. Hier steht der Begriff des »Bösen« im Vordergrund unserer Wahrnehmung des Täters, ein Begriff, der ja bei Arendt ebenfalls auftaucht, wenn er auch von dem der »Banalität« überdeckt zu sein scheint. Tatsächlich nannte etwa der israelische Generalstaatsanwalt Gideon Hausner Eichmann die »Verkörperung des satanischen Prinzips«.[6]

Das Eichmann-Bild changiert nicht bloß, sondern es kippt vollständig um: Entweder sehen wir den zufällig in die Ereignisse hineingeratenen »farblosen« Verwaltungsfachmann vor uns oder den fanatischen Parteiideologen mit konsequenter NS-Überzeugung. Wie bei Wittgensteins »H-E-Kopf« kann

[5] Das trifft auf die gesamte Literatur zu Eichmann seit Mitte der 1960er Jahre zu, auch auf zwei neuere Sammelbände, die als beste und aktuellste Einführung in die Gesamtproblematik dienen können: Steven E. Aschheim (Hrsg.), Hannah Arendt in Jerusalem, Berkeley, Los Angeles, London 2001; Gary Smith (Hrsg.), Hannah Arendt Revisited: »Eichmann in Jerusalem« und die Folgen, Frankfurt am Main 2000. Siehe außerdem die Monographien von Irmtrud Wojak, Eichmanns Memoiren. Ein kritischer Essay, Frankfurt am Main 2001; Yaacov Lozowick, Hitlers Bürokraten. Eichmann, seine willigen Vollstrecker und die Banalität des Bösen, Zürich 2000; und David Cesarani, Adolf Eichmann. Bürokrat und Massenmörder, Berlin 2004.

[6] Gideon Hausner, Die Vernichtung der Juden, München 1979, S. 10.

man beide Bilder nur abwechselnd erkennen, denn sie schließen sich gegenseitig aus. Entsprechend hat auch die intensive und bis heute andauernde Kontroverse um Titel und Inhalt von Arendts Gerichtsreport ganz heterogene Ursachen und berührt ebenso unterschiedliche Themen und Probleme.[7]

Sogar bei Hannah Arendt selbst, die Eichmann vor allem als »Schreibtischtäter« zeichnet, kippt am Ende ihrer Ausführungen dieses Bild. In der Vorrede zu ihrem Bericht erklärt sie, Eichmann habe außer einer »ungewöhnlichen Beflissenheit«, alles zu tun, was seiner Karriere förderlich sein konnte, »überhaupt keine Motive« besessen. Sie beschreibt ihn als einen banalen Menschen, einen Menschen, bei dem sich »keine teuflisch-dämonische Tiefe« finden lasse und dessen Verhalten dennoch nicht alltäglich sei. Vor allen Dingen hätten ihn sein »mangelndes Vorstellungsvermögen« und seine »schiere Gedankenlosigkeit« ausgezeichnet, etwas, was »mit Dummheit keineswegs identisch« sei. Eichmann habe sich, so Arendt, *»niemals vorgestellt, was er eigentlich anstellte«*.[8] Dass seine unglaubliche »Realitätsferne und Gedankenlosigkeit« mehr Unheil anrichten konnten als »alle die dem Menschen viel-

[7] Für einen knappen und präzisen Überblick über diese Kontroverse siehe Annette Vowinckel, Hannah Arendt. Zwischen deutscher Philosophie und jüdischer Politik, Berlin 2004, S. 85–101.

[8] Alle Zitate: Arendt, Eichmann in Jerusalem, S. 16. An anderer Stelle jedoch scheint Arendt ihre eigene Analyse in Frage zu stellen, wenn sie Eichmann selbst zitiert: »Das war für mich auch ungeheuerlich. Ich bin keine so robuste Natur, die [...] ohne irgendwelche Reagenz irgend etwas über sich in dieser Art [...] ergehen lassen kann. [...] Ich weiß es auch jetzt noch, wie ich mir darunter sofort die Sache bildlich darstellte, und daß ich irgendwie auch unsicher in meinem Gehabe wurde. Als ob ich irgendeine aufregende, eine aufregende Sache hinter mir hätte, wie das eben schon mal so vorkommt, daß man nachher wie ein leises inneres Zittern, oder so ähnlich möchte ich es ausdrücken, hat.« (Ebd., S. 120f.) Eichmann war also in der Lage, sich ein Bild zu machen, an Vorstellungskraft mangelte es ihm nicht. Ich danke Annette Vowinckel, die mich auf diesen Widerspruch aufmerksam gemacht hat.

leicht innewohnenden bösen Triebe zusammengenommen«, bezeichnet sie als die »Lektion«, die man bei dem Jerusalemer Prozess habe lernen können, eine Lektion, die allerdings weder mit einer »Erklärung des Phänomens« noch mit einer »Theorie darüber« verwechselt werden dürfe.[9]

Am Ende ihres Buches, im »Epilog«, scheint Eichmanns motivationslose Beflissenheit plötzlich doch eine ganz andere Bedeutung anzunehmen, als sie es eingangs nahegelegt hat. In einer fiktiven Ansprache an den Angeklagten erklärt Arendt dort: »Aber auch wenn wir unterstellen, daß es reines Mißgeschick war, das aus Ihnen ein willfähriges Werkzeug in der Organisation des Massenmordes gemacht hat, so bleibt eben doch die Tatsache bestehen, daß Sie mithalfen, die Politik des Massenmordes auszuführen und also diese Politik aktiv unterstützt haben.« Und deutlicher: »Denn wenn Sie sich auf Gehorsam berufen, so möchten wir Ihnen vorhalten, daß die Politik ja nicht in der Kinderstube vor sich geht und daß im politischen Bereich der Erwachsenen das Wort Gehorsam nur ein anderes Wort ist für Zustimmung und Unterstützung.« Arendts Ansprache mündet schließlich in ihre eigene Urteilsbegründung: »So bleibt also nur übrig, daß Sie eine Politik gefördert und mitverwirklicht haben, in der sich der Wille kundtat, die Erde nicht mit dem jüdischen Volk und einer Reihe anderer Volksgruppen zu teilen, als ob Sie und Ihre Vorgesetzten das Recht gehabt hätten, zu entscheiden, wer die Erde bewohnen soll und wer nicht. Keinem Angehörigen des Menschengeschlechts kann zugemutet werden, mit denen, die solches wollen und in die Tat umsetzen, die Erde zusammen zu bewohnen.«[10]

Hannah Arendt war nicht entgangen, dass der Begriff des »Gehorsams«, der in allen NS-Prozessen eine so bedeutende

[9] Arendt, Eichmann in Jerusalem, S. 16, Hervorh. im Orig.
[10] Alle Zitate: ebd., S. 329.

Rolle gespielt hat, eine Zweideutigkeit enthielt. Von der Verteidigung wurde er benutzt, um die Schuld der Angeklagten einzugrenzen oder zu bestreiten. In der Ideologie des Nationalsozialismus war »Gehorsam« zuvor aber eine zentrale *Tugend* gewesen, die insbesondere die Elite der SS-Männer auszeichnen sollte. Vor diesem Hintergrund ist Arendts Kritik an der Berufung auf den Gehorsam nach wie vor überzeugend. Was sie nicht explizit machte, war, dass genau an dem Punkt, an dem die Doppelbedeutung dieses moralischen Werts deutlich wurde, ihr Eichmann-Bild kippte: Wenn sein »Gehorsam«, wie sie schrieb, tatsächlich »Zustimmung und Unterstützung« für die Politik des Nationalsozialismus bedeutet hatte – und das scheint eine zutreffende Beurteilung –, dann war Eichmann nach dem damit verknüpften Wertemuster eben kein bloßer Bürokrat. Wenn er den Willen aufbrachte, einen Völkermord zu begehen, um die Erde in seinem Sinne zu »säubern«, dann war er ein Weltanschauungskrieger, ein für seine Tat verantwortlicher Mörder, und nicht nur ein banaler Vollzugsbeamter mit einem seltsamen Mangel an Vorstellungskraft.

Es ist in Arendts Analyse nicht angelegt, den Begriff des »Bürokraten« im Sinne einer Erklärung für Völkermord zu hypostasieren. Tatsächlich haben bei ihr das Phänomen der Bürokratie und vor allem der Begriff der »bürokratischen Herrschaft« eine weitaus komplexere, über unseren alltäglichen Sprachgebrauch hinausgehende Bedeutung. In ihrem an subtilen Analysen und überraschenden Perspektiven überreichen Buch *Elemente und Ursprünge totaler Herrschaft* (1955) begreift sie den Typus der bürokratischen Herrschaft als Gegensatz zum bürgerlichen Gesetzesstaat.[11] Dieser Kontrast zwischen bürokratischer und gesetzesstaatlicher Herrschaft ist bei Arendt ähnlich begründet wie Ernst Fraenkels Unterscheidung

[11] Hannah Arendt, Elemente und Ursprünge totaler Herrschaft, München, Zürich 1955; Orig.: The Origins of Totalitarianism, New York 1951.

zwischen »Maßnahmenstaat« und »Normenstaat«: Einem Herrschaftstyp, der sich auf Willkürakte gründet, steht ein Typus von Herrschaft gegenüber, der auf formaler Gesetzmäßigkeit basiert.[12] In diesem Sinn scheint Arendts Begriff der bürokratischen Herrschaft durchaus auch die Naziherrschaft zu umfassen. Doch es gibt eine radikale Entwicklung von ihrem ersten großen Buch über den Totalitarismus hin zu ihrem Eichmann-Buch, auf die sie selber hingewiesen hat: Eichmann sei, so schreibt sie in einem Brief an Mary McCarthy vom 20. September 1963, »viel weniger durch Ideologie beeinflußt [...] als ich in dem Buch über den Totalitarismus angenommen hatte«.[13]

II.

David Cesarani vertritt in seiner Eichmann-Biographie im Gegenteil die These, Arendt habe ihr Porträt von Eichmann der eigenen Totalitarismustheorie angepasst. Er geht davon aus, dass sie geradezu »erwartete«, in Jerusalem »jene Art von Mensch zu finden, die ein totalitäres System ihrer Ansicht nach brauchte, um seine unmenschliche Politik zu verwirklichen«.[14] Bei der Verknüpfung ihres Totalitarismus-Buches mit der Gerichtsreportage über den Eichmann-Prozess habe sie zudem den Ansatz Raul Hilbergs, seine Deutung des Holocaust als bürokratisch geplanten, fabrikmäßig durchgeführten Massenmord, übernommen und durch die öffentliche Diskussion um

[12] Vgl. ebd., S. 515–529; sowie Ernst Fraenkel, Der Doppelstaat. Recht und Justiz im »Dritten Reich«, Frankfurt am Main 1984, S. 26–86 (»Maßnahmenstaat«) und S. 96–134 (»Normenstaat«).

[13] Zit. nach Nicolas Berg, Der Holocaust und die westdeutschen Historiker. Erforschung und Erinnerung, Göttingen 2003, S. 496.

[14] David Cesarani, Adolf Eichmann. Bürokrat und Massenmörder, Berlin 2004, S. 11.

ihr Buch in eine breitere Öffentlichkeit übertragen.[15] Diese Popularisierung hätte eine solch prägende Kraft entwickelt, dass sie »Generationen von Historikern und anderen Gelehrten« die – aus Cesaranis Sicht problematischen – Begriffe geliefert habe, um den Nationalsozialismus zu erforschen.[16]

Diese Chronologie ist nicht ganz richtig. Tatsächlich war das entsprechende Begriffsarsenal in Deutschland schon weit verbreitet, bevor Arendts Eichmann-Buch erschien. Der für die Verfolgung von NS-Verbrechen zuständige Leiter der Zentralen Stelle der Landesjustizverwaltungen in Ludwigsburg, Oberstaatsanwalt Erwin Schüle, brachte diese zeitgenössische Sicht 1961 auf den Punkt, als er sagte, Eichmann sei nicht »der Großinquisitor der Endlösung« gewesen, vor dem »sogar Himmler« gezittert habe, sondern »der leitende Ingenieur eines Großbetriebes, der den Betrieb nach den Plänen seiner Vorgesetzten in Gang brachte und der dafür sorgte, daß ihm immer neue Opfer als Material zugeführt wurden«.[17] David Cesarani hat dagegen mit einigem Erfolg versucht, ein komplexes und klischeefreies Eichmann-Bild zu zeichnen, das verschiedene neuere historische Erklärungsansätze zusammenführt und Eichmanns Leben von der Kindheit in Deutschland und Österreich bis zur Hinrichtung in Jerusalem ebenso umfassend wie reflektiert darstellt. Doch auch in seinem Buch »kippt« diese Darstellung, auch Cesarani kann weder auf das Bild des Bürokraten noch

[15] Diese These stammt von Raul Hilberg selbst, der in seinen Lebenserinnerungen ein äußerst kritisches Bild von Hannah Arendt gezeichnet hat. Vgl. Raul Hilberg, Unerbetene Erinnerung. Der Weg eines Holocaust-Forschers, Frankfurt am Main 1994; zur speziellen Rezeption Hilbergs in Deutschland, die wiederum ihre eigenen »Blindstellen« hatte, siehe Nicolas Berg, »Lesarten des Judenmords«, in: Ulrich Herbert (Hrsg.), Wandlungsprozesse in Westdeutschland. Belastung, Integration, Liberalisierung 1945–1980, Göttingen 2002, S. 91–139.

[16] Cesarani, Adolf Eichmann, S. 12.

[17] Zit. nach Walter Fredericia, »Wert und Unwert politischer Strafjustiz«, in: Deutsche Zeitung, 21. November 1961, S. 6.

auf das des ideologischen Überzeugungstäters verzichten, und seine Synthesearbeit, die gegen das von Arendt geschaffene Eichmann-Bild ankämpft, reproduziert die Kippfigur nur noch in weiteren Variationen.[18]

Susan Neiman bestärkt in ihrem Buch *Das Böse denken* Arendts Darstellung aus philosophiegeschichtlicher Sicht.[19] Auch sie sieht Eichmann als Mitglied einer Nazi-Elite, deren Ziele »zunächst nichts mit Massenmord und sehr viel mit kleinbürgerlichem Karrierismus zu tun hatten«.[20] Auf jeder Ebene, so Neiman, hätten die Nazis »mehr Böses mit weniger Bösartigkeit« erzeugt, als die Zivilisation es je gesehen habe. Im Falle Eichmanns habe sich das »offensichtliche Fehlen von Bösartigkeit oder Vorsatz« als so verwirrend herausgestellt, »daß viele Beobachter lieber behaupteten, sie seien subkutan durchaus vorhanden gewesen«.[21] Als Konsequenz fordert Neiman sogar, man müsse nach Auschwitz den neuzeitlichen Begriff der »Absicht« neu begründen.[22] In ihrer Lesart hat Arendt mit ihrem Eichmann-Buch deshalb den wichtigsten philosophischen Beitrag zum Problem des Bösen im 20. Jahrhundert überhaupt geleistet.[23] Die argumentative Nähe, die Neiman hier zwischen ihrer eigenen Analyse und derjenigen Arendts herstellt, kann jedoch nicht darüber hinwegtäuschen, dass sie die Arendt'sche »Lücke« in der Erklärung nur noch einmal reformuliert. Tatsächlich antwortet Neiman nur scheinbar auf die Debatte um die moralische Verantwortung und

18 Schon der Untertitel der deutschsprachigen Fassung seines Buches zeigt beides an: »Bürokrat und Massenmörder«.

19 Susan Neiman, Das Böse denken. Eine andere Geschichte der Philosophie, Frankfurt am Main 2004.

20 Ebd., S. 396.

21 Ebd., S. 397.

22 Ebd.: »Auschwitz verkörpert einen Begriff des Bösen, der zwei Jahrhunderte neuzeitlicher Annahmen darüber umstößt, was Absicht bedeutet.«

23 Vgl. ebd.

ideologische Motivation der NS-Täter. Stattdessen hat sie sich die Frage gestellt, wie man sich überhaupt ein menschliches Handeln vorstellen kann, welches objektiv Verbrechen zur Folge hat, ohne dabei von bösen Absichten geleitet worden zu sein – das Erklärungsproblem scheint hier endgültig zur Erklärung des Problems geworden zu sein.[24]

Allerdings hat die historische Forschung die empirische Grundlage für die von Neiman erneut beschworene »Absichtslosigkeits«-These massiv in Frage gestellt. Neben David Cesaranis Eichmann-Biographie ist hier etwa die Studie *Hitlers Bürokraten* von Yaacov Lozowick zu nennen, der die zielgerichtete Energie hinter dem Handeln von Eichmann und seinen unmittelbaren Kollegen betont: »Mit ganzem Herzen« hätten diese Menschen ihre »Mission« erfüllt, Juden, wo immer sie aufzugreifen waren, zu ermorden.[25] Lozowick weist erneut und zu Recht darauf hin, dass man nicht auf die spezielle Verteidigungsstrategie Eichmanns in Jerusalem hereinfallen dürfe, wenn man seine Motive und seine Motivation als sekundär betrachtet. Von einer »Banalität des Bösen« zu sprechen, wie dies Hannah Arendt getan habe, habe dagegen mit den uns zugänglichen empirischen Daten und Fakten nichts zu tun: Weder sei Eichmann einfach nur »dienstbeflissen« gewesen, noch habe er sich »niemals vorgestellt, was er eigentlich anstellte«, und aus purer Phantasielosigkeit und Borniertheit nicht gewusst, was er faktisch tat und politisch bewirkte.

Lozowicks eindringlicher Fokus auf Eichmanns persönliche »Böswilligkeit« kann in vielerlei Hinsicht als Ergänzung und Korrektur zu einer langen, auf Hannah Arendt zurückgehenden Tradition von Deutungen verstanden werden. Doch auch

[24] Vgl. ebd., S. 396f. Darum verurteilt sie auch Daniel J. Goldhagens Ansatz als historisch ungenau und philosophisch naiv.

[25] Yaacov Lozowick, Hitlers Bürokraten. Eichmann, seine willigen Vollstrecker und die Banalität des Bösen, Zürich, München 2000, S. 337.

seine Darstellung löst Eichmann in gewisser Weise aus dem historischen Kontext, insofern nämlich, als dessen »Bosheit« oder »Böswilligkeit« nicht mit der Erklärung verwechselt werden darf, sondern das zu Erklärende darstellt. Auch Lozowick kann die Widersprüchlichkeit des Eichmann-Bilds nicht auflösen. Dies scheint für alle Ansätze zu gelten, die eine grundsätzliche Entscheidung erzwingen, ganz gleich in welche Richtung: Versucht man Motive zu erhellen, findet man sie auch bei Eichmann, ob sie nun »Karrierismus«, »Gehorsam« oder »Hass« heißen; macht man hingegen seine konkrete Rolle im nationalsozialistischen System zum Ausgangspunkt einer Deutung, findet man immer einen Bürokraten.

Tatsächlich hat Eichmann sowohl während der NS-Zeit als auch danach mit seinen Kollegen und vielen anderen Deutschen mehr geteilt als nur eine besonders ausgeprägte »Böswilligkeit«. Er teilte mit ihnen ein ganzes Ensemble von moralischen Gefühlen, Haltungen und Einstellungen, die ihm die Taten erst ermöglichten, für die er in Jerusalem vor Gericht stand.[26] Erst wenn man den Mann im Glaskasten vor dem Hintergrund dieser geteilten moralischen Gefühle seiner Zeit betrachtet, kann man den Grund für das ständige Kippen des Eichmann-Bildes genauer verstehen.

III.

In seinem Essay »Hannah Arendt Reconsidered – Über das Banale und das Böse in ihrer Holocaust-Erzählung« hat Dan Di-

[26] Siehe für den deutschen Kontext insbes. Peter Krause, »Eichmann und die Deutschen. ›Vergangenheitsbewältigung‹ in West und Ost am Beispiel der Presse zum Jerusalemer Eichmann-Prozess«, in: Deutschlandarchiv, 38 (2005), H. 2, S. 266–273. Über die westdeutsche Justiz allgemein: Marc von Miquel, Ahnden oder amnestieren? Westdeutsche Justiz und Vergangenheitspolitik in den sechziger Jahren, Göttingen 2004.

ner die Perspektivenwahl von Arendts Holocaust-Narrativ untersucht.[27] In diesem Zusammenhang führt er aus, dass ihr »Konzept der Banalität, das in der jüdischen Öffentlichkeit von geradezu hysterischen Ausbrüchen begleitet« worden sei, eine Perspektive der Wahrnehmung aufzeige, »die durchaus dem deutschen kollektiven Erleben« nahekomme.[28] Diner versäumt es nicht, darauf hinzuweisen, dass Arendt seinerzeit den begeisterten deutschen »Umarmungsversuchen« – in den 1990er Jahren wurde sogar ein ICE-Zug nach ihr benannt – durchaus mit kritischem Geist und einem Gespür für die argumentative Entstellung ihrer Auffassungen entgegengetreten ist.[29] So etwa in der Auseinandersetzung im *Merkur* mit Hans Magnus Enzensberger, dessen angeblich auf ihre Banalitätsthese zurückgehender Satz »Faschismus ist nicht entsetzlich, weil ihn die Deutschen praktiziert haben, sondern weil er überall möglich ist« Arendt entsetzte und dem sie entgegnete: »Wenn jeder schuldig ist, dann ist niemand schuldig. Wieder geht das Einzelne im Durcheinander des Allgemeinen verloren. Es ist bei weitem

[27] Dan Diner, »Hannah Arendt Reconsidered: Über das Banale und das Böse in ihrer Holocaust-Erzählung«, in: Babylon. Beiträge zur jüdischen Gegenwart 16/17 (1996), S. 94–107; wieder in: Smith (Hrsg.), Hannah Arendt Revisited, S. 120–135.

[28] Ebd., S. 99.

[29] Wie viel Grund Arendt im Deutschland der 1960er Jahre für ihr Misstrauen hatte, zeigt anschaulich die von Michael Wildt rekonstruierte Konstellation Hans Rößner – Hannah Arendt. Ausgerechnet das ehemalige RSHA-Mitglied Hans Rößner war damals im Piper Verlag als Lektor damit beauftragt, die deutschsprachigen Schriften von Arendt zu betreuen. Sowohl ihre Biographie über Rahel Varnhagen als auch das Eichmann-Buch wurden in Deutschland, ohne dass Arendt dies gewusst hätte, also von einem ehemaligen SD-Referenten des Reichssicherheitshauptamtes editorisch bearbeitet. Aus der ziemlich umfangreichen Korrespondenz zwischen Arendt und Rößner geht dabei deutlich hervor, wie dieser auch in seiner neuen Rolle als Lektor nicht wenigen seiner früheren antisemitischen Ressentiments treu geblieben war. Vgl. Michael Wildt, Generation des Unbedingten. Das Führungskorps des Reichssicherheitshauptamtes, Hamburg 2003, S. 797–813.

noch problematischer, wenn es von einem Deutschen vorgebracht wird. Dann heißt es: Nicht unsere Eltern, sondern die Menschheit hat diese Katastrophe verursacht. Das ist einfach nicht wahr.«[30] In einem unveröffentlichten Brief an den Herausgeber des *Merkur* griff sie Enzensberger sogar noch schärfer an: »Ich habe Ihnen ja nicht vorgeworfen, daß sie leugnen, daß die Deutschen an Auschwitz schuld sind, sondern daß Sie sich dafür noch eine Feder an den Hut stecken. [...] Oh, Felix Culpa!«[31]

In dieser Weise wurde Arendt in eine moralische Diskussion hineingezogen, die in der deutschen Gesellschaft zur Zeit des Eichmann-Prozesses und danach zum Teil offen geführt wurde, zum Teil unterschwellig präsent war. Der Quellenbestand, der am besten dazu geeignet scheint, uns einen Einblick in diese Diskussion zu gewähren, findet sich im Koblenzer Bundesarchiv: Hier wird der Nachlass von Robert Servatius aufbewahrt, der die Briefe, Dokumente, Zeitungsausschnitte und Gutachten enthält, die Eichmanns Verteidiger gesammelt hat.[32] Léon Poliakov hatte die Bedeutung der an Servatius ge-

[30] »Hannah Arendt – Hans Magnus Enzensberger: Politik und Verbrechen – ein Briefwechsel«, in: Merkur, April 1965, S. 380–385, zit. nach Diner, »Hannah Arendt Reconsidered«, S. 106.

[31] Zit. nach Gerd Koenen, Das rote Jahrzehnt. Unsere kleine deutsche Kulturrevolution 1967–1977, Köln 2001, S. 99. Koenen interpretiert den Konflikt zwischen Arendt und Enzensberger vor allem im Hinblick auf die Aneignung von Auschwitz als negativem Mythos der antifaschistischen deutschen Linken; er sieht auch im Titel des bekannten, im Januar 1965 erschienenen Aufsatzes »Unser Auschwitz« von Martin Walser den Anspruch formuliert: »Auschwitz gehört uns!« Arendt hat meiner Meinung nach beides im Blick: den Aspekt der narzisstischen Schuldbegeisterung wie auch den Aspekt der generationellen Negierung eines Schuldzusammenhangs durch die absolute Universalisierung.

[32] Die Unterlagen von Servatius finden sich im Bundesarchiv (BArch) Koblenz unter All. Proz. 6 (Eichmann-Prozess, Unterlagen Servatius). Des Weiteren sind die Quellen aus dem Bundespresse- und Informationsamt (BPA, B 145) hilfreich, derjenigen Institution, die sich sowohl um die deutsche öffentliche Meinung als auch um das Image Deutschlands im Ausland kümmerte. Weitere Doku-

richteten Briefe bereits früh erkannt und deshalb Kontakt zu dem Rechtsanwalt aufgenommen. Am 17. August 1961 schrieb er an Robert Servatius: »Ich glaube, daß diese Briefe eines der besten Zeugnisse bilden für die mannigfaltigen Auswirkungen des Prozesses in den verschiedenen Ländern, Gesellschaftsschichten usw.«[33] Wie jedoch aus einem weiteren Brief vom 30. August 1961 hervorgeht, verwehrte Servatius Poliakov schließlich unter Hinweis auf das anwaltliche Berufsgeheimnis den Einblick und informierte ihn noch nicht einmal über Anzahl, Absender und Charakter der Briefe.[34] Doch auch er selbst hat die ihm zugegangenen Schreiben als »für einen Historiker sehr aufschlußreich« bezeichnet.[35]

Die Person von Robert Servatius bleibt in den Briefen und Antwortentwürfen, die sich in seinem Nachlass finden, relativ blass – vielleicht ist diese Konturlosigkeit einer der Gründe dafür, warum es bisher zu ihm kaum Darstellungen in der Forschungsliteratur und auch keine Biographie gibt, obwohl er im Eichmann-Prozess eine zentrale Rolle gespielt hat.[36] Servatius, geboren am 31. Oktober 1894 in Köln, war im Ersten Weltkrieg Artillerieoffizier gewesen und hatte am Ende des Zweiten Welt-

mente zum Eichmann-Prozess: Bundesministerium des Inneren, B 106; Bundeskanzleramt, B 136; Bundesministerium der Justiz, B 141.

33 BArch, All. Proz. 6, Aktenbestand Nr. 259, Léon Poliakov an Robert Servatius, 17. August 1961.

34 Ebd., Aktenbestand Nr. 259.

35 Ebd., Servatius an Poliakov, 28. August 1961. Zwar war, wie Peter Krause (Der Eichmann-Prozess in der deutschen Presse, Frankfurt am Main 2002) zeigt, das Echo auf den Prozess in der bundesrepublikanischen Presse äußerst groß, aber die im Nachlass neben den Zeitungsartikeln versammelten privaten Äußerungen und Gutachten versprechen doch noch einen direkteren Einblick.

36 Einige wenige Angaben zu Servatius' Biographie finden sich in: Hanna Yablonka, The State of Israel vs. Adolf Eichmann. Translated from the Hebrew by Ora Cummings with David Herman, New York 2004, insbes. S. 124–126; darauf basierend: Cesarani, Adolf Eichmann, S. 346–349. Außerdem: Internat. Biograph. Archiv (Munzinger-Archiv), 8. 4. 1961, Lieferung 14–61, S. 9467.

kriegs den Rang eines Majors erreicht. Da er nie der NSDAP angehört hatte oder von den Alliierten in irgendeiner Weise mit NS-Verbrechen in direkten Zusammenhang gebracht worden war, wurde er in Nürnberg als Strafverteidiger zugelassen. Dort machte er sich einen Namen als Verteidiger von NS-Hauptkriegsverbrechern wie etwa dem früheren Gauleiter von Thüringen, Fritz Sauckel, der für die Deportation von Millionen Zwangsarbeitern verantwortlich war, oder später im sogenannten »Ärzteprozess« von Prof. Karl Brandt.[37] Bevor Servatius als Verteidiger von Eichmann zugelassen wurde, überprüfte der Mossad ihn noch einmal auf seine NS-Vergangenheit, fand dabei aber offenbar ebenfalls nichts Belastendes.[38]

Was aus heutiger Sicht am Nachlass von Servatius besonders auffällt, ist nicht nur der enorme Umfang seiner Korrespondenz – es handelt sich immerhin um Tausende von Zusendungen –, sondern vor allem das breite Spektrum seiner Korrespondenzpartner. Es reicht von dem Philosophen Max Horkheimer über den Nürnberger Ankläger Robert W. Kempner bis zu dem französischen Holocaust-Leugner Paul Rassinier. Während des Eichmann-Prozesses bedankte sich Servatius für unendlich viele der ihm unaufgefordert zugesendeten Briefe und blieb dabei stets höflich und distanziert.[39] Nur selten legte er, wie manche handschriftlichen Vermerke auf Briefen zeigen, diese in einem speziellen Ordner für außergewöhnliche Zusendungen ab. Normalerweise nahm er alle Anfragen und Gesprächsangebote in gleicher Weise ernst, und man kann heute kaum besonders aussagekräftige oder impulsive Bemerkungen aus seiner Feder fin-

[37] Vgl. die Angaben in: Internat. Biograph. Archiv (Munzinger-Archiv), 8. 4. 1961, Lieferung 14–61, S. 9467.

[38] Vgl. Yablonka, The State of Israel vs. Adolf Eichmann, S. 125.

[39] Vgl. BArch, All. Proz. 6, Aktenbestand Nr. 258, Rudolf Servatius an Max Horkheimer, 26. Oktober 1960, Max Horkheimer an Servatius, 14. November 1960. Ein sehr kollegialer, freundschaftlicher Brief von Robert Kempner an Rudolf Servatius (9. September 1961) findet sich ebenda unter Nr. 256.

den, die einen Einblick in seine eigene Meinung geben würden. Zwar war Servatius in der damaligen Öffentlichkeit für seine national-konservative Einstellung bekannt – und so schätzten ihn auch die israelischen Behörden ein –, in seiner Korrespondenz wird dies aber nur selten explizit, hier bleiben seine Äußerungen unpersönlich und unbestimmt. Vielleicht bot er sich gerade deshalb als Adressat für Kommentare zum Fall Eichmann an.

IV.

Dass Robert Servatius als Verteidiger von Eichmann zugelassen wurde, war ein Ereignis, dem längere, komplizierte Untersuchungen vorangegangen waren, in deren Verlauf man diverse andere Verteidiger ausgeschlossen hatte. Die Aufmerksamkeit, die Servatius in seiner neuen Rolle erhielt, war danach nicht eben gering, und er wurde auch sogleich mit Zuschriften überhäuft. Darunter waren zahlreiche Briefe von Kollegen, wie beispielsweise von Dr. Kurt Mirwo aus Düsseldorf, einem ehemaligen Verteidigerkollegen aus den Nürnberger Prozessen. Er bot seine kollegiale Hilfe an, denn »der Fall« gehe ihm »innerlich nahe«, natürlich »nicht im Interesse des Beschuldigten, sondern als mitfühlender Kollege bei Ihrer schweren Aufgabe«.[40] Ein weiterer Kollege, Otto Ebenau, Rechtsanwalt und Notar in Frankfurt am Main, bot Servatius an, »auf einschlägige Fragen und Gegenantworten zu antworten«.[41] Seine hauptsächliche Unterstützung bestand darin, ihm zu erklären, dass der Krieg Hitler von den Juden aufgenötigt worden sei: »Das internationale Judentum hat den zweiten Weltkrieg angestiftet.« Daher

[40] Ebd., Nr. 257, Dr. Kurt Mirow an Dr. Servatius, Köln, 22. September 1960.
[41] Ebd., Nr. 211, Otto Ebenau, Rechtsanwalt und Notar, Frankfurt am Main, an Robert Servatius, Köln, 25. Mai 1961.

hätte man seiner Ansicht nach von Hitler nicht verlangen können, »daß er die Juden als Kriegsanstifter leben ließ, wenn er fast jeden Morgen die Toten gemeldet bekam, die der ohne Zweifel völkerrechtswidrige, von den Engländern begonnnene [...] Bombenterror gegen die Zivilbevölkerung gefordert hatte.«[42]

Solche ungebrochen nationalsozialistischen Argumentationsweisen, die aus heutiger Sicht zum Kernbestand des Revisionismus gehören, waren in den frühen 1960er Jahren noch weit verbreitet. Ein gewisser Dr. von Schönberg, ein Rechtsanwalt aus Karlsruhe, schlug Servatius eine noch radikalere »Verteidigungsstrategie« vor: »Sie werden betonen können, daß die maßgeblichen Persönlichkeiten, Hitler, Heydrich und Frank, wohl auch Eichmann selbst (das müssen Sie positiven Falles unter allen Umständen betonen), jüdisches Blut hatten und daß es dieses Blut und nicht das deutsche war, das die Greueltaten verursacht hat.« Dies sei die letzte Gelegenheit, »die deutsche Ehre zu retten, die zu Unrecht in den Schmutz gezogen« worden sei: »Hitler geht das deutsche Volk nichts an. Die Deutschen können roh sein, aber sie sind weder fanatisch noch nachtragend.«[43]

Obwohl in großer Eile – der Brief erreicht ihn mitten in der Vorbereitung seines Schlussplädoyers –, antwortet Servatius auch in diesem Fall höflich und prompt. Nachdem er Dr. von Schönberg darauf hingewiesen hat, dass ein Gerichtsverfahren »schlecht geeignet« sei, »um historische und politische Vorgänge aufzuklären«, bemerkt er: »Im übrigen habe ich versucht, Gutachten von Historikern über dieses Thema zu erhalten. Mein Versuch hatte keinen Erfolg. Falls Sie jedoch in der Lage sein sollten, von maßgebenden Professoren Gutachten zu beschaffen, so wäre ich Ihnen sehr verbunden.«[44] Es ist nicht

[42] Ebd.

[43] Ebd., Nr. 243, Dr. von Schönberg (Karlsruhe) an Servatius (Köln), 29. November 1961.

[44] Ebd.

auszuschließen, dass Servatius' Antwort auf die oben zitierten unglaublichen Behauptungen seines Kollegen ironisch zu verstehen ist. Immerhin schrieb er jedoch ohne weitere Doppelbedeutung: »Ich hätte mich gefreut, wenn von irgendeiner Seite mir während des Verfahrens in meiner Verteidigungsarbeit Unterstützung zugekommen wäre. Dies ist leider nicht geschehen.«[45] Wie immer seine eigene Meinung zu diesem Schreiben auch gelautet haben mag – er hat es in der gewohnten Weise beantwortet und ohne kommentierende Bemerkungen abgelegt. Vielleicht war er auch einfach nur darüber ernüchtert, dass es zwar im Laufe des Prozesses an volksgemeinschaftlichen Ratschlägen nicht mangelte, diese vielen gutgemeinten Schreiben ihm aber am Ende kein prozessrelevantes Material liefern konnten.

In den Briefen seiner nicht ganz so hilfreichen Unterstützer kann man teilweise Passagen finden, in denen sich eine ungebrochene korporative NS-Gesinnung kundtut. Per Einschreiben erreichte Servatius etwa ein Brief von einem Herrn Hermann Pieper, der nach Prozessende die an Servatius geschickten Antisemitika zurückforderte.[46] Offensichtlich handelte es sich um einen ehemaligen SS-Kameraden von Eichmann, dem er als solcher Grüße hatte ausrichten lassen. Hier lesen wir: »Der Kampf gegen das Judentum ist selbstverständlich mit der Aburteilung Adolf Eichmanns keineswegs zu Ende, und auch die noch nachfolgenden vielen Prozesse gegen uns als Nationalsozialisten werden daran nichts ändern. Die Lösung der Judenfrage bleibt ein Weltproblem und wird eines Tages international gelöst werden, auch, wenn noch 20 oder 50 Jahre vergehen müssen.«[47]

45 Ebd.

46 Darunter das *Handbuch der Judenfrage* von Theodor Fritsch, *Die Geheimnisse der Weisen von Zion. Der Taldmud-Jude* von August Rohling etc. (ebd., Nr. 257).

47 Ebd., Nr. 257, Hermann Pieper, Mellendorf-Han., an Servatius, 18. Juli 1962.

Ob Servatius angesichts solcher Äußerungen daran glauben mochte, dass Eichmann in Jerusalem seine »wahre Einstellung« vertrat, wenn er behauptete, nur ein Rädchen im Getriebe gewesen zu sein, scheint mir fraglich.[48] Lag doch schon am Anfang des Prozesses ein auf Umwegen zustande gekommenes und in *Time/LIFE* veröffentlichtes Interview mit Eichmann vor, in dem er Klartext zu sprechen schien:

»Ich werde mich nicht selbst erniedrigen oder in irgendeiner Weise bereuen. Ich könnte das im heutigen Meinungsklima zu billig tun. Es wäre zu einfach vorzugeben, daß ich mich plötzlich vom Saulus zum Paulus gewandelt hätte. Nein, ich muß wahrheitsgemäß erkären: Hätten wir alle ursprünglich 1933 von Himmlers Statistikern erfaßten zehn Millionen Juden getötet, so würde ich sagen: ›Gut, wir haben einen Feind vernichtet.‹ Aber ich meine damit nicht, sie vollkommen auszulöschen. Das wäre nicht anständig gewesen – und wir führten einen anständigen Krieg.«[49]

Die Authentizität dieser Äußerung wurde zwar nach ihrem Bekanntwerden von Servatius im Hinblick auf den Schaden, den sie im Prozess anrichten konnte, in Frage gestellt. Doch selbst wenn sie heute aus Gründen der Quellenkritik keinen Originalton von Eichmann zu dokumentieren vermag, so scheint sie doch zumindest die Haltung von Willem Sassen wiederzugeben, dem ehemaligen SS-Offizier, auf den das Interview

[48] So aber Servatius in seiner Einlassung zu den »Sassen-Memoiren«, S. 6., Jerusalem 9. 6. 1961, ebd., Aktenbestand Nr. 254, hier zitiert nach Wojak, Eichmanns Memoiren, S. 48.

[49] Ich zitiere hier aus der im BPA erhaltenen deutschen Transkription (B 141, Aktenbestand 1295). Der Text ist in zwei Teilen erschienen; vgl. »Eichmann tells his own damning Story«, Part I: »I transported them … to the Butcher«, in: LIFE international 30 (1961), Nr. 1 vom 9. Januar, S. 9–19; Part II: »To sum it all up, I regret nothing«, in: LIFE international 30 (1961), Nr. 3 vom 13. Februar, S. 76–82. Über das Zustandekommen dieses Interviews ausführlich: Wojak, Eichmanns Memoiren, S. 48–66.

zurückging und der es auch für die Publikation überarbeitet hatte.[50] Wie Sassen, der oben zitierte Hermann Pieper und viele andere ehemalige SS-Kameraden war Eichmann in den Jahren nach dem Untergang des »Dritten Reiches« bis zu seiner Gefangennahme in Argentinien ein überzeugter Nationalsozialist geblieben, der die Ermordung von Millionen Juden keineswegs als Widerspruch zur »Anständigkeit« der SS und der Wehrmacht sehen wollte.

V.

Die explizit theologischen Stellungnahmen, die Servatius in großer Zahl erhielt, hörten sich anders an als die aufmunternd gemeinten Hilfsangebote ehemaliger SS-Kameraden. Offensichtlich waren Gefangennahme, Prozess und »Schuld« Eichmanns in diesem Milieu ein besonders provozierendes Thema. Ein Priester etwa bat Servatius darum, Kontakt zu Eichmann aufnehmen zu dürfen. Als ehemaliger Freund könne er ihn vielleicht dazu bringen, ein »klares und offenes Schuldbekenntnis abzulegen und die Bereitschaft zu bekunden, jede Sühne auf sich zu nehmen«.[51] Der Verfasser des Briefs befürchtete nämlich, dass Eichmann am Gedanken der »Nibelungentreue« festhalten könne und ihm so der Sinn für die »einzig mögliche Haltung« geraubt werde.[52]

Eine längere Korrespondenz führte Servatius mit Hermann Schlingensiepen (1896–1980), einem bereits emeritierten Professor der Praktischen Theologie und evangelischen Universi-

[50] Zu Sassen siehe Wojak, Eichmanns Memoiren, S. 22–26.

[51] BArch, All. Proz. 6, Aktenbestand Nr. 257, Bernhard Mayer O. Praem. Prior, Prämonstratenserkloster St. Johann, Abtei Hamborn (Duisburg-Hamborn), an Servatius, 6. Februar 1961. Dort auch weitere Briefe von Mayer an Servatius vom 8. und 15. April 1961.

[52] Ebd.

tätsprediger in Bonn, von dem sich im Bundespresseamt ein Artikel mit dem Titel »Eichmann und wir« findet.[53] Die dort erhaltene Kopie des Textes trägt die Widmung: »Herrn Adolf Eichmann – durch die Güte seines Anwalts – vom Verfasser«.[54] In dem Text wird auf Arendt Bezug genommen, und zwar bemerkenswerterweise schon vor der Publikation der Buchfassung ihres später so umstrittenen Berichtes aus Jerusalem. Diesen Text konnte Schlingensiepen also nicht kennen, er zitiert aber aus einem Artikel von Arendt, der kurz nach Kriegsende in Karl Jaspers' Zeitschrift *Die Wandlung* nachgedruckt worden war.[55] In diesem Text stand das »Schuld«-Thema im Zentrum, doch Schlingensiepen bezog sich auf ihn allein deshalb, um auf die universelle Dimension von Eichmanns Verbrechen hinzuweisen: »Sie sprach davon«, so zitierte er Arendt anerkennend, »wie ihr seit Jahren Deutsche begegnet seien, die ihr gesagt hätten, sie schämten sich, Deutsche zu sein. Sie selbst sei dann versucht gewesen zu antworten, sie schäme sich, ein Mensch zu sein.«[56] Ähnlich wie in der oben zitierten linken Variante von Hans Magnus Enzensberger wird hier Arendts Universalismus eingesetzt, um der spezifischen Schuld durch eine Flucht ins »Durcheinander des Allgemeinen« zu entgehen; wenn auch diesmal weniger politisch als vielmehr theologisch-anthropologisch akzentuiert: »Wer erschrickt nicht angesichts einer Gestalt wie Eichmann im innersten Herzen über die abgründigen Möglichkeiten, die in uns

[53] Hermann Schlingensiepen, »Adolf Eichmann und wir. Erinnerungen und Fragen vor dem Bildschirm«, in: Politisch-Soziale Korrespondenz, Bonn 1962, in: B 141, Aktenband Nr. 12 965 (2).
[54] Ebd.
[55] Hannah Arendt, »Organized Guilt and Universal Responsibility«, in: Jewish Frontier, 12 (1945), Nr. 1, S. 19–23; dt.: »Organisierte Schuld«, in: Die Wandlung, Jg. 1 (1945–1946), Nr. 4, S. 333–344.
[56] Schlingensiepen, »Adolf Eichmann und wir«.

Menschen liegen?«[57] Schlingensiepen unternahm dann auch in einem eigenen Brief an Eichmann den Versuch, diesen zum Beten zu animieren und ihm generell seine seelische Unterstützung zukommen zu lassen: »Sie sollen jedenfalls wissen«, sprach er ihn direkt an, »daß Sie in diesen vielleicht schwersten Tagen und Wochen Ihres Lebens nicht allein sind, sondern daß viele wie ich bis in einsame wache Stunden der Nacht hinein immer wieder an Sie denken werden.«[58]

Theologische Interpretationen des Holocaust fanden sich im Deutschland Adenauers selbst in der Argumentation von nüchternen Beamten. So schrieb etwa der deutsche Botschafter in Kopenhagen an das Auswärtige Amt in Bonn: In der »unmenschlichen Behandlung der Juden« sei »allerdings etwas Satanisches zum Ausbruch gekommen, das der, der an keinen Gott glaubt«, kaum zu verstehen vermöge.[59] Offensichtlich eignete sich die Rhetorik des Theologischen besonders gut dafür, ein universalisiertes Verständnis für die Deutschen zu reklamieren, ohne die vergangenen Ereignisse in eine bedrängende Nähe rücken zu lassen oder gar eine konkrete Verantwortung den Opfern gegenüber anzuerkennen.

57 Ebd.

58 BArch, All. Proz. 6, Aktenbestand Nr. 257, Professor D. H. Schlingensiepen an Adolf Eichmann, Jerusalem, 20. März 1962. Man könnte sicher eine eigene Abhandlung nur über die theologischen Reaktionen auf den Eichmann-Prozess schreiben, im Bundesarchiv Koblenz fände sich dazu genug Material. Ein Beispiel ist etwa Hans Baum, Die christliche Endlösung der Judenfrage, Nürnberg 1961, Selbstverlag (Bestandssignatur B 122, Aktenbestand 4938.) Dieser Text lässt jeden Versuch, moralisches und unmoralisches Handeln zu unterscheiden, hinter einer Dämonologie zurücktreten. Zuletzt ist Eichmann kein Täter mehr, sondern nur noch eine Art Maschine, ein willenloses Instrument des Teufels.

59 B 145, Aktenbestand 1127, Botschaft der Bundesrepublik Deutschland, Kopenhagen, den 21. Februar 1961, an das Auswärtige Amt in Bonn (gez. Berger).

VI.

Von besonderem Interesse sind die zahlreichen Gutachten und Strategiepapiere, die zu Eichmanns Verteidigung produziert oder herangezogen wurden. Oft zwischen Jurisprudenz, Psychologie und Historiographie angesiedelt, bieten sie einen weiteren wichtigen Einblick in die Art und Weise, wie in den 1960er Jahren die moralische Dimension des Falles Eichmann und damit des Nationalsozialismus behandelt wurde. Im Nachlass von Servatius findet sich etwa ein kriminalpsychologisches Gutachten, das den Holocaust in »Völker- und Gruppen-Morde« der neueren Geschichte einbettet.[60] Dieses schon für einen früheren Kriegsverbrecherprozess angefertigte Gutachten eines Prof. Undeutsch vom Psychologischen Institut der Universität Köln-Lindenthal stellte den Einfluss der nationalsozialistischen »Weltanschauung« auf die Schuldfähigkeit eines Mandanten fest. Obwohl der hier begutachtete Wilhelm Korf für Undeutsch »sowohl charakterlich als auch in seinen Handlungen noch völlig im Bereich der Durchschnittsnorm menschlichen Daseins« lag, kam der Professor zu einem Ergebnis, das er in folgender, für die frühen 1960er Jahre geradezu sentenzhafter Formulierung zusammenfasste: »Man wird daher bei einer objektiven und gerechten Würdigung seines persönlichen Schuldanteiles die Tatsache einer Übermacht einseitig akkumulierter Umstände schicksalshafter Art gebührend in Rechnung zu stellen haben«.[61]

Hans-Günther Seraphim, Wirtschaftshistoriker und Lehrbeauftragter an der Universität Göttingen, legte ein über siebzigseitiges zeitgeschichtliches Gutachten zum »Problem der Gehorsamspflicht« vor, das sowohl thematisch als auch wegen des sich darin aussprechenden Selbstbilds von Interesse ist. Er

[60] BArch, All. Proz. 6, Aktenbestand 258 (9 Seiten).
[61] Ebd., S. 9.

versuchte zu zeigen, dass die SS-Männer einer eigenen Moral folgten: »Hier sind die Himmlerschen Gedankengänge bis zum Exzeß überspitzt – und doch gerade in dieser Übertreibung wird klar, was man mit ihnen ›moralisch‹ begründen konnte: den Mord an einem ganzen Volk […] Hier liegt der Schlüssel für das Geschehen bei den Vernichtungsaktionen.«[62] Wie bei den an Servatius oder Eichmann gerichteten Briefen finden sich neben sachlich gehaltenen Beiträgen auch bizzar anmutende Stücke – so etwa ein Gutachten aus dem Jahre 1957, welches folgender Frage nachging: »Predigt die noch heute in den Synagogen und Schulen gelehrte Religion Rache, Völkerhaß und Blutdurst gegenüber Nichtjuden, sowie Enteignung und wirtschaftliche Entmachtung aller nichtjüdischen Völker?«[63]

Ein weiteres, sechzigseitiges Gutachten versuchte die Verteidigungslinie zu unterstützen, die behauptete, für Eichmann seien die von ihm ausgeführten Befehle nicht »offensichtlich verbrecherisch« gewesen.[64] Dieses Schriftstück behandelte das Problem, was die jüngst vergangene »Identifizierung von Staat und Moral« heute rechtsphilosophisch bedeute und wie damals zwischen »Befehl und ethisch Richtigem« hätte unterschieden werden können. Thematisiert wurden sodann die Bedeutung des Befehls in der deutschen Geschichte allgemein, die »individualpsychologischen Voraussetzungen für die persönlichen Maßstäbe von Recht und Unrecht« sowie die »Fakto-

[62] Ebd., Zeitgeschichtliches Gutachten, »Zum Problem der Gehorsamspflicht der Schutzstaffel und der Polizei gegenüber Vernichtungsbefehlen«, Hans-Günther Seraphim, 1961, S. 36.

[63] Ebd., Aktenbestand Nr. 243, Gutachten in der Strafsache gegen Rechtsanwalt Wilhelm Prothmann aus Berlin, verfasst von Univ. Prof. Dr. phil. Hermann Wirth Roeper Bosch, Kustos i. R. und Vorsitzender der Europäischen Sammlung für Urreligionsgeschichte e. V. in Marburg-Lahn.

[64] Ebd. Der Autor des Gutachtens ist unbekannt, möglicherweise hat Servatius' Assistent Dieter Wechtenbruch es verfasst. Dagegen spricht allerdings, dass es schwer vorstellbar scheint, während der relativ kurzen Phase der Prozessvorbereitungen noch ein solch ausführliches Gutachten verfassen zu können.

ren«, die im »Dritten Reich« einen »unkritischen Deutschen« davon hatten überzeugen können, »dass die Endlösung keinen verbrecherischen Charakter« gehabt habe.[65]

Gerade dieses Gutachten, das in seiner Beweisführung so ausladend erscheint, in seinem Grundimpetus aber ein recht schlichtes Interesse offenbart, nämlich aufzuzeigen, dass die Verbrechen lediglich von einer kleinen Clique von Bösewichten begangen worden seien, stützt sich auf eine lange Reihe bekannter Namen. Gleich am Anfang wird die »jüdische Literatur von Heinrich Heine bis zu Kurt Tucholsky« herbeizitiert, um die »fraglose Unterordnung unter die Autorität in der deutschen Tradition« zu beweisen. Es folgen Zitate von dem »jüdischen amerikanischen Historiker Hans Kohn«, dem »emigrierten jüdisch-amerikanischen Professor der politischen Wissenschaften William Ebenstein« und sogar von dem Gefängnispsychologen Gustave M. Gilbert.[66] Auch die hier dargelegte Argumentation mündet zuletzt darin, dass »vielen an der Endlösung Beteiligten nicht nur jedes Gefühl dafür fehlte, daß sie ein Verbrechen begingen, sondern daß sie im Gegenteil voll davon überzeugt waren, ihrer nationalsozialistischen Idee und ihrem Volk heroisch und mehr zu dienen als irgendjemand anderes in anderer Funktion.«[67]

VII.

Die Reihe dieser historischen, rechtsphilosophischen und psychologischen Stellungnahmen ließe sich weiter fortsetzen. Sie haben zwar einen anderen Ton als die oben zitierten Hitler-Apologien der »aufrecht« gebliebenen Nationalsozialisten.

[65] Ebd., S. 1.
[66] Ebd., S. 1–5.
[67] Ebd., S. 60.

Trotzdem gibt es zwischen diesen Gutachten und den Zuschriften, die den Völkermord etwa auf Hitlers »jüdisches Blut« zurückführten, einen merkwürdigen Zusammenhang.

Die radikalen Antisemiten begründeten ihren Hass mit unterschiedlichen Argumenten, gemeinsam war ihnen aber, dass sie »den Juden« kollektiv negative moralische Eigenschaften zuschrieben; dieselbe Dynamik war natürlich auch umgekehrt wirksam, in einer positiven Bewertung der »arischen Volksgemeinschaft«. Moral und moralisch gutes Handeln wurden direkt von der Herkunft abgeleitet: Die Juden handelten nach gleichsam festgelegten Motiven, und diese Motive waren in diesem Weltbild nicht anders zu beschreiben denn eben als »jüdisch«. Genau diese Tautologie in den postnationalsozialistischen und antisemitischen Beschuldigungsszenarien findet sich als Denkfigur auch in den sprachlich zurückhaltender formulierten und im Ganzen sachlich gehaltenen Gutachten und Briefen an Servatius wieder. In diesen Texten, die sich oft gerade auf jüdische Autoritäten stützen, erscheint sie jedoch umgedreht, in Form eines Chiasmus: Die Deutschen hätten so gehandelt, weil sie eben Deutsche waren.

Das Ausmaß, in dem sich die Gutachten und Strategiepapiere der Verteidigung in dieser Tautologie erschöpften, ist wirklich erstaunlich. Sie zeigen praktisch nie einen moralischen Entscheidungsfreiraum auf, nie wird auch nur der Versuch gemacht, moralische Handlungen inhaltlich – und das heißt nicht zuletzt auch ethisch – zu begründen. Sowohl in den historischen, psychologischen und juristischen Gutachten wie auch in den Zuschriften der Theologen läuft die Argumentation immer und immer wieder auf die folgende Figur hinaus: Was geschehen ist, war zwar schrecklich, aber irgendwie auch unvermeidbar. Die daran Beteiligten wissen im Grunde selbst nicht, wie sie Teil dieser furchtbaren Ereignisse werden konnten. Verantwortung habe es nur bei Hitler gegeben – und der habe sie missachtet und die Mehrheit der Deutschen getäuscht. Eichmann jedenfalls wollten all diese Gutachter nicht die Fähigkeit zugestehen, dass er sich moralisch anders hätte verhalten können.

Doch solche Wertungen gewannen ihre Überzeugungskraft auch daraus, dass Eichmann ja tatsächlich kein autonom Handelnder gewesen war. Wenn man ihn im Kontext seiner SS-Kameraden und der Wehrmacht sieht, ist es tatsächlich nicht ganz einfach, bei ihm eine spezifische Schuld festzumachen. Und zwar nicht in dem Sinn, dass er objektiv keine Verbrechen begangen hätte – das stand eigentlich auch für fast alle Gutachter außer Frage. Aber insofern, als die von ihm begangenen Verbrechen so sehr auf gemeinschaftlich geteilten moralischen Werten und Zielen basierten, dass man ihm nur schwer eine spezifische persönliche Schuld zuordnen konnte.

Das Gegenstück zu diesem Befund findet sich kaum zufällig in den Akten des Bundespresse- und Informationsamtes: Es handelt sich um ein im Mai 1961 hastig verfasstes Gutachten von Hans Buchheim aus dem Institut für Zeitgeschichte in München,[68] in dem dieser auf knappen drei Seiten die Frage zu beantworten versucht: »Was hat das deutsche Volk über die Verfolgung und Ausrottung der Juden gewußt?«[69] Denn gerade weil die Gutachter der Verteidigung sein Selbstbild so überzeugend in eine Argumentationsstrategie überführt hatten – Eichmann in dieser Perspektive also als Individuum »schuldlos« war –, musste man im Hinblick auf das Ausland dem Eindruck entgegentreten, nicht nur Eichmann und seine Komplizen, sondern eine große Zahl von Deutschen wären in den Holocaust verwickelt gewesen. Dass man im Bundespresseamt und vor allem im Bundesaußenministerium überhaupt mit großer Nervosität auf den Prozess reagierte, zeigen schnell einbe-

[68] Zu Buchheims Perspektive auf den Nationalsozialismus und die NS-Verbrechen siehe Nicolas Berg, Der Holocaust und die westdeutschen Historiker, passim.

[69] B 141, Aktenbestand 34 227, Gutachten Buchheim, S. 1–3.

rufene Abwehrkommissionen (»Arbeitsgruppe Eichmann«) genauso wie relativ aufwendige PR-Maßnahmen – neben traditionellen Pressemappen und Kommuniqués war sogar ein Filmporträt über Israel im Gespräch, das die junge Bundesrepublik in einem positiven Licht erscheinen lassen sollte. Der geplante Titel des Films, »Paradies und Feuerofen«, klingt aus heutiger Sicht kaum vielversprechend.[70]

Das Ziel all dieser Aktivitäten war es einerseits, sich vor der DDR-Propaganda zu schützen, die Eichmann gerade als typischen Vertreter des westdeutschen Faschismus darzustellen versuchte; auf der anderen Seite wollte man einer weiteren Verschlechterung des Deutschlandbildes in Israel entgegenarbeiten. Wie bei jeder Propaganda ging es natürlich nicht nur um die Außendarstellung, sondern auch um das Selbstbild der Deutschen. Und in dieser Hinsicht sahen die Mitarbeiter des Bundespresseamts die Kippfigur Eichmann aus einer anderen Perspektive: Während er bei den Gutachtern von Servatius als Rädchen im Getriebe, als Detail in der unendlichen Gesamtschuld des deutschen Volkes verschwand, wurde er hier zum Dämon, der mit seinen Komplizen hinter dem Rücken der deutschen Bevölkerung Böses trieb, hinter dem Rücken einer Bevölkerung, der – wie Buchheim in seinem Gutachten schrieb –, obwohl sie »keine Feindschaft gegen die Juden hegte«, durch Ahnungslosigkeit oder Angst die Hände gebunden waren.[71]

VIII.

Adolf Eichmann teilte bis in die 1960er Jahre hinein mit vielen anderen Deutschen eine bestimmte partikulare »Moral«, die in

[70] B 145, 1132, Brief Rolf Vogel an Günther Diehl, Bonn, 30. August 1960.
[71] B 141, Aktenbestand 34227, Gutachten Buchheim.

unmittelbarem Zusammenhang mit seinen Verbrechen stand. Hilft uns diese Erkenntnis, das H-E-Kopf-Problem zu lösen?

Dan Diner hat in einem Artikel über »Schulddiskurse und andere Narrative« in Bezug auf die unterschiedlichen Erklärungsansätze in der Erforschung des Nationalsozialismus von verschieden gelagerten »gerichtsförmig gehaltenen Narrativen« gesprochen, genauer, von einer intentionalistischen und einer funktionalistischen Perspektive auf den Holocaust: »Während der intentionalistische Zugang das Verbrechen [...] als Ausdruck schuldhaften Handelns interpretiert, scheint hingegen der funktionalistische die Tat mit Deutungsmustern der Interpretation von Fahrlässigkeit in Verbindung zu bringen – einer Art *schuldloser Schuld.*«[72] Die Briefe und Gutachten im Nachlass des Eichmann-Verteidigers kreisen um einen der denkbar größten »schuldlos Schuldigen«. In ihrer funktionalistischen Sicht war er »schuldig«, weil er dem Geschehen nachweisbar qua beruflicher Tätigkeit »nahe« gekommen war; »schuldlos« war er jedoch als Individuum, weil er ja dargelegt hatte, dass er keine eigenen Motive für eine solche Tat hatte. Zwar war Eichmann nicht gezwungen gewesen, an die NS-Ideologie zu glauben, sondern hatte sich aktiv für sie und die NSDAP entschieden. Nicht dieser Entschluss mitzumachen, aber die Zugehörigkeit zu einer Gruppe von Menschen, die an den Nationalsozialismus glaubten, wird Eichmann in den Augen der Gutachter und in vielen der Zuschriften als entlastend angerechnet.

Bei den Gutachtern verschwindet, wie wir gesehen haben, die erste Person, das handelnde moralische Subjekt in einer soziologischen Analyse, die keine moralisch handelnden Individuen kennt. Die oft selbst in der NS-Zeit ausgebildeten Gut-

[72] Dan Diner, »Schulddiskurse und andere Narrative. Epistemisches zum Holocaust«, in: Gedächtniszeiten. Über Jüdische und andere Geschichten, München 2003, S. 180–200, hier S. 188.

achter sicherten diese Analysen häufig dadurch ab, dass sie sich auf die Autorität jüdischer Wissenschaftler stützten. Auch darin liegt ein Teil der Popularität von Hannah Arendts »Banalitäts«-These begründet – trotz ihres negativen Urteils über den deutschen Widerstand war ihrem Eichmann-Buch lange Zeit auch in der breiteren deutschen Öffentlichkeit so etwas wie ein »besonderer Wert« zugesprochen worden, allein deshalb, weil es von ihr kam. Zudem teilten die Gutachter eine in vielen zeitgenössischen Stellungnahmen zu verspürende Unsicherheit darüber, ob nun in Jerusalem Eichmann oder die deutsche Gesellschaft angeklagt worden war. Das führte dazu, dass nicht eigentlich Eichmann, sondern in ihm das kollektive »Deutschland« verteidigt wurde. Dadurch und in ihrem Bestreben, möglichst die erste Person, das moralische Subjekt, aus ihren Texten herauszuhalten, zementierten die Gutachter ein Bild, in dem Eichmann und die deutsche Gesellschaft insgesamt mehr und mehr identisch wurden. Dass der Massenmörder Adolf Eichmann dabei in die derart fortgesetzte »Volksgemeinschaft« heimgeholt wurde, war ein Nebeneffekt dieser Argumentation.

Der Blick in den Nachlass von Servatius und die weiteren Akten zum Eichmann-Prozess im Bundesarchiv Koblenz ist aufschlussreich, weil er zeigt, dass sich in den Erklärungs- und Verteidigungsbemühungen Elemente jener partikularen Moral finden, die für die deutsche Gesellschaft im Nationalsozialismus charakteristisch gewesen war. Diese fortwirkenden Elemente einer ehemals geteilten Moral verstellten die Möglichkeit, Eichmann als Individuum mit einem eigenen moralischen Handlungsspielraum zu beurteilen. Die beiden vorherrschenden, einander ausschließenden Eichmann-Bilder – sei es dasjenige des Bürokraten oder das des NS-Ideologen – erklären insofern wenig über die Person Eichmanns, auch nicht über seinen Anteil am Verbrechen oder seine Motive für die Identifikation mit dem NS-System; dafür erzählen sie einiges über diejenigen, die aus welchen Gründen auch immer um eine schlüssige Interpretation seines Bildes gerungen haben. Sie geben Einblick in die Art und Weise, wie in der Gesellschaft der frühen Bundesrepublik die NS-Moral fortwirkte, und zwar besonders deutlich in der Auseinandersetzung mit der Vergangenheit, in der sie entstanden war.

Kapitel 9

»Unvergängliche Schande«: Martin Walser und das Fortwirken der NS-Moral[1]

I.

Deutschland ist ein moralisches Land. Nicht nur die Verbrechen der Nationalsozialisten, sondern auch die Erinnerung an sie wird ständig moralisch beurteilt. Die moralische Interpretation der nationalsozialistischen Verbrechen ist so alt wie diese selbst. Schon die Täter haben sich darum bemüht, eine moralische Haltung gegenüber den Verbrechen zu finden; ein erschreckender Beleg dafür ist Heinrich Himmlers Rede vor einer Versammlung von SS-Gruppenführern in Posen.[2] Die meisten überzeugten Nazis hielten sich selber nicht für Verbrecher – auch nicht nachträglich. Sie fügten sich ohne besondere Anstrengung in die Ordnung des westdeutschen parlamentarischen Verfassungsstaates oder diejenige der Deutschen Demokratischen Republik ein. Hier wirkten sie als treusorgende Ärzte oder Anwälte, unparteiische Richter, begabte Professoren und sogar als führende Kommentatoren des Bonner Grundgesetzes.[3] Das Ausmaß dieser überwältigenden Integrationsleis-

[1] Der Text wurde zusammen mit Werner Konitzer verfasst. Zuvor veröffentlicht unter dem Titel: »Geschichte und Ethik: Zum Fortwirken der nationalsozialistischen Moral«, in: Mittelweg 36, Zeitschrift des Hamburger Instituts für Sozialforschung, 8. Jg., 1999, Heft 4, S. 44–67; Nachdruck in: Jakob Tanner, Sigrid Weigel (Hrsg.), Gedächtnis, Geld und Gesetz. Vom Umgang mit der Vergangenheit des Zweiten Weltkrieges, Zürich 2002, S. 203–230.

[2] Siehe Kapitel 7, S. 144.

[3] Vgl. Michael Stolleis, »Theodor Maunz – Ein Staatsrechtslehrerleben«, in: Ders., Recht im Unrecht. Studien zur Rechtsgeschichte des Nationalsozialismus, Frankfurt am Main 1994, S. 306–317.

tung ist in der Öffentlichkeit der Bundesrepublik Deutschland, trotz sporadischer Skandale, wenig bekannt.[4] Das hat verschiedene Ursachen: Am Anfang stand sicher die gezielte Verleugnung des Geschehenen; heute wird diese durch eine breite Unkenntnis der in den 1950er Jahren vollzogenen Integration von NS-Verbrechern abgelöst. Gerade darum ist es wichtig, die Tradierung nationalsozialistischer Ideen und Denkmuster in der Bundesrepublik zu verstehen. Dies gilt insbesondere für denjenigen Bereich, der mit dem Nationalsozialismus am wenigsten in Verbindung zu stehen scheint: die Lehre vom Guten und Bösen – die Ethik.

Manche glauben, Deutschland sei aus seiner Geschichte eine besondere moralische Verantwortung erwachsen, denn durch den Holocaust hätten sich die ethischen Normen der Gesellschaft verändert. Dieser Einfluss der Geschichte auf die Ethik habe wiederum an bestimmten Stellen eine erhöhte Verantwortlichkeit geschaffen. Man gewinnt dann den Eindruck, hier würde behauptet, in Deutschland sei nach dem Holocaust eine höhere Form der Moral entstanden. Tatsächlich verändern historische Ereignisse keine ethischen Normen: Der Holocaust hat keine neue Ethik hervorgebracht, genauso wenig wie irgendein anderes historisches Ereignis.[5] Der Holocaust wurde aber durch eine ganz bestimmte radikale Form der partikularen Ethik erst ermöglicht. Diese partikulare Ethik zeichnete sich vor allem durch eine brutale Diskriminierung derjenigen Menschen aus, die nicht zur »arischen Volksgemeinschaft« gezählt wurden: die Diskriminierung der Juden und aller anderen

[4] Grundlegend: Norbert Frei, Vergangenheitspolitik. Die Anfänge der Bundesrepublik und die NS-Vergangenheit, München 1996.

[5] Obwohl wir zwischen einer universalistischen und einer partikularistischen Ethik unterscheiden, gehen wir davon aus, dass letztlich nur Normen, die für alle Menschen gelten (also universell sind), moralisch begründet werden können. Wir teilen daher nicht die verbreiteten kulturalistischen und historizistischen Relativierungen der Ethik.

»Gemeinschaftsfremden«.[6] Die Mechanismen und Begriffe, die diese aggressive partikulare Ethik bestimmten, sind mit dem Ende des NS-Staates weder alle einfach beibehalten worden noch plötzlich verschwunden.

Über die NS-Geschichte wurden und werden in Deutschland fortwährend Kontroversen ausgetragen.[7] Anlass dazu boten etwa die Nürnberger Prozesse, der Frankfurter Auschwitz-Prozess und der Eichmann-Prozess in Jerusalem, die Fernsehserie *Holocaust*, der Historikerstreit, die Ausstellung über die Verbrechen der Wehrmacht, Daniel J. Goldhagens Buch über *Hitlers willige Vollstrecker*, die Mahnmaldebatte und zuletzt Martin Walsers Friedenspreisrede in der Frankfurter Paulskirche. Grob können drei Ebenen unterschieden werden, auf welche sich diese Konflikte beziehen: die faktisch richtige Rekonstruktion des Geschehens, seine moralisch richtige Beurteilung und schließlich das der Geschichte angemessene Gedenken und Erinnern. Es ist von der Sache her unmöglich, die drei Ebenen getrennt voneinander zu analysieren, obgleich dies aus verschiedenen Überlegungen heraus immer wieder gefordert wird. Häufig wird versucht, einen Konflikt, der auf einer der drei Ebenen auftritt, dadurch zu entschärfen, dass man behauptet, man habe aneinander vorbeigeredet, der eine habe nur von der Darstellung der Erinnerung gesprochen und damit überhaupt nichts über die moralische Interpretation sagen wollen oder

[6] Zur alltäglichen Diskriminierungspolitik im Inneren siehe Detlev Peukert, Volksgenossen und Gemeinschaftsfremde. Anpassung, Ausmerze und Aufbegehren unter dem Nationalsozialismus, Köln 1982; Diemut Majer, Grundlagen des nationalsozialistischen Rechtssystems. Führerprinzip, Sonderrecht, Einheitspartei, Stuttgart 1987.

[7] Vgl. Jeffrey Herf, Zweierlei Erinnerung. Die NS-Vergangenheit im geteilten Deutschland, Berlin 1998. Einen Überblick bis in die 1970er Jahre gibt Axel Schildt, »Der Umgang mit der NS-Vergangenheit in der Öffentlichkeit der Nachkriegszeit«, in: Wilfried Loth, Bernd-A. Rusinek (Hrsg.), Verwandlungspolitik. NS-Eliten in der westdeutschen Nachkriegsgesellschaft, Frankfurt am Main 1998, S. 19–54.

umgekehrt. Wenn die Konflikte sich nicht mehr auf diese Weise zu klären scheinen, wird behauptet, dass sich die Geschichtsschreibung über den Nationalsozialismus dagegen sperre, von *einer* Geschichte zu sprechen. Es bietet sich dann an, Geschichtsschreibung in eine »Opfer-« und eine »Täterperspektive« aufzuteilen. Dabei geht es nicht einfach darum, welche Quellen herangezogen werden, ob man sich bei der Darstellung der Geschichte der Vernichtungslager beispielsweise auf die Standortbefehle der SS in Auschwitz oder auf Zeugnisse und Romane von Überlebenden, etwa diejenigen Primo Levis, stützt. Meist wird vielmehr davon ausgegangen, dass die Historiker selbst verschiedene Perspektiven an die Quellen herantragen. Aber auch durch den Versuch, die Geschichte in »Perspektiven« aufzuteilen, lassen sich Konflikte nicht verhindern: Immer dann, wenn eine Seite der anderen vorhält – oder wenn eine Seite den Eindruck gewinnt, ihr werde vorgehalten –, ihr Erfahrungshorizont führe zu einer prinzipiellen Unfähigkeit, bestimmte historische Vorgänge gerecht zu beurteilen, kommt es zum Konflikt. Dem anderen wird dabei die Fähigkeit abgesprochen, eine historische Situation moralisch richtig zu beurteilen, da er entweder selbst nicht in dieser Situation gewesen sei oder nicht in der einen oder anderen Weise mit denjenigen Menschen solidarisch sei, die sich in ihr befunden haben.[8]

[8] Vgl. Martin Broszat und Saul Friedländer, »Um die ›Historisierung des Nationalsozialismus‹. Ein Briefwechsel«, in: Vierteljahrshefte für Zeitgeschichte, 36, 1988, S. 339–372. Bei dieser wichtigen Historikerkontroverse rührte der hohe Emotionalitätsgrad vor allem daher, dass Broszat Friedländer gegenüber behauptete – oder jedenfalls Friedländer dies aus Broszats Äußerungen schloss –, er könne als Jude keine angemessene, also die Fakten richtig und gerecht beurteilende Geschichte des Nationalsozialismus schreiben. Friedländer kehrte das Argument um und erklärte, man könne genauso behaupten, dass Broszat als Vertreter der HJ-Generation keine gerechte Beurteilung der NS-Geschichte leisten könne.

II.

Moralische Normen begrenzen unseren Freiheitsspielraum.[9] Dass wir diesen Normen folgen sollen, heißt, dass wir nicht alles, was wir tun können, auch tun dürfen. Von einfachen Spielregeln unterscheiden sie sich dadurch, dass wir nicht wählen können, ob wir uns ihnen unterwerfen oder nicht. Ein Schachspieler, der die Rochade nicht akzeptieren will, kann das Spiel einfach beenden. Eine Frau dagegen, die in einer patriarchalischen Gesellschaft aufwächst und deren Normen verletzt, wird mit den entsprechenden Sanktionen konfrontiert, ob sie will oder nicht. Moral ist insofern ein System, das alle einschließt.

Zum moralischen Handeln gehört, dass wir uns aus *eigenem* Antrieb heraus einschränken. Würden wir nur deshalb unseren Freiheitsspielraum einengen, weil wir glauben, dass damit für uns positive Folgen verbunden sind, so würde niemand sagen, dass wir moralisch handeln. Wer einer Norm nur deshalb folgt, weil andere ihn mit Gewalt dazu zwingen, wird nicht zu der entsprechenden moralischen Gemeinschaft gezählt. Er folgt den Normen in dieser Situation nur deshalb, weil er sich davon einen unmittelbaren Vorteil verspricht. Dem entspricht, dass ein moralisch Handelnder in bestimmten Situationen gegen seine Neigung den moralischen Gesetzen folgt. Beide Kriterien, dass jemand nicht den Imperativen von Gewalt und Zwang folgt und dass er nicht allein seinen Neigungen entsprechend handelt, sind maßgeblich dafür, dass wir jemanden als einen moralischen Menschen anerkennen. Er lässt erkennen, dass er von den Neigungen und Zwängen des Augenblicks Ab-

[9] Die folgenden Überlegungen zur partikularen und universalen Ethik stützen sich vor allem auf Ernst Tugendhat, Vorlesungen über Ethik, Frankfurt am Main 1993, und die kritische Weiterführung in: Ders., Dialog in Leticia, Frankfurt am Main 1997.

stand nehmen kann. In diesem Sinn ist er selbstbestimmt, das heißt innerlich und äußerlich frei. Wir drücken diesen Sachverhalt auch so aus, dass wir sagen: Dieser Mensch folgt einer »inneren Instanz«, eben seinem *Gewissen*.

Die Tatsache *allein*, dass einer nach einem inneren Gesetz handelt, reicht aber noch nicht dafür aus, dass wir ihn als moralisch Handelnden bezeichnen. Ein Arzt etwa, der es sich zum Lebensprinzip gemacht hat, mit allen Mitteln eine bestimmte Art von Pilzen zu bekämpfen, und nun alle Träger dieser Pilze tötet, mag von sich selbst glauben, ein Gewissen zu haben. Bestimmt handelt er auch irgendwie nach einem inneren Gesetz. Er ist aber kein moralisch Handelnder, sondern einfach ein von einer bestimmten Idee Besessener. Eine Moral ist immer ein mit zumindest einigen anderen Menschen geteiltes Normensystem, und damit hängt auch zusammen, dass nicht einfach irgendein Gesetz als das moralische gewählt werden kann. Das Gewissen ist also nicht schlicht eine »innere Stimme«, die jeder Einzelne in sich trägt. Vielmehr handelt es sich um ein System moralischer Gefühle, Gefühle, die wir wechselseitig voneinander fordern und erwarten. Sie binden uns an Handlungsnormen. Auf der Ebene des persönlichen Verhaltens entsprechen sie den positiven und negativen Sanktionen des Rechts. Als moralische Gefühle sind sie an Individuen gebunden. Ich fühle mich gut, wenn ich gut gehandelt habe, und empfinde Gefühle der Schuld oder Scham, wenn ich schlecht gehandelt habe, bzw. ich entwickle Gefühle der Empörung, wenn ich Zeuge einer Unrechtshandlung geworden bin.

Gefühle der Empörung und Scham entwickeln Menschen aber auch oft in Bezug auf Handlungen, die sie bei näherer Betrachtung nicht direkt als unmoralisch bezeichnen würden. Jemand trägt bei einer Einladung nicht den passenden Anzug, oder er schlürft die Suppe, anstatt sie zu löffeln, oder er hält seinen Vorgarten nicht so in Ordnung, wie es im entsprechenden Stadtteil Sitte ist. Gegenüber den moralischen Normen wirken solche Normen des *Anstandes* oder der *Sitte* eigentümlich unbegründet. Sie könnten an einem anderen Ort oder zu einer anderen Zeit auch ganz andere sein. Dagegen ist die Aussage »Du sollst nicht töten« keine Konvention, von der wir glauben, dass sie zufällig nur gerade hier und jetzt gilt. Auch die meisten von denen, die meinen, dass moralische Prinzipien sich nicht begründen lassen, empfinden diesen Unterschied zwischen einer bloßen Konvention und einer begründeten moralischen Pflicht. Worin besteht aber diese Begründung? Warum sollen wir moralischen Normen folgen und nicht schlicht unser Interesse oder unsere Einfälle verwirklichen? Eine Zeitlang – und das gilt heute noch für viele Menschen – bestand die Begründung darin, dass diese Normen von Gott gegeben oder irgendwie anders durch ein höheres Prinzip zu rechtfertigen seien. Dabei war es möglich, dass man glaubte, dieses Prinzip schreibe sowohl Abstufungen nach innen wie Begrenzungen nach außen vor. Die an sich unbegrenzte Geltung der moralischen Normen wurde dadurch auf eine bestimmte Gruppe von Menschen begrenzt. Eine solche Moral war *partikular*, nicht universell. Nach innen waren die Normen entsprechend oft so bestimmt, dass den Einzelnen je nach sozialer Gruppe oder nach Geschlecht ungleiche Rechte und Pflichten zugesprochen wurden. Der Partikularismus nach außen wurde so durch einen *Inegalitarismus* nach innen ergänzt. Diese Begründungsform aber kann nicht mehr maßgeblich sein, sobald es viele Menschen gibt, die nicht an einen Gott glauben oder zwischen denen keine Übereinstimmung besteht, da sie in verschiedenen Formen heutiger Religiosität an ein anderes höheres Prinzip glauben. Eine Norm moralisch begründen heißt daher heutzutage, *sie jedem gegenüber einsichtig zu machen, indem man zeigt, dass es im Interesse eines jeden liegt, nicht nur ihr je und je zu folgen, sondern ihre Befolgung durch die Einbindung in das System der wechselseitigen moralischen Gefühle mit abzusichern.*

Partikulare und universelle Moralsysteme unterscheiden sich zunächst dadurch, dass im einen Fall der Geltungsbereich der moralischen Normen auf eine bestimmte Gruppe begrenzt, im anderen aber unbegrenzt ist. Sie unterscheiden sich oft aber auch dadurch, dass die Verletzung der Norm verschieden geahndet wird, dass also die moralischen Gefühle anders fungieren. In einer traditionellen Moral ist Gott gewöhnlich nicht nur das höhere Prinzip der Normenbegründung, er ist auch diejenige Person, der gegenüber man sich für die Verletzung der Norm schuldig fühlt oder schämt, an die man sich mit seiner Empörung oder seinem Groll zunächst wendet. Insofern ist der Glaube an einen Gott mit einem System universeller Moral vereinbar, es kann sogar sein, dass der Gottesbegriff in einem partikularen System die Rolle eines Schutzes für die als moralische Person Ausgeschlossenen übernimmt.

Der Nationalsozialismus stellte die besondere Form eines partikularen Moralsystems dar. Wie unsere heutige Moral stützte er sich auf ein System von *Schuld*, *Groll* und *Empörung*. Wie sie setzte er auf die Verinnerlichung von Normen. Und wie sie war er auf Begründung angewiesen. Er entstand in einer Situation, in der die traditionellen moralischen Begründungsformen schon unglaubwürdig geworden waren. Doch wie die traditionellen Moralen setzte er auf die Begründung durch ein höheres Prinzip. Von Anfang an war er bestrebt, in das moralische Bewusstsein die Bevorzugung einer bestimmten Gruppe einzuschreiben und damit andere Gruppen entweder zu benachteiligen oder vollends auszuschließen. Die Bevorzugung einer Gruppe war sogar so sehr in sein System eingebaut, dass die Einteilung der Menschheit in »Rassen« selbst das höhere Prinzip abgab, auf das die einzelnen Handlungen und Normen sich beziehen sollten. Während es bei den traditionellen Moralen aber die Einsicht in die Existenz des höheren Prinzips war, die zumindest theoretisch jedem den Zugang zur moralischen Gemeinschaft ermöglichte, verzichtete der Nationalsozialismus vollständig auf eine Begründung gegenüber denen, die er ausschloss, und setzte stattdessen von Anfang an auf Gewalt. Und während bei den traditionellen Moralen derjenige ein Gott war, dem gegenüber man sich vor allem schämte oder schuldig fühlte, an den man sich in seinem Groll wandte und den man in seiner Empörung zum Zeugen und Helfer anrief, es also etwas gab, was über der Gemeinschaft stand, bezogen sich diese Gefühle im Nationalsozialismus auf diese besondere Gemeinschaft selbst bzw. auf deren Repräsentanten, den Führer. Wer die Normen verletzte, musste Schuld vor allem gegenüber dieser Gemeinschaft empfinden.

Der Nationalsozialismus entstand, als das christliche Wertesystem seine allgemein verbindliche Geltung verloren hatte. Die Beschränkungen auf einen bestimmten Kulturkreis, die mit dem christlichen System mehr oder weniger verbunden waren, waren in dieser Situation schon lange nicht mehr selbstverständlich. Der Standpunkt einer universellen Moral wäre der naheliegende gewesen. Die Unbegründetheit des Nationalsozialismus – als eines Normensystems – war daher jederzeit einsehbar. Der Unhaltbarkeit seiner moralischen Begründungen entsprach die Gewalttätigkeit, mit der er sich Geltung verschaffte. Dennoch vermochte es der Nationalsozialismus, sich in großem Maße als ein intersubjektiv geteiltes Normensystem durchzusetzen, an das sogar einige der von ihm Benachteiligten glaubten. Ohne die Bindungskraft moralischer Gefühle hätte er nicht existieren können. Charakteristisch für ihn ist daher gerade nicht das teilnahmslose Zuschauen, das Billigen, das fraglose Gehorchen und der Glaube an Hierarchien, der autoritäre Systeme überall auf der Welt kennzeichnet. Ob wirklich alle NS-Täter immer davon überzeugt waren, in ihren Verbrechen einer inneren Überzeugung zu folgen, ist letztlich insofern unerheblich, als sie sich jedenfalls alle so verhielten, als ob dem so sei. Charakteristisch für den Nationalsozialismus sind daher die Begeisterung und die innere Überzeugung, mit der viele ihm gefolgt sind. Selbst in Situationen, in denen das eigene Interesse es nahegelegt hätte, anders zu handeln, gehorchte eine große Zahl der Deutschen bereitwillig den Imperativen von Mord und Krieg. Indem sie sich wechselseitig durch das System einer partikularen Moral stützten, anstifteten und unter Druck setzten, halfen sie mit, die ungeheuren Verbrechen zu begehen, deren sie als Einzelne nie fähig gewesen wären. Zwischen Tätern und Zuschauern wurde der Übergang fließend. Diejenigen, die die Verbrechen aktiv durchführten – und auch das waren nicht wenige –, konnten so von sich behaupten, dass sie ihre Verbrechen im Namen aller anderen begangen hatten. Alle – das war für sie selbstverständlich nur die Gruppe von Menschen, die ihre Moral mit zu tragen bereit waren, das waren alle »Deutschen«.

III.

Ein Moralsystem ist tiefer in intersubjektiv eingeübte und subjektiv übernommene Verhaltensweisen, in Gefühle, spontane Beurteilungen und Reaktionsformen eingewoben als tagespolitische Überzeugungen. Es überlebt auf andere Weise. Aber es kann sich nur in der Praxis wechselseitig und öffentlich vorgeführten Urteilens ungehindert entfalten und tradieren. Fragen wir nach der Geschichte des moralischen Bewusstseins, so war auch in dieser Hinsicht das Jahr 1945 keine Stunde null, andererseits aber war die Veränderung, die es brachte, auch nicht bedeutungslos oder nur oberflächlich. Die Wünsche, die der Nationalsozialismus zu befriedigen versprach – die Eliminierung der Juden aus der deutschen Gesellschaft, die Beseitigung von Parlamentarismus, Kommunismus und Pluralismus –, haben sich durch das von außen erzwungene Ende der Volksgemeinschaft nicht einfach in Luft aufgelöst. Ebenso wenig verschwand das in der Kommunikation verankerte, für die

Volksgemeinschaft bis dahin konstitutive System wechselseitiger Anerkennung oder Verachtung. Zunächst führte der Druck von außen nur dazu, dass das alte, partikulare System von Achtung und Verachtung nicht öffentlich weiterbestehen konnte. Gerade die Tatsache, dass sich viele Bewohner beider Teile Deutschlands scheinbar problemlos zu Musterschülern der Mächte entwickelten, in deren Einflussbereich sie gerade standen, zeigt die Wertunsicherheit. So übernahm man sehr schnell – teils weil das alte System diskreditiert war, teils weil der Druck von außen es erzwang – die moralischen Urteile der jeweils herrschenden Macht. Man übernahm sie für den öffentlichen Gebrauch, aber als ein Gebrauch moralischer Werte reichte dieser auch ins Private hinein. Die moralischen Gefühle wurden in den schillerndsten Formen mehrdeutig, bei zunehmender Geordnetheit der äußeren Verhältnisse. Die Situation im Kalten Krieg, in dem die Forderung nach allgemeinen Menschenrechten von beiden Seiten einseitig, also im Sinne einer partikularen Moral, ausgelegt wurde, war vermutlich besonders geeignet, beides zu transportieren: das Gefühl, moralisch richtig zu handeln, das Gefühl, diese Moral an eine der Nation nunmehr übergeordnete Gemeinschaft zu binden, und zugleich auch jenes Gefühl, welches das alte partikulare System bestimmt hatte: die Auszeichnung der eigenen Gemeinschaft.

Wie prekär die Übernahme der universalistischen Moral war, davon zeugte Jahr für Jahr das Verhalten zu den Verbrechen, die von der gerade erst untergegangenen moralischen Gemeinschaft gutgeheißen worden waren. Die Haltung zu diesen Verbrechen unterschied sich danach, wie sehr die verschiedenen Generationen, abhängig von ihrem Alter, überhaupt für sie verantwortlich sein konnten. Sie unterschied sich aber auch dadurch, in welcher Form die Verbrechen moralisch beurteilt wurden. Aufmerksame Beobachterinnen wie Hannah Arendt registrierten dies gerade an jenen Gefühlsbekundungen, die doch im Sinne der neuen Moral gut gemeint waren. So bemerkte sie etwa über die jüngere Generation: »[...] diese zur Schau getragenen und reichlich publizierten Schuldgefühle [können] gar nicht echt sein [...]. Sich schuldig zu *fühlen*, wenn man absolut nichts getan hat, und es in die Welt zu proklamieren, ist weiter kein Kunststück, erzeugt allenthalben ›erhebende Gefühle‹ und wird gern gesehen. [...] Die normale Reaktion einer Jugend, der es mit der Schuld der Vergangenheit ernst ist, wäre Empörung. [...] wenn diese Jugend von Zeit zu Zeit – bei Gelegenheit des Anne-Frank-Rummels oder anläßlich des Eichmann-Prozesses – in eine Hysterie von Schuldgefühlen ausbricht, so nicht, weil sie unter der Last der Vergangenheit, der Schuld der Väter, zusammenbricht [...]«.[10] Arendts Beobachtung macht deutlich, auf welche Weise sich das System partikularer Moral allmählich deformierte, ohne vollständig zu verschwinden. Wenn sich die jugendlichen Deutschen für die NS-Vergangenheit schämten oder schuldig fühlten, zeigte dies einerseits, dass sie Handlungen, die in dem alten System nicht als verbrecherisch galten, nunmehr als verurteilenswert ansahen. Wenn sie sich aber für etwas schämten, was nicht sie, sondern andere getan hatten, zeigte dies, dass sie sich auf eigenartige Weise immer noch der Gemeinschaft zugehörig fühlten, die das Bezugssystem der moralischen Gefühle geblieben war.

Das Interessanteste aber ist, dass angesichts der Vielzahl der Verbrechen und des ungeheuren Unrechts, das in der Nazizeit begangen worden war, aus der Trias der moralischen Gefühle allein die Scham eine Rolle spielte, dass weder Empörung noch auch eigentlich Groll zu finden waren. Groll hätte man doch erwarten können bei denjenigen, die – ob mit oder ohne Begeisterung – als Sechzehnjährige in einen Krieg hineingezogen

[10] Hannah Arendt, Eichmann in Jerusalem. Ein Bericht von der Banalität des Bösen, München 1964, S. 298 f., Hervorh. im Orig.

worden waren, der mit der weitgehenden Zerstörung der eigenen Umgebung geendet hatte. Sie waren in vielen Fällen eher Opfer als Täter. Empörung aber hätte man erwarten können von allen, die nicht an den Verbrechen teilgenommen hatten – etwa, weil sie zu jung gewesen waren.

Man kann es auch – ohne vorschnell zu verallgemeinern – so ausdrücken: Sie übernahmen die Werte und Beurteilungen, die ihnen von den Besatzern, die eine universalistische Moral mitbrachten, nahegelegt wurden, ohne zugleich deren Art des moralischen Urteilens zu übernehmen. Sie verurteilten diejenigen Handlungen, die in dem alten System positiv bewertet worden waren. Aber sie als Verbrechen anzusehen hieß für sie nur, auf diese Handlungen die Form der Beurteilung anzuwenden, die sie mit der Internalisierung des nationalsozialistischen Systems gelernt hatten. Dass sie sich für Handlungen schämten, die sie nicht begangen hatten, zeigt also auch, wie sehr sich die Form des moralischen Urteilens nach dem Krieg erhielt, obwohl seine Inhalte gewechselt hatten. Auschwitz war, so kann man sagen, in der Wahrnehmung dieser jungen Deutschen deshalb ein Verbrechen, weil es eine »Schande« war.

IV.

Dagegen verbreitete sich schnell eine moralisch gemeinte Kritik an dem sogenannten Kollektivschuldvorwurf.[11] Aus der Sicht eines universalistischen Moralsystems ist ein kollektiver Schuldvorwurf unsinnig: Er knüpft Schuld an ein bestimmtes natürliches oder scheinbar natürliches Merkmal und nimmt so eine Auszeichnung einer ganzen Gruppe von Menschen vor, die sich nicht jedem Einzelnen gegenüber begründen lässt.

Der Kampf gegen den angeblich immer wieder vorgebrach-

[11] Vgl. Norbert Frei, »Von deutscher Erfindungskraft oder: Die Kollektiv-

ten Kollektivschuldvorwurf kann für die Nachkriegszeit Verschiedenes bedeuten. Zum einen wird dieser Vorwurf in eine polemische Waffe verwandelt: Wenn die Alliierten »die Deutschen« kollektiv verantwortlich machen, dann sind sie genau wie »die Nazis«. Damit distanziert man sich zwar vom nationalsozialistischen »Wir«, konstruiert aber gleichzeitig eine neue Volksgemeinschaft, welche nun alle angeblich beschuldigten Deutschen umfasst und damit faktisch die alte fortsetzt.

Aber wenn es keine kollektive Schuld in dem dargestellten Sinne gibt, ist es dann nicht auch falsch, dass der Holocaust in deutschen Schulen ausführlicher thematisiert wird als etwa in China? Haben Deutsche, auch wenn sie erst in den 1960er Jahren geboren wurden, eine »besondere Verantwortung« in Bezug auf die nationalsozialistischen Verbrechen?

Verantwortungsvolles Handeln gründet sich auf universell gültige *moralische* Werte, und dazu gehört es, dass alle Menschen gleiche Rechte und Pflichten haben. Niemand darf also allein wegen seiner Zugehörigkeit zu einer bestimmten Gruppe benachteiligt oder bevorzugt werden. In diesem Sinne ist es falsch zu sagen, manche Menschen seien wegen ihrer historischen Situation, wegen ihrer Herkunft oder ihrer Zugehörigkeit zu einer bestimmten Nation verantwortlicher als andere. Wenn damit gemeint sein soll, dass Deutsche irgendwie besonders moralisch sein müssten, so ist dieser Gedanke schlicht unverständlich. Alle Menschen sind gleichermaßen verpflichtet, moralisch zu handeln – hier zeichnet sich niemand vor anderen aus. Und man kann in einer gegebenen Situation entweder moralisch handeln oder nicht – es gibt hier kein »mehr oder weniger«.

Dagegen unterscheidet sich der Grad der Verantwortungsfähigkeit von Mensch zu Mensch – je nachdem, wieweit jeder

schuldthese in der Nachkriegszeit«, in: Rechtshistorisches Journal 16 (1997), S. 621–634.

Einzelne in der Lage ist, die Folgen seines Handelns einzuschätzen und in einer gegebenen Situation verschiedene Handlungsmöglichkeiten zu erkennen. Die Fähigkeit zur Schuld reicht also so weit, wie die Einsicht reicht. Aus diesem Grunde sind Kinder weniger verantwortlich für ihr Handeln als Erwachsene, und psychisch Kranke sind oft gar nicht verantwortlich für das, was sie tun.

Ebenso sind die Situationen, in die Menschen geraten können, sehr verschieden, und entsprechend ist auch die persönliche Verantwortung oft vom Zufall abhängig. Wenn vor meinen Augen ein Verbrechen geschieht oder, sagen wir, jemand neben mir zu ertrinken droht, muss ich im Rahmen meiner Möglichkeiten handeln. Ich kann mich nicht einfach aus der Verantwortung stehlen, indem ich darauf hinweise, dass ich die Person nicht kenne, oder etwa frage: Wieso gerade ich?

Insofern gibt es also für Deutsche eine besondere Situation; sie unterscheidet sich aber von Individuum zu Individuum, von Generation zu Generation wie auch von Organisation zu Organisation,[12] bis hin zu der staatlichen Organisation »Bundesrepublik Deutschland«. Verantwortlich handelt, wer sich mit der Besonderheit seiner Situation unter moralischen Gesichtspunkten auseinandersetzt. Unmittelbar nach dem Krieg bestand in Deutschland etwa eine Verantwortung für die *displaced persons* und den Prozess der Demokratisierung. Solange noch Täter leben, bleibt die juristische Auseinandersetzung mit diesen ebenfalls Teil der aus den nationalsozialistischen Verbrechen erwachsenen Verantwortung. Oft ist man nach dem Krieg dieser Verantwortung für die besondere Situation nicht

[12] So hat zum Beispiel jemand, der in der Führungsetage eines Konzerns sitzt, der im Nationalsozialismus Zwangsarbeiter ausgebeutet hat, eine andere Verantwortung als eine Aushilfe, die vorübergehend in diesem Konzern angestellt ist, oder ein Mitarbeiter eines in den 1970er Jahren gegründeten mittelständischen Unternehmens in Deutschland.

gerecht geworden. So wurden, neben vielen anderen, die obersten Verantwortlichen im Reichssicherheitshauptamt nicht für ihre Verbrechen verurteilt.[13] Man kann dann beginnen aufzurechnen, indem man etwa die Behauptung aufstellt, gerade dadurch, dass man diese Verbrecher nicht bestrafte, sondern sie in die deutsche Gesellschaft integrierte, sei ein besonders günstiger Übergang in eine parlamentarische Demokratie ermöglicht worden. Aus dem Umgang mit der Verantwortung können aber auch Nachfolgeprobleme entstehen. Hätten die deutschen Unternehmer und der deutsche Staat sich früher um die Entschädigung der Zwangsarbeiter gekümmert, müsste man heute nicht mehr von dieser Verantwortung sprechen.

Psychologische Befunde zeigen, wie sich die Traumatisierungen durch den Holocaust bei Nachkommen von Opfern noch in der zweiten und dritten Generation auswirken. Die Kinder von Tätern haben es mit den spezifischen Verdrängungen, den verleugneten und doch nicht verschwundenen antisemitischen Ressentiments, die sich in der Nachkriegszeit mit unaufgearbeiteter Schuld verbunden haben, zu tun.[14] Die Erfahrungen wie auch die Erfahrungslosigkeit der Eltern sind in irgendeiner Form Teil der eigenen Person geworden. Die Probleme der Nachkommen von Tätern (und in anderer Weise natürlich auch die der Nachkommen von Verfolgten) verdeutlichen, dass hier durch die Geschichte der Schuld und den durch Leugnen und Verdrängen geprägten Diskurs der Nachkriegszeit eine ganz spezielle historische Situation entstanden ist, die bestimmte Handlungen, aber auch ein Misstrauen gegen die je unmittelbar sich aufdrängenden Urteile nahelegt. Verantwor-

[13] Vgl. Michael Wildt, Generation des Unbedingten. Das Führungskorps des Reichssicherheitshauptamtes, Hamburg 2002.

[14] Siehe dazu Dan Bar-On, Die Last des Schweigens. Gespräche mit Kindern von NS-Tätern, Frankfurt am Main 1993; Martin S. Bergmann u.a. (Hrsg.), Kinder der Opfer – Kinder der Täter. Psychoanalyse und Holocaust, Frankfurt am Main 1998.

tung für die Situation zu übernehmen heißt, sich diese Geschichte bewusstzumachen und die eigenen moralischen Urteile in diesem Kontext zu überprüfen.

V.

Bis heute treffen in den Debatten um die nationalsozialistische Vergangenheit immer auch partikulare und universelle Moral aufeinander. Deutlich zeigt sich dies an dem heftigen Streit, der um Martin Walsers Friedenspreisrede in der Frankfurter Paulskirche entbrannt ist.[15] Viele Äußerungen Walsers und viele Missverständnisse, die es in diesem Streit gegeben hat, lassen sich erst aufklären, wenn man die darin aufeinanderprallenden Moralvorstellungen und deren historische Entwicklung untersucht.

Martin Walser ist 1927 geboren. Von seiner Generation kann man mit Gewissheit sagen, dass sie den Nationalsozialismus, allein schon aufgrund ihres jugendlichen Alters, gar nicht aktiv verschuldet haben kann. Sie ist aber zugleich diejenige Generation, die die Maßstäbe der für den Nationalsozialismus charakteristischen partikularen Moral in ihrer Kindheit erlernt hat. Insofern war für sie, mehr noch als für die eigentlichen Täter, die in einer anderen Zeit aufgewachsen waren, diese Form des Beurteilens selbstverständlich. Andererseits waren die Angehörigen dieser Generation nach der Niederlage des Nationalsozialismus auf neue moralische Werte angewiesen. Noch ihre Suche nach Engagement in den 1960er und 1970er

[15] Martin Walser, Erfahrungen beim Verfassen einer Sonntagsrede. Friedenspreis des Deutschen Buchhandels 1998, Frankfurt am Main 1998. Die in der Frankfurter Allgemeinen Zeitung und in der Süddeutschen Zeitung vom 12. Oktober 1998 publizierten Fassungen sind *nicht* identisch. In der SZ wurden ganze Sätze weggelassen, ohne dies im Text anzuzeigen.

Jahren war geprägt von diesem Bedürfnis, geprägt auch von einer Ambivalenz zwischen der erlernten partikularen Moral und den neu erworbenen Wertvorstellungen, die nur vor dem Hintergrund einer universellen Moral ihre Bedeutung erhielten.

Walsers Rede wirkte auf die meisten seiner Zuhörer in der Paulskirche und auf viele derjenigen, die von der Rede in den Medien lasen, befreiend. Vor allem seine Äußerungen zur »Instrumentalisierung« von Auschwitz, die als Kritik entweder an einer »moralischen Instrumentalisierung« oder einer Instrumentalisierung von Auschwitz selbst gedeutet wurden, brachten Gefühle zur Sprache, die schon lange auf Ausdruck gewartet zu haben schienen. Gewiss gehörten nicht alle, die nach der Rede aufstanden und Walser stehende Ovationen entgegenbrachten, seiner Generation an. Aber gerade wegen dieser Reaktionen ist die Rede interessant. Sie sind ein Symptom dafür, wie sich partikulare Moral und universalistische Elemente bis heute tradiert, aber auch wie sie sich verändert haben und wie sie den Horizont zumindest kulturell maßgeblicher Schichten in Deutschland weiterhin bestimmen.

VI.

Walser ist kritisiert worden, weil er das Gewissen als etwas von der öffentlichen Anerkennung und Beurteilung Abgelöstes verstanden hat. Doch ist sein Hinweis, Gewissen sei nicht delegierbar, richtig.[16] Moral unterscheidet sich von Recht ja gerade dadurch, dass sie auf *inneren*, nicht auf äußeren Sanktionen basiert. Deshalb kann sie auch nicht an staatliche Institutionen delegiert werden. Darin, dass wir darauf vertrauen können, dass andere uns auch dann achten und nicht verletzen, wenn

[16] Vgl. Walser, Sonntagsrede, S. 13.

dieses Verhalten nicht ihrem unmittelbaren Vorteil dient und wenn niemand sie dabei kontrolliert, zeigt sich die besondere Bindungskraft der moralischen Normen. Sie beruht darauf, dass Handlungsregeln unmittelbar in die Gefühle und Stimmungen der moralischen Person eingelassen sind. Auf diese Weise greifen sie schon in die Bildung der Absichten ein. Von jemandem, der sich generell schlecht fühlt, wenn er gegen eine Norm verstößt, kann ich mit großer Wahrscheinlichkeit erwarten, dass er sich an die Norm hält. Hat er sie doch einmal verletzt, kann ich erwarten, dass er für das, was er getan hat, die Verantwortung übernimmt – sei es, indem er für den entstandenen Schaden aufkommt, sei es, indem er sich fragt, wie es zu der Situation, in der er den anderen verletzt hat, gekommen ist –, eben weil er eine ähnliche moralische Verfehlung verhindern möchte.

Das Eigenartige an Walsers Rede ist also nicht, dass er das Gewissen als etwas von den Urteilen und Beurteilungen anderer irgendwie Losgelöstes betrachtet. Eigenartig ist vielmehr, dass er die moralischen Normen, um die es geht, ganz und gar unbestimmt lässt. Darin gleicht er Martin Heidegger, dem einen der beiden Philosophen,[17] auf die er sich als unverdächtige

[17] Auch der andere Zeuge, Hegel, ist in dieser Hinsicht nicht vollkommen unverdächtig. Hegel beklagte ja gegenüber Kant die Loslösung des moralischen Sollens von der besonderen historischen Situation und band Moral an Sittlichkeit. Zwar integrierte er die universelle Moral insofern in sein System, als er mit der Französischen Revolution das Allgemeine – das heißt die Regel, dass alle Menschen frei und gleich sind, ihnen also auch gleiche Rechte zukommen müssen – weltgeschichtlich zum Durchbruch gekommen wähnte. Damit verlegte er aber das Problem der Moralbegründung in die Geschichtsphilosophie. Das hatte auch zur Konsequenz, dass im Verhältnis zwischen den Generationen Ungerechtigkeit unvermeidbar war. Die Gleichheit der Rechte der Gegenwart wurde auf die Benachteiligung der schon gestorbenen Personen gegründet. Auch eine Moral, die die Gleichheit der Rechte in der Zeitachse einschränkt, also nur bestimmten historischen Generationen gleiche Rechte zuspricht, ist eine partikulare Moral. Die Toten können sich zwar nicht wehren, sie können ihre Gleichbehandlung nicht mehr einklagen. Aber

Zeugen beruft. Heidegger richtete sein Augenmerk gerade auf die Ablösung des Gewissens von den Konventionen; gegen sie setzte er aber – zumindest in *Sein und Zeit* – die Selbstgewissheit der Entscheidung, die er Entschlossenheit nannte.[18] Dabei lässt er die Frage nach den Normen, an denen sich das Gewissen orientieren soll, vollkommen außer Acht. Entscheidend ist für ihn nicht, *welche* Handlung vollzogen oder unterlassen wird, sondern allein, ob die Handlung von dem, der sie vollzogen hat oder vollziehen will, selbst gewählt wurde, also: ob er sich wirklich allein aus sich selbst heraus für diese Handlung entschieden hat. Das geht so weit, dass das Kriterium der Selbstgewähltheit einer Handlung die Frage nach der moralischen Güte ersetzt.

Aber die Frage, ob eine Entscheidung glaubwürdig meine Entscheidung ist, hat zunächst einmal nicht viel mit der Frage zu tun, ob es sich bei dem, wofür ich mich entscheide, um eine moralisch gute Handlungsweise handelt. Man kann sich ja auch für ein Leben als Verbrecher, das heißt ein Leben außer-

die Lebenden, die die Geltung ihrer moralischen Normen auf diese Weise einschränken, bezahlen dies mit einem Verlust an Gerechtigkeitssinn. Im Marxismus, der die geschichtsphilosophische Konstruktion Hegels in die Zukunft hinein verlängerte, wurde das Fatale dieser Konstruktion deutlich. Die moralischen Verfehlungen der Gegenwart konnten nun mit dem Hinweis gerechtfertigt werden, sie führten zu einer zukünftig gerechten Gesellschaft. Wer den Boden bereiten wollte für Freundlichkeit, konnte selber nicht freundlich sein. Von den Nachgeborenen wurde entsprechend Nachsicht, also Preisgabe der moralischen Kriterien verlangt. Die Zukunft konnte nur als geglückt gedacht werden um den Preis des gerechten Urteils gegenüber der Vergangenheit. Es ist daher auch kein Zufall, dass diejenigen politischen Organisationsformen, die sich im 20. Jahrhundert an der hegelianisch-marxistischen Position orientierten, nach dem Zusammenbruch ihrer Systeme ihre Einheit über nationalistische, oft auch extrem rassistische und antisemitische Ideologien herstellen. Die kommunistischen Parteien Russlands, Rumäniens und Jugoslawiens sind Beispiele dafür.

[18] Vgl. Martin Heidegger, Sein und Zeit, 16. Aufl., Tübingen 1986, §§ 54–60 und § 62.

halb jeder Moral, entscheiden. Bei Heidegger – und in dieser Hinsicht auch bei Walser – ersetzt die Frage nach der Authentizität die Frage nach der Moralität.

Das wird gerade dort deutlich, wo Walser auf die Wechselseitigkeit der moralischen Gefühle zu rekurrieren scheint. In seiner Rede vertrat er die Maxime, man müsse das, was man zu jemand anderem sagt, auch zu sich selber sagen.[19] Die Eigenart dieses Prinzips tritt hervor, wenn man es mit dem kantischen kategorischen Imperativ vergleicht, der dasselbe zu sagen scheint, in Wirklichkeit aber das genaue Gegenteil von Walsers Maxime darstellt. Kant sagt: Um herauszufinden, ob das Prinzip, das meinem Handeln zugrunde liegt, das Prinzip eines guten Handelns ist, muss ich überlegen, ob dieses Prinzip von allen gewollt werden kann. Diese Überlegung ist normalerweise ohne eine öffentliche Verständigung über moralische Normen, ohne eine Berücksichtigung der Interessen und des Lebenshintergrundes anderer nicht denkbar. Walser dagegen, der vor allem auf Authentizität rekurriert, stellt sich die Verständigung so vor, dass jeder sein Gewissen für sich entwickelt und nur die Handlungen, die er sich selbst vorzuwerfen bereit ist, auch anderen vorwerfen kann. Entsprechend muss er dort, wo verschiedene moralische Maßstäbe aufeinandertreffen, Toleranz fordern. Toleranz ist nun aber nach Walsers Logik selbst nicht mehr ein moralisches Prinzip, sondern Zufall; ein möglicherweise wünschenswerter, aber doch allein vom Schicksal bestimmter zufälliger Zusammenklang zwischen den verschiedenen Gemeinschaften, in die die Menschheit nun einmal zerfallen ist. Welche moralischen Prinzipien man bei dieser Gewissenserforschung zugrunde legt, und welche man also als für die anderen verbindlich erachtet, ist so zufällig wie die Haut-

[19] Walser, Sonntagsrede, S. 14: »[…] etwas, was man einem anderen sagt, mindestens genauso zu sich selber sagen.«

farbe, die man hat, oder die Tatsache, dass man in Deutschland geboren ist.

Was also vordergründig wie eine Version des kategorischen Imperativs erscheint, ist in Wirklichkeit nur die Art und Weise, wie eine partikulare Moral sich intersubjektiv vermitteln kann, wenn sie nicht mehr auf den Glauben an einen Gott oder ein anderes als objektive Instanz vorausgesetztes Prinzip setzen kann. Was das Gewissen für sich herausfinden soll, ist allein, ob derjenige, der sich so befragt, eine bestimmte Eigenschaft, die er von vorneherein für gut hält, wirklich besitzt oder ob er nur so tut, als ob er sie besäße. Dieses Urteil kann, wenn es in irgendeiner Weise öffentlichen Ausdruck findet, nur dazu dienen, sich einer schon zuvor bestehenden Gemeinschaft zuzuordnen oder sich aus ihr auszuschließen. Die Werte dieser Gemeinschaft sind aber vorausgesetzt; den Forderungen anderer sind sie nicht mehr ausgesetzt. So ist Walsers Maxime gerade eine direkte Umkehrung des moralischen Prinzips, den Ansprüchen anderer, die man nicht begründet abweisen kann, zu folgen. Damit werden aber Urteile, die nicht auf der Zugehörigkeit zur bereits vorgegebenen moralischen Gemeinschaft beruhen, entwertet.

Der Anspruch, zu anderen nur zu sagen, was man auch zu sich selber sagen könnte, ermöglicht es so, sich von zunächst nur imaginierten moralischen Vorwürfen zu entlasten und zugleich den Gedanken der Besonderheit der eigenen Gemeinschaft aufrechtzuerhalten. Erneut gelingt es so der Gemeinschaft, sich gegen die Frage, ob jedem Einzelnen – gleich, ob er ihr zugehört oder nicht – Recht geschieht, abzudichten. Auf die besondere Situation Deutschlands nach dem Holocaust angewandt, besagt Walsers Prinzip: Wir wollen des Holocaust gedenken, aber niemand außer uns selbst darf uns vorhalten, was geschehen ist – da ja niemand sonst in der außerordentlichen Lage ist, in der Deutsche sich durch den Holocaust befinden. Es entlastet damit von der Forderung nach einer verantwortlichen, das heißt immer erneut nach Begründungen fragenden Auseinandersetzung mit der besonderen Situation, die in Deutschland nach dem Holocaust entstanden ist. Dies ermöglicht es, Forderungen, die aus dem Holocaust resultieren, ohne Begründung zurückzuweisen. Allein die Forderung nach Begründung – ganz gleich, ob sie nur vorgestellt oder aber ausdrücklich geäußert wird – erscheint damit schon illegitim.[20]

VII.

Die Zuordnung zu einer Gemeinschaft oder aber der Ausschluss aus ihr tritt so an die Stelle der auf Begründung angewiesenen Empörung einer universellen Moral. Das wird zunächst dort deutlich, wo es um die moralische Beurteilung gegenwärtiger politischer Handlungen geht. So zitiert Walser verschiedene Äußerungen, in denen sich Schriftsteller und Philosophen über die rassistischen Angriffe auf Flüchtlinge in Rostock-Lichtenhagen und Hoyerswerda empören.[21] Empörung aber ist ein moralisches Gefühl, das seinem Sinn nach darauf angewiesen ist, dass es von anderen geteilt wird. In der Äußerung der Empörung zeigt sich also ein Anspruch auf Zustimmung – oder eben Ablehnung. Eine Möglichkeit, die Zustimmung zu verweigern, wäre, den Sachverhalt zu bestreiten, der Anlass zur Empörung gibt. Eine andere Möglichkeit wäre, das moralische Urteil und also die moralischen Beurteilungsmaßstäbe, die in ihm enthalten sind, zu bestreiten. Beide Wege geht Walser nicht.[22] Stattdessen fragt er nach der Aufrichtig-

[20] Allein schon die Möglichkeit, Ansprüche, die aus dem Holocaust resultieren, vor Gerichten, die nicht deutsche Gerichte sind, einzuklagen, bekommt damit etwas Anrüchiges.

[21] Vgl. Walser, Sonntagsrede, S. 15–17.

[22] Oder zumindest geht er ihnen nicht nach. Die eine Möglichkeit, nämlich

keit der Motive derer, die sich so empören. Es geht ihnen, so kann man seine Darstellungen verstehen, nicht darum, die Handlungen der rechtsradikalen Täter zu verurteilen. Vielmehr, so Walser, wollten die Kritiker mit ihrer Empörung über die Gewalttaten der Rechtsradikalen eine bestimmte Gruppe von Menschen (die Deutschen) verletzen, ohne dafür wirklich einen Grund zu haben. Als Motiv für diese Verhaltensweise unterstellt Walser ihnen, dass sie sich auf diese Weise entschuldigen wollten, dass sie sich von der Seite der Beschuldigten lösen und »für einen Augenblick näher bei den Opfern als bei den Tätern« sein wollten.

Wer Täter ist, wird auf diese Weise, unabhängig von der jeweils feststellbaren individuellen Schuld, allein durch die Zugehörigkeit zu einer besonderen Gemeinschaft bestimmt. So tritt bei Walser die Rede von der Schande an die Stelle der Rede von der Schuld. Schande ist weder Schuld noch Verbrechen. Schande ist der Schatten, den einem bestimmten Glauben zufolge eine Verfehlung auch auf diejenigen wirft, die sie nicht verschuldet haben. Dass ein Schatten auf sie fällt, hängt einzig und allein damit zusammen, dass sie mit demjenigen, der die Verfehlung begangen hat, in einer besonderen Verbindung stehen.[23]

Versucht man den Ausdruck »Schande« in ein universalisti-

die Beschuldigungen in Frage zu stellen, deutet er ja durchaus an, nämlich mit dem Satz: »Und wenn eine Beschuldigung weit genug geht, ist sie an sich schon schlagend, ein Beweis erübrigt sich da.« (Walser, Sonntagsrede, S. 15)

[23] In diesem Sinne hat man früher auch von Vergewaltigung als Schändung gesprochen: Die Frauen, die Opfer der Vergewaltigung waren, galten als geschändet deshalb, weil in den Augen einer patriarchalischen Gesellschaft etwas von dem Fluch der Tat, die an ihnen verübt wurde, haften blieb. Sie waren damit »entehrt«, das heißt, sie konnten die Rolle als Frau, die mit der Zuschreibung bestimmter, wenn auch begrenzter Rechte verbunden war, nicht mehr ausfüllen. Eine gefallene Frau befand sich damit außerhalb der Gemeinschaft, deren Grenze sie zugleich konstituierte. Zum nationalsozialistischen Begriff der »Rassenschande«, einer spezifischen Variante dieser Vorstellung, siehe Kapitel 1 und 2 dieses Buches.

sches Verständnis zu übersetzen, dann wäre Schande die Missachtung, die die Schuld bei allen anderen auslöst. Nur dort, wo Schuld festgestellt werden kann, könnte man also auch von Schande reden. In dieser Redeweise würden Schuldgefühl und Empörung dann einander entsprechen – vorausgesetzt, dass der Schuldvorwurf berechtigt ist und der Beschuldigte die ihm zur Last gelegte Tat wirklich begangen hat. Wenn also jemand, der allein aufgrund seines Alters für die Verbrechen nicht verantwortlich gewesen sein kann, nicht von Empörung spricht, sondern von Schande, dann lässt sich das aus dieser Perspektive am ehesten so verstehen, dass er entweder das Geschehene in Frage stellen oder aber die moralische Verwerflichkeit der Handlungen relativieren will. So ist es denn auch vielen Kritikern Walsers ergangen. Sie vermuteten Verharmlosung, da Walser nicht von Verbrechen oder Schuld, sondern eben von Schande sprach.

Aber diese Übersetzung wird der eigenartigen Verwendung des Ausdrucks in einem partikularen Moralverständnis nicht gerecht. Denn hier kann jemand durchaus von Schande sprechen, obwohl er sich keines Verbrechens schuldig gemacht hat. Dass er beschuldigt wird, ohne schuldig geworden zu sein, ist nach partikularem Verständnis kein Unrecht – während es im Lichte einer universalistischen Moral ebenso verwerflich ist, jemandem ein Verbrechen zur Last zu legen, das er nicht begangen hat, wie es ungerecht ist, ihn aufgrund seiner Geburt oder anderer »natürlicher« Merkmale anderen gegenüber zu privilegieren.

Walser hat seine Position in einer zweiten Rede in Duisburg verteidigt, die in der *Frankfurter Allgemeinen Zeitung* unter der Überschrift »Wovon zeugt die Schande, wenn nicht von Verbrechen?« erschienen ist.[24] Aber genau das gilt nicht für ein universalistisches Verständnis von Moral. Zum einen ist

[24] Frankfurter Allgemeine Zeitung, Nr. 277, 28. 11. 1998, S. 35.

nicht alles, was in den Augen einer wie auch immer großen Gruppe von Menschen Verachtung erzeugt, notwendigerweise ein Verbrechen. Die Niederlage einer Fußballnationalmannschaft mag von der »ganzen Nation« als Schande empfunden werden – weder die Spieler noch der Trainer der Mannschaft sind deshalb auch Verbrecher.

Aber auch dort, wo Schande »von Verbrechen zeugt«, verweist sie nicht auf dieselbe Weise auf ein Verbrechen, wie Schuldempfinden, Groll und Empörung das tun, sondern erzeugt mit der Erinnerung an das Verbrechen zugleich eine besondere Gemeinschaft. Angesichts eines Verbrechens kann und muss sich jeder moralische Mensch *empören*, sofern er nicht selbst Schuld daran hat. Ein Verbrechen ist eine Schande aber nur für diejenigen, die einer scheinbar im Voraus bestimmten Gemeinschaft angehören. Wo vom Holocaust als einer Schande für alle Deutschen gesprochen wird, darf ein Jude nicht mehr Deutscher sein. Während die Nationalsozialisten die Einheit der Nation über das Merkmal einer vermeintlichen Gleichheit des Blutes herzustellen versuchten, stellt Walser sie – nach dem Holocaust – über die geschichtliche Zugehörigkeit zur Gemeinschaft der von Schande Gezeichneten her und gehorcht damit derselben Logik des »Du hast auch mitgemacht«, durch die sich Verbrecherbanden im Angesicht einer möglichen gerichtlichen Verfolgung immer wieder zu einen versuchen. Die Erinnerung an das Verbrechen wird so zum Gründungsmythos einer besonderen Gemeinschaft, die ihren Ursprung in diesem Verbrechen sucht – ob sie es begrüßt oder verurteilt, ist hierbei gleichgültig. »Was wir in Auschwitz begangen haben, haben wir als Nation begangen, und schon deswegen muß diese Nation weiterbestehen als Nation«, erklärte Walser im Gespräch mit Ignatz Bubis – und schloss Bubis damit aus der Einheit dieser Nation aus.[25]

[25] Martin Walser, in: »Wir brauchen eine neue Sprache für die Erinnerung.

Der Nationalsozialismus unterschied zwischen verschiedenen Gruppen von Menschen und hierarchisierte diese. Noch innerhalb der Gemeinschaft, die er auszeichnete, gab es Menschen höheren und niederen Rechts. Aber konstitutiv für ihn war die Begrenzung des Rechtsbegriffs auf eine bestimmte Gruppe von Menschen und also die Kennzeichnung anderer Gruppen als vollständig und von vornherein aus dem Bereich möglicher Rechte ausgeschlossen. Ein Deutscher, der Widerstand leistete, verwirkte seine Rechte als Deutscher, ein Jude aber hatte gar nicht die Möglichkeit, seine Rechte zu verwirken, da er a priori keine besaß.

Zugleich wurde der Anspruch der Deutschen auf Ausdehnung des eigenen Herrschaftsbereichs begründet mit dem Kampf gegen einen imaginierten Gegner, der die Weltherrschaft vermeintlich schon besaß bzw. gerade im Begriff war, sie zu ergreifen: das Judentum. Ein Grundtopos des Antisemitismus bestand in der Kombination zweier Argumente: Die Juden würden universale Werte verbreiten, um ihre partikularen Ziele durchzusetzen. Und: Der jüdische Universalismus sei letztlich ein Schwindel: »Wer Menschheit sagt, will betrügen« (Carl Schmitt). Hier liegt die Wurzel für diverse antisemitische Verschwörungstheorien – aber auch für einen universalen Verdacht gegen jegliche Theorie oder Moral, die universell gültig sein möchte.

In Walsers Friedenspreisrede findet sich eine Art Nachhall dieser Hierarchisierung und auch der dazugehörigen Legitimie-

Das Treffen von Ignatz Bubis und Martin Walser: Vom Wegschauen als lebensrettender Maßnahme, von der Befreiung des Gewissens und den Rechten der Literatur«, in: Frankfurter Allgemeine Zeitung, Nr. 290, 14.12.1998, S. 39–41; nachgedr. in: Frank Schirrmacher (Hrsg.), Die Walser-Bubis-Debatte. Eine Dokumentation, Frankfurt am Main 1999, S. 438–465, hier S. 443. Siehe zu Ignatz Bubis auch: Fritz Backhaus, Raphael Gross, Michael Lenarz (Hrsg.), Ignatz Bubis. Ein jüdisches Leben in Deutschland, Frankfurt am Main 2007.

rung. Es wird in ihr eine Unterscheidung gemacht zwischen a priori Beschuldigten (die bzw. *alle* Deutschen) und solchen, die nicht a priori beschuldigt sind (Nichtdeutsche ganz allgemein).[26] Unter der Gruppe der Beschuldigten gibt es nun einige, die sich von dieser Gruppe absondern, sich ihr gegenüber also unangemessen verhalten, da sie die besondere Verantwortung für ihr Kollektiv nicht wahrnehmen. Indem sie versuchen, Auschwitz zum Instrument ihrer eigenen Entlastung zu machen, versuchen sie zugleich, aus dem Kollektiv der Beschuldigten auszubrechen. Sie verhalten sich zum Holocaust nicht wie zu ihrer Schande. Daher ist ihre Form des Erinnerns unaufrichtig. Sie könnten sich auch anders verhalten, und das hieße, der grausamen Ereignisse für sich zu gedenken und so den Zusammenhang mit jenen zu erspüren, mit denen sie in Schande verbunden sind.

Die Juden, die ja nicht zum Kreis derjenigen, die sich aus der Gruppe der Beschuldigten herauszustehlen versuchen, gehören können, erwähnte Walser in der Friedenspreisrede dagegen gar nicht. In der anschließenden Debatte mit Ignatz Bubis, dem Vorsitzenden des Zentralrats der Juden, machte Walser deutlich, welcher Platz ihnen in diesem System der verschiedenen Gruppierungen zukommt. Er warf Bubis vor, dass er sich nach den Ausschreitungen in Rostock-Lichtenhagen am Ort des Geschehens gezeigt habe. Während es also im Fall der deutschen Intellektuellen die öffentliche Stellungnahme ist, die eine Instrumentalisierung von Auschwitz bedeuten kann, ist es im Fall der Juden deren Erscheinen im öffentlichen Raum überhaupt, das in Walsers Verständnis eine Instrumentalisierung von Auschwitz darstellen muss, sobald die Erinnerung an Auschwitz sich dabei irgendwie auf das aktuelle Verhalten der Deutschen auswirken kann.

[26] Vgl. Walser, Sonntagsrede, S. 17.

VIII.

Walser spricht in seiner Rede auch von der Instrumentalisierung von Auschwitz *selbst* als einem Mittel zur »Einschüchterung«. Nach dieser Auffassung sind es nicht die moralischen Gefühle, die instrumentalisiert werden, sondern das historische Ereignis selbst oder – genauer – die Erinnerung daran. Entsprechend ist in seiner Darstellung auch von zwei Arten der Erinnerung an Auschwitz die Rede, wobei sich die richtige von der falschen Erinnerung durch die Motivation unterscheidet. Unaufrichtig (und also falsch) ist nach Walser jedes Erinnern, bei dem etwas anderes als das Ereignis selbst das Motiv des Gedenkens ist. Auch eine Erinnerung an Auschwitz zu einem guten Zweck ist daher, wie er ausdrücklich betont, eine Instrumentalisierung und als solche verwerflich. Aufrichtig nennt er dagegen ein Gedenken, bei dem die Erinnerung selbst, das *Nichtvergessendürfen*,[27] das Motiv ist.

Stirbt ein mir nahestehender Mensch, so ist der Schmerz so groß, dass weder die Erinnerung an ihn noch die Erinnerung an seinen Tod eines besonderen Motives bedarf. Auch dann, wenn jemand mir schweres Unrecht zugefügt hat, ist es zunächst vor allem schwer, zu vergessen, was geschehen ist. Die Erinnerung ist dann so bedrohlich, dass man vergessen können muss, um weiterleben zu wollen. Nicht das Nichtvergessen*dürfen*, sondern das Nichtvergessen*können* ist in diesem Fall das vorrangige Problem.[28] Auch jemand, der ein Verbrechen begangen hat und sich nunmehr schuldig weiß, wird von der Schuld geplagt. Er kann nicht vergessen, was er gern ungesche-

[27] Ebd., S. 18.

[28] Die Ritualisierung – etwa bei Beerdigungszeremonien – hilft hier, an die Stelle des Nichtvergessenkönnens ein Sicherinnernkönnen zu setzen. Die Ritualisierung hilft hier also gerade, weiterzuleben, sie bedarf keiner weiteren Begründung.

hen machen würde; er sehnt sich danach, zu vergessen, was er doch nicht vergessen kann. In diesem Fall wird er das Opfer nicht vergessen können, und im Falle eines Mordes gibt es – wenn man nicht den Glauben an einen Gott voraussetzt – auch niemanden, der den Täter von der Erinnerung an den Toten, also von der Schuld, freisprechen könnte.[29]

Vom Nichtvergessen*dürfen* reden wir im Alltag, wenn wir eine Verpflichtung eingegangen sind, die wir vergessen könnten, deren Vergessen aber entweder zu Misslichkeiten oder zu Sanktionen führen könnte. Wir dürfen etwas nicht vergessen, heißt ja positiv, dass wir uns etwas merken, dass wir uns an etwas erinnern. Etwas merken müssen wir uns deshalb, weil es in der Zukunft etwas bedeuten kann. So schreiben wir etwa vor dem Einkaufen die Namen der Güter, die wir nicht vergessen dürfen, auf einen Zettel. Von Nichtvergessendürfen kann man freilich auch da sprechen, wo jemand eine Schuld hat: wo er, sei es aus rechtlichen, sei es aus moralischen Gründen, zu dem verpflichtet ist, was man im Deutschen etwas schief als Wiedergutmachung bezeichnet, und wo er geneigt ist, dieser Verpflichtung nicht nachzukommen. Das organisierte Vergessen der Ausbeutung von Zwangsarbeitern durch deutsche Unternehmen entsprang dem Willen, vergessen zu wollen, was man aus moralischen Gründen – nämlich wegen der noch gegenüber den Opfern zu leistenden Schuld – nicht hätte vergessen dürfen. Es ist aber gerade nicht dieses Nichtvergessendürfen, von dem Walser spricht. Seine Rede lief nicht auf die Mahnung hinaus, man dürfe über dem andauernden Gedenken – der Dauerpräsentation der Schande – die Entschädigung der Zwangsarbeiter nicht vergessen. Dass er sich überhaupt auf aktuelle Ansprüche bezog, hat Walser im Gespräch mit

[29] Bei geringeren Verfehlungen ist es oft ja sogar so, dass jemand, der sich schuldig fühlt, nicht vergessen kann, während derjenige, demgegenüber er schuldig geworden ist, sich an die Verfehlung schon nicht mehr erinnert.

Bubis deutlich zurückgewiesen. Soweit die Erinnerung an den Holocaust mit gegenwärtigen Zwecksetzungen verbunden ist, ist sie nach seiner Auffassung entweder instrumentalisierend oder eben gänzlich uninteressant.

Woraus entspringt dann aber die – offensichtlich als moralisch empfundene – Pflicht, nicht vergessen zu dürfen? In der Diskussion um den Holocaust scheint es oft so, als sei das Erinnern an sich ein Wert oder gar das höchste moralische Prinzip. Aber Erinnern als solches ist nicht etwas, wozu man auffordern muss. Es gehört offensichtlich zur Natur des Menschen, dass er sich an Vergangenes erinnert. Ein Gebot, sich zu erinnern, hat erst dort einen Sinn, wo es eine Wahlmöglichkeit gibt. Die Forderung des Eingedenkens bzw. des Nichtvergessendürfens bezieht sich also auf die Auswahl dessen, was erinnert werden muss. Im Falle gewöhnlicher Verbrechen sind alle, die von einem solchen gehört haben, verpflichtet, sich um die Sühne, die Bestrafung des Verbrechers, die Begleichung der Schuld zu kümmern.[30] Diese Pflicht kann institutionalisiert werden; sie findet sich wieder in der Pflicht der Strafverfolgungsbehörden, die Einstellung von Ermittlungen bekannt zu geben, zu begründen und zu rechtfertigen.

[30] Zunächst einmal ist es natürlich so, dass die Opfer oder die Angehörigen der Opfer nicht vergessen können, und dieses Nichtvergessenkönnen führt dann dort, wo es keine Rechtssysteme gibt oder wo das Vertrauen in das moralische oder das Rechtsempfinden der Gemeinschaft gering ist, zu dem Verlangen nach Rache. Die »Geschändeten« müssen sich hier also um die Erinnerung nicht kümmern, sie treibt sie vielmehr an; und es bedarf vieler Lernschritte und komplizierter Formen von Institutionalisierung, um die Kontinuität der Grausamkeit, die mit der Rache aus einem Verbrechen entsteht, zu brechen. In einer universalistischen Moral sind dem Prinzip der Rache dadurch Grenzen gesetzt, dass jemand, der nicht schuldig geworden ist, nicht von der Rache heimgesucht werden kann. Es gehört zu den scheinbaren Merkwürdigkeiten in der Geschichte der moralischen Gefühle im Nachkriegsdeutschland, dass öffentlich kaum in Erwägung gezogen wurde, die Opfer oder deren Angehörige könnten auch auf den Gedanken kommen, sich zu rächen.

In Walsers Rede dagegen erscheint das Nichtvergessendürfen als ein Prinzip, das keiner weiteren Begründung bedarf und das selbst nicht wiederum an moralische Normen gebunden ist. Von anderen Formen eines nationalen Gründungsmythos unterscheidet sich dieser allein dadurch, dass das Ereignis, dessen wiederholt gedacht werden soll, als Schande, also als eine Befleckung, gedacht wird. Aber auch der Nationalsozialismus besaß in der »Schmach und Schande von Versailles« einen solchen negativen Mythos, auf den jedoch dann der Erweckungsmythos antwortete.[31] Walsers Konstruktion des Gründungsmythos enthält keinen solchen positiven Ausweg.[32] Er verpflichtet diejenigen, die der Nation angehören, *auf ewig* von den Freuden der Welt Abstand zu nehmen, und verbietet es ihnen ebenso, nach den Gründen für diese eigenartige selbst auferlegte Askese zu fragen.

IX.

Bei den meisten der Gefühle, die Walser zum Ausdruck brachte, handelte es sich um moralische Gefühle: das Gefühl, ausgenutzt worden zu sein, das Gefühl, um die Erinnerung an die eigene Biographie betrogen zu werden, insgesamt also um das Gefühl, irgendwie ungerecht behandelt worden zu sein. Nun ist die Tatsache, dass einer das Gefühl hat, ungerecht behandelt worden zu sein, noch kein Kriterium dafür, dass er tatsächlich ungerecht behandelt wurde. Wir wollen daher unterscheiden zwischen Groll und Ressentiment. Mit Groll übersetzen wir den englischen Ausdruck »resentment«, der das Gefühl des Aufbe-

[31] So Hermann Göring in einer Radioansprache am 30. Januar 1933 (»Aufbruch der Nation«); vgl. Ders., Reden und Aufsätze, hrsg. von Erich Gritzbach, 2. Aufl., München 1938, S. 15.

[32] Vgl. Walser, Sonntagsrede, S. 17 (»unvergängliche Schande«).

gehrens und der Wut angesichts tatsächlich erlittener Ungerechtigkeit bezeichnet. Der aus dem Französischen übernommene deutsche Ausdruck »Ressentiment« dagegen bezeichnet ein allgemeines Gefühl des Neides und des Zurückgesetztseins, das von moralischer Selbstaufklärung unberührt geblieben ist, sich aber als moralisch versteht. Dieses Gefühl kann berechtigt sein, muss es aber nicht. Der Unterschied besteht darin, dass dem Groll auf der Seite des Täters nachweisbare Schuld, auf der Seite möglicher Beobachter Empörung entsprechen müsste. Wer in diesem Sinne grollt, muss also zugleich bereit sein, nach den moralischen Gefühlen der anderen zu fragen.

Gewiss kann man jemandem einreden, er habe eine Schuld, die er tatsächlich nicht hat. Dieses Gefühl, Schuld zu haben, bringt ihn vielleicht dazu, etwas zu tun, was nicht in seinem Interesse liegt und was er nicht getan hätte, wenn er nicht geglaubt hätte, er sei schuldig. Moral zu instrumentalisieren heißt in diesem Fall, moralische Gefühle dort zu erzeugen, wo sie begründetermaßen nicht angebracht sind. Vom Standpunkt einer universellen Moral ist es verwerflich, jemandem mit Absicht eine Schuld einzureden, die er nicht hat, denn es verletzt den Grundsatz der Gleichheit; und wenn dies dem Betreffenden bewusst wird, dann ist Groll das angemessene Gefühl.

Voraussetzung für eine derartige Manipulation ist jedoch die Unreflektiertheit der eigenen Schuld oder Unschuld – oder eine unterentwickelte moralische Kompetenz, die es verhindert, Schuldvorwürfe angemessen zu beurteilen. Beide Voraussetzungen sind gewiss in Deutschland gegeben. Dazu hat vor allem auch das Weiterbestehen partikularer Moralvorstellungen beigetragen. Stellt man die massenhaft verübten Morde vor allem oder allein als Schande für die Nation dar, so trifft ein impliziter Schuldvorwurf auch diejenigen, die nicht schuldig sind. Sind diese selbst nicht bereit, dem Schuldvorwurf nachzugehen und nach seiner Begründung zu fragen und ihn – je nachdem – anzunehmen oder zurückzuweisen, so entsteht jene moralische Unsicherheit, die auch heute noch für viele junge Deutsche charakteristisch ist. Sie wird bestätigt durch die Tradierung einer partikularen Moral, deren moralische Urteile und Gefühle sich der Begründung entziehen. Denn die Bevorzugung oder Benachteiligung einer bestimmten Gruppe von Menschen, der Druck, bestimmten, zufällig gegebenen Sitten und keinen anderen zu folgen, ist in ihr ja gerade begründungslos vorausgesetzt. So trägt die partikulare Moral selbst zu jener Unsicherheit bei, deren Ausnutzung dann im zweiten Schritt beklagt wird. Sie stärkt das Ressentiment, indem sie sich weigert, nach der Begründung von Schuldvorwürfen überhaupt zu fragen.

Moralische Normen zu begründen heißt, darstellen zu können, dass ihre Befolgung im Interesse jedes Einzelnen liegt. Die Weigerung, im Bereich moralischen Urteilens und Forderns nach Begründung zu fragen, bedeutet daher nicht nur, Tatsachen zu leugnen. Vielmehr wird schon mit der Weigerung selbst anderen das Recht abgesprochen, dass man ihre Motive und Interessen berücksichtigt – und freilich umgekehrt auch nach deren Begründung fragt. Sobald mit dieser Weigerung eine – sei es positive, sei es negative – Auszeichnung der eigenen Gemeinschaft verbunden ist, ist sie mehr als nur ein passives Nichtwissenwollen oder Nichtwissenkönnen – sie wird zum aktiven Tun, zur Immunisierung gegen den Einspruch anderer, deren mögliche Verletzung man nicht mehr wahrnehmen will. Der Schritt von der Ignoranz zur Verfolgung ist hier nicht groß. Solche Immunisierung ist aber nur durchzuhalten, wenn man für das eigene Handeln zumindest den Schein einer Begründung hat. Als Himmler jene Rede vor den Angehörigen der SS hielt, konnte und wollte er den Eindruck, dass das, was sie taten, in irgendeinem Sinne etwas Schreckliches war, nicht verwischen. Sie alle wussten ja, was sie taten, denn sie nahmen es täglich wahr. Stattdessen stellte er das, was geschah, so dar, als habe es eine gewisse Größe, eine Aura, einen über das Handeln des Einzelnen hinausreichenden Sinn. Dabei bediente er sich zweier Operationen. Einmal gab er sich selbst und denjenigen, zu denen er sprach, das Gefühl, einer ausgezeichneten Gemeinschaft zuzugehören. Zweitens machte er ihnen glaubhaft, dass sie als Angehörige dieser Gemeinschaft so handeln mussten, wie sie handelten, dass ihr Handeln in irgendeinem dunklen Sinn historisch notwendig war. Als Hintergrund seiner Darstellung diente das Bild eines Feindes, der sich angeblich der universalistischen Moral bediente, um die Moral – also das Gemeinschaftsgefühl – der Deutschen zu zerstören. Jener Aura entkleidet, ohne die dazugehörige Geschichte, ohne den Glauben an die Zustimmung jener mythisch überhöhten Gemeinschaft, an eine von irgendwoher kommende historische Bestimmung, wäre ihr Tun auch ihnen in jedem Moment bloß als hässlich, dumm und ekelhaft erschienen. Es hätte sich ihnen das gezeigt, was Hannah Arendt die Banalität des Bösen genannt hat.

Noch in Walsers Rede ist der Widerhall jener Sehnsucht nach Notwendigkeit der Auszeichnung der eigenen Gemeinschaft zu spüren, die auch Himmlers Rede nicht zu stillen vermochte. Aber an die Stelle des einzigartigen, wenngleich grauenvollen Auftrags ist inzwischen die unvergängliche Schande getreten, an die Stelle des Nichtanderskönnens das Nichtvergessendürfen, an die Stelle der Verräter, die sich dem Geschick des deutschen Volkes verweigern wollen, diejenigen, die seine Schande instrumentalisieren. Für einen Augenblick aber vermochte die Rede es, der fehlenden Auseinandersetzung mit moralischen Ansprüchen der Gegenwart erneut den Schein einer Begründung zu verleihen, indem sie die Zugehörigkeit zu einer Gemeinschaft – und die entsprechenden Gefühle – als unentrinnbar notwendig darzustellen verstand. Auch diese Notwendigkeit aber ist Schein. Unter ihr zu leiden ist ebenso sinnlos, wie es sinnlos ist, sie als Auszeichnung zu begreifen oder sich ihrer zu freuen. Einmal mehr zeigt sich auch in diesem Versuch der Etablierung einer partikularen Ethik, »wie sehr es anstrengt, böse zu sein«.[33]

[33] Bertolt Brecht, Die Maske des Bösen, in: Gedichte 1938–1956. Werke, Bd. 12, Frankfurt am Main 1988, S. 124. – Am deutlichsten wird dies in jener Gesprächssequenz, in der Walser den KZ-Überlebenden Bubis darauf hinweist, dass er, Walser, sich schon mit der deutschen Vergangenheit befasst habe, als Bubis noch »mit ganz anderen Dingen« beschäftigt gewesen sei: »Und, Herr Bubis, da muß ich Ihnen sagen, ich war in diesem Feld beschäftigt, da waren Sie noch mit ganz anderen Dingen beschäftigt. Sie haben sich diesen Problemen später zugewendet; Sie haben sich diesen Problemen später zugewendet als ich.« (»Wir brauchen eine neue Sprache für die Erinnerung. Das Treffen von Ignatz Bubis und Martin Walser«, S. 39.) In einem Interview, das Franziska Augstein und Raphael Gross anlässlich der Ausstellung »Ignatz Bubis. Ein jüdisches Leben in Deutschland« (2007) in Frankfurt am Main mit Martin Walser führten, bedauerte er diese Äußerung nachträglich.

Schluss

NS-Moral: Ansätze und Perspektiven

I.

Mein Interesse am Thema »Moral und Nationalsozialismus« setzte ein, als ich den Konflikt um Martin Walsers Rede in der Paulskirche zu verstehen suchte. Obschon im Laufe dieser Debatte Hunderte von Artikeln verfasst wurden, schienen diese doch das für mich zentrale Thema auszusparen. Ihre Autoren glaubten, der Streit zwischen Walser und Ignatz Bubis basiere auf einem bloßen Missverständnis, oder ergriffen selbst empört für die eine oder andere Seite Partei, ohne die Hintergründe der Auseinandersetzung zu verstehen.[1] Als ich in enger Zusammenarbeit mit Werner Konitzer versuchte, den Konflikt aus dem Fortwirken moralischer Urteilsformen der NS-Zeit zu erklären, stießen wir auf Unverständnis oder gar Empörung. Es erschien als vollständig ungebührlich und anmaßend, die von vielen als berechtigt empfundenen Einwände Walsers gegen die Erinnerungskultur der Bundesrepublik in einem Atemzug mit dem Nationalsozialismus zu diskutieren. Dabei hatte ich keine Polemik im Sinn. Vielmehr schien mir der Zusammenhang zwischen im Nationalsozialismus eingeübten und geteilten moralischen Urteilsformen und denjenigen, die teilweise

[1] Eine Auswahl von Texten aus dieser Debatte findet sich in Frank Schirrmacher (Hrsg.), Die Walser-Bubis-Debatte. Eine Dokumentation, Frankfurt am Main 1999. Zu den weiteren Konflikten um Ignatz Bubis in der deutschen Nachkriegsgeschichte habe ich am Jüdischen Museum Frankfurt am Main eine Ausstellung initiiert, die mit ihren wichtigsten Thesen dokumentiert ist in Fritz Backhaus, Raphael Gross, Michael Lenarz (Hrsg.), Ignatz Bubis. 1927–1999. Ein jüdisches Leben in Deutschland. Frankfurt am Main 2007.

bis in die Gegenwart hinein in der Bundesrepublik Deutschland zu beobachten sind, weder skandalös noch abwegig, sondern lag für mich geradezu auf der Hand. Äußerten sich doch hier oft Persönlichkeiten, die ihre prägenden Kindheits- und Jugendjahre während der NS-Zeit verlebt hatten, und benutzten moralische Begriffe – insbesondere den der Schande – in genau der Weise, wie sie mir aus vielen nationalsozialistischen Quellen vertraut war.

Das Unverständnis, mit dem wir beide konfrontiert waren, und die sich aus dem Thema ergebenden methodischen, philosophischen und historiographischen Herausforderungen regten uns zu einer genaueren Untersuchung an. Anfangs planten wir eine Monographie zum Thema, ausgehend von unseren jeweiligen Schwerpunkten – bei Werner Konitzer der analytischen Philosophie, bei mir der Intellectual History. Wegen meines Wechsels an das Leo Baeck Institute in London wurde dieses Projekt allerdings nie umgesetzt. Stattdessen haben wir beide immer neue Anläufe genommen und das Thema methodisch und empirisch umkreist. Anfangs hielt man uns entgegen, wir könnten unsere Thesen doch gar nicht empirisch belegen, »Moral« oder »moralische Gefühle« würden sich in den Quellen nicht widerspiegeln. Dieser Einwand wurde genauso hartnäckig vorgetragen, wie er unbegründet ist. Tatsächlich finden sich Äußerungen moralischer Gefühle in zahllosen empirischen Quellen aus der NS-Zeit, Quellen unterschiedlichster Art: Filme, Bücher, Zeitungsartikel, Biographien und Tagebücher, staatliche Erlasse und Gesetze, politische Erklärungen etc. Das Gegenteil ist also vielmehr das Problem: Wie begrenzt man die schier endlose Quellenflut?

Insofern laden auch die von mir in den Kapiteln dieses Buches herangezogenen Quellen in vielfältiger Weise zur Erweiterung ein. Ihre Auswahl folgte keiner bestimmten Systematik, vielmehr stellen die einzelnen Analysen individuelle Antworten auf eine Reihe besonderer Anlässe dar. Umgekehrt wird auch eine einzelne Arbeit kaum ausreichen, diesen systematischen Mangel zu beheben: Zu groß ist die Menge des zu bewältigenden Materials. Da uns dies schon früh deutlich wurde, haben Werner Konitzer und ich 2002 unter dem Titel »Moral im Nationalsozialismus. Analyse – Umsetzung – Reaktion« eine Tagung organisiert, die möglichst viele dieser Lücken schließen sollte.[2] Wir versuchten dabei das Thema breit aufzufächern und luden Spezialisten ein, die sich jeweils mit einzelnen Komplexen beschäftigen sollten: so etwa mit dem Verhältnis von Moral und Philosophie, der Moral in der SS und der NSDAP, im nationalsozialistischen Film und der NS-Propaganda sowie in Pädagogik, Literatur und Theologie. Obgleich die Tagung sehr gut besucht war und auch auf großes öffentliches Interesse stieß, brachte sie unser Projekt weniger weit voran, als wir es erhofft hatten. Das lag unter anderem daran, dass sich die meisten Spezialisten auf ihren jeweiligen Gebieten damals noch nie mit Äußerungen moralischer Gefühle in ihren Quellen beschäftigt hatten und daher die Tagung eher zu einer Art Workshop wurde, bei dem das Thema überhaupt erst expliziert werden konnte. Womöglich hatten wir einen Teil der Verwirrung auch selber hervorgerufen, indem wir die letzte Sitzung Leo Baeck und seiner von der SS erpressten Schrift »Die Entwicklung der Rechtsstellung der Juden in Europa« widmeten.[3] Dabei ging es natürlich um konkrete moralische Fragen: warum

[2] Die Tagung fand vom 3. bis 6. Juli 2002 am Hamburger Institut für Sozialforschung statt und wurde gemeinsam mit dem Leo Baeck Institute London durchgeführt.

[3] Zur Diskussion dieser Schrift siehe Herman Simon, »Bislang unbekannte Quellen zur Entstehungsgeschichte des Werkes ›Die Entwicklung der Rechtsstellung der Juden in Europa, vornehmlich in Deutschland‹«, in: Leo Baeck 1873–1956. Aus dem Stamme von Rabbinern, hrsg. von Georg Heuberger und Fritz Backhaus, Frankfurt am Main 2001, S. 103–110; Fritz Backhaus, Martin Liepach, »Leo Baecks Manuskript über die ›Rechtsstellung der Juden in Europa‹. Neue Funde und ungeklärte Fragen«, in: Zeitschrift für Geschichtswissenschaft, 50. Jg. (2002), H. 1, S. 55–71.

Leo Baeck diesen Auftrag ausgeführt hatte, warum er in der Nachkriegszeit nicht deutlicher dazu Stellung genommen hatte etc. »Wenn wir an den Nazismus zurückdenken«, so hat Ernst Tugendhat unsere zentrale Frage formuliert, »sehen wir uns nicht nur mit einem schrecklichen Geschehen konfrontiert, sondern mit einer schrecklichen Mentalität.«[4] Uns ging es bei der Tagung nicht in erster Linie um das schreckliche Geschehen, sondern um die dahinterstehende »schreckliche Mentalität« – und die meisten der Tagungsbeiträge konzentrierten sich auf das schreckliche Geschehen. So haben wir uns denn auch entschlossen, sie in der damaligen Form noch nicht zu publizieren.

Bei der Tagung wurden vor allem zwei Probleme deutlich – das eine methodologischer, das andere semantischer Natur –, welche die Debatten über die Frage der NS-Moral grundsätzlich prägen. Zum einen erschließen sich mit der bloßen historischen Beschreibung »unmoralischen« Verhaltens noch nicht die dahinterliegenden moralischen Gefühle und Haltungen der Täter und derjenigen, die Teil des unterstützenden Netzwerks waren. Das andere Problem zieht sich wie ein roter Faden durch unser Projekt: Kann man überhaupt von nationalsozialistischer Moral sprechen, ohne sie in Anführungszeichen zu setzen? Denn vieles von dem, was hier als »Moral« oder »moralische Gefühle« verhandelt werden muss, kann eigentlich keinen Anspruch darauf erheben, eine Moral zu sein, da der allgemeinverbindliche Charakter qua Prinzip fehlt. Trotzdem würde ich an dem Begriff ohne Anführungszeichen festhalten, da er verständlich ist und sich als deskriptive Bezeichnung für

[4] Ernst Tugendhat, »Der moralische Universalismus in der Konfrontation mit der Nazi-Ideologie«, in: Moralität des Bösen. Ethik und nationalsozialistische Verbrechen (Jahrbuch 2009 zur Geschichte und Wirkung des Holocaust), hrsg. im Auftrag des Fritz Bauer Instituts von Werner Konitzer und Raphael Gross, S. 61–75, hier S. 61.

die historische Analyse eignet. Er beschreibt immer noch am präzisesten die Dynamik der gesellschaftlich geteilten Gefühle, die ich zu erforschen versuche.[5]

Während also die Historiker – selbst diejenigen, die zu den Biographien und Motivationen der NS-Täter forschen – das schwierige Thema der NS-Moral meist immer noch nicht aufgegriffen haben, gibt es einige Ansätze in anderen Disziplinen. So haben sich der Sozialpsychologe Harald Welzer und der Entwicklungspsychologe Gerd Gigerenzer mit der Frage beschäftigt, was »Moral« im Nationalsozialismus bedeutete. In der Philosophie hat sich Rolf Zimmermann in zwei Büchern mit dem Thema auseinandergesetzt. Nach Abschluss dieser Arbeit wurde ich außerdem auf einen ganz frühen, vielleicht ersten Versuch aufmerksam, die nationalsozialistische Ideologie vor dem Hintergrund einer Phänomenologie moralischer Gefühle zu erforschen: Schon im Jahre 1938 versuchte dies der Philosoph und Publizist Aurel Kolnai in seinem Buch *The War Against The West*. Ich werde auf diese vier Autoren im Folgenden noch genauer eingehen. Doch zuvor möchte ich auf einige Projekte hinweisen, die anzeigen, dass die Forschung sich mit dem Thema der NS-Moral zu beschäftigen beginnt: Die Philosophin Herlinde Pauer-Studer hat am Institut für Philosophie der Universität Wien einen neuen Schwerpunkt aufgebaut. Ein von der Deutschen Forschungsgemeinschaft finanziertes Projekt zur »moralischen Ordnung des Nationalsozialismus« wird seit Februar 2009 am Hannah-Arendt-Institut in Dresden von

[5] Eine andere Perspektive nimmt Werner Konitzer dazu ein, der den Begriff analog zu demjenigen des »conceptual Jew« (Zygmunt Bauman) verstanden wissen will: Es gibt Moral, und es gibt das, was die Nazis »Moral« nennen, was aber eigentlich nicht als Moral verstanden werden kann und soll. Vgl. Werner Konitzer, »Moral oder ›Moral‹? Einige Überlegungen zum Thema ›Moral und Nationalsozialismus‹«, in: Fritz Bauer Institut (Hrsg.), Moralität des Bösen, S. 97–115.

Wolfgang Bialas durchgeführt.[6] Schließlich ist das Thema durch die Bemühungen von Werner Konitzer und mir auch am Fritz Bauer Institut, dem Studien- und Dokumentationszentrum zur Geschichte und Wirkung des Holocaust in Frankfurt am Main, zu einem zentralen Forschungsschwerpunkt geworden. Im Wintersemester 2008/2009 fand dort eine gemeinsam mit dem Fachbereich Philosophie und Geschichtswissenschaften der Universität Frankfurt veranstaltete Ringvorlesung zum Verhältnis von Moral, Ethik und nationalsozialistischen Verbrechen statt, und das Jahrbuch 2009 des Fritz Bauer Instituts ist diesem Thema gewidmet.[7]

II.

Der Psychologe und Bildungsforscher Gerd Gigerenzer ist in einem populärwissenschaftlichen Essay auch der Frage nach den moralischen Entscheidungsprozessen von NS-Tätern nachgegangen.[8] Ähnlich wie Harald Welzer stellt er dabei das Handeln der Täter in den Mittelpunkt seiner Überlegungen. Konkret geht Gigerenzer von der Frage aus, wie sich das moralische Verhalten der von Christopher R. Browning und später Daniel Jonah Goldhagen untersuchten Männer des in Polen stationierten deutschen Reserve-Polizeibataillons 101 erklären lässt. Diese Männer waren im Juli 1942 von ihrem Kommandanten Major Wilhelm Trapp vor die Entscheidung gestellt worden,

[6] Vgl. Wolfgang Bialas, Manfred Gangl (Hrsg.), Intellektuelle im Nationalsozialismus, Frankfurt am Main 2000.

[7] Moralität des Bösen. Ethik und nationalsozialistische Verbrechen (Jahrbuch 2009 zur Geschichte und Wirkung des Holocaust), hrsg. im Auftrag des Fritz Bauer Instituts von Werner Konitzer und Raphael Gross.

[8] Gerd Gigerenzer, Bauchentscheidungen. Die Intelligenz des Unbewussten und die Macht der Intuition, aus dem Englischen von Hainer Kober, München 2008, S. 191–219 (Kapitel 10: »Moralisches Verhalten«).

entweder einem Befehl von ganz oben folgend jüdische Frauen, Kinder und Alte zu erschießen oder, wenn sie sich der Aufgabe nicht gewachsen fühlten, beiseitezutreten.[9] Nach wenigen Sekunden Entscheidungszeit trat nur ein Dutzend der fast 500 Männer vor; die anderen nahmen an dem Massaker teil.

Es ist diese Situation, die Gigerenzer besonders interessiert, da er davon ausgeht, dass moralisches Verhalten meist nicht durch lange kognitive Prozesse gesteuert wird, sondern auf wenigen »intuitiven« Regeln und Prinzipien, auf »Bauchentscheidungen«, beruht. Die Männer des Polizeibataillons 101 handelten, so seine These, weder einfach aus Autoritätsgläubigkeit noch aus tiefsitzenden antisemitischen Gefühlen heraus. Sie seien vielmehr schlicht der sozialen Faustregel gefolgt: »Tanz nicht aus der Reihe«.[10] Aus der Reihe zu treten hätte für sie einen Gesichtsverlust bedeutet, sie hätten sich in ihren Augen vor dem unangenehmen, hässlichen Teil ihrer Aufgabe »gedrückt«. In diesem sozialen Kontext fiel es den meisten von ihnen daher leichter, gegen das Tötungsverbot zu verstoßen, als aus ihrer Reihe herauszutreten. Hätte ihr Vorgesetzter sie umgekehrt dazu aufgefordert, vorzutreten, wenn sie sich der Aufgabe gewachsen fühlten, wäre nach Gigerenzers Ansicht die Zahl der Polizisten, die sich an der Erschießung beteiligt hätten, sicher beträchtlich kleiner gewesen.[11] Das Beispiel soll zeigen, dass sich die moralische Intuition von außen beeinflussen lässt. Natürlich sei damit ihre Entscheidung, Menschen zu ermorden, »moralisch« in keiner Weise zu erklären oder gar zu entschuldigen, wir können aber erkennen, dass offensichtlich bestimmte soziale Regeln – hier eben: Tanz nicht aus der Reihe! – zu moralisch schwerwiegenden Handlungen führen können.

[9] Vgl. Christopher R. Browning, Ganz normale Männer: Das Reserve-Polizeibataillon 101 und die »Endlösung« in Polen, Reinbek bei Hamburg 1999.
[10] Gigerenzer, Bauchentscheidungen, S. 193.
[11] Ebd., S. 205.

Gigerenzer geht davon aus, dass Menschen nicht nur eine angeborene Fähigkeit zum Spracherwerb besitzen, sondern ebenso eine angeborene Fähigkeit zur Moral. Kinder seien in ähnlicher Weise »genetisch« dazu ausgerüstet, die lokalen moralischen Regeln zu erfassen, wie sie in der Lage sind, die Grammatik ihrer Muttersprache zu begreifen. Dabei gebe es wie bei den Sprachen unendlich viele Nuancen. Und so wie ein Muttersprachler einen richtigen Satz von einem falschen unterscheiden könne, ohne die Grammatik seiner Sprache im Einzelnen erklären zu können, existiere auch eine »moralische Grammatik«, die meist nicht bewusst funktioniere.[12] Diese Grammatik, so Gigerenzer, lasse sich durch Faustregeln erklären; im Gegensatz zur Sprache befänden sich diese Regeln aber häufig in Widerspruch zueinander. Das Ergebnis seien regelmäßige Konflikte. Die Gründe für diese Konflikte liegen nach Gigerenzer in den verschiedenen »Wurzeln« der moralischen Gefühle oder, wie er es nennt, der »moralischen Intuition«, das heißt, sie beziehen sich entweder auf das Individuum, auf die Familie oder auf die Gemeinschaft. Da alle drei Wurzeln nebeneinander aktiviert werden können, seien Konflikte zwischen unterschiedlichen moralischen Ansätzen die Regel und nicht die Ausnahme.[13]

Gigerenzer kombiniert seine Überlegungen zur moralischen Intuition mit einem von dem Psychologen Jonathan Haidt vorgeschlagenen moralischen Gefühlsraster, nach dem Menschen – je nach der Kultur, in der sie leben – alle oder teilweise empfinden würden: Schaden, Reziprozität, Hierarchie, Bezugsgruppe und Reinheit. Eine individualistisch ausgerichtete, liberale Gesellschaft aktiviere nur die ersten beiden Gefühle (Schaden und Reziprozität); sie bewahre so die Menschen vor Schaden und regle Konflikte durch die Fairness befördernde

[12] Ebd., S. 198.

[13] Ebd., insbes. Kapitel 10: »Moralisches Verhalten«, S. 191–219.

Reziprozität. In einer konservativen Gesellschaft mit familienorientierter Ethik seien moralische Gefühle, die Schaden und Reziprozität betreffen, nicht im Individuum verwurzelt. Dagegen werde das Wohlergehen der Familie als schutzbedürftig empfunden und entsprechend das Gefühl der Hierarchie besonders aktiviert. In einer gemeinschaftszentrierten Gesellschaft – wie sie auch die nationalsozialistische »Volksgemeinschaft« darstellte – bilde die Wurzel der Gefühle von Schaden, Reziprozität und Hierarchie die Gemeinschaft und nicht das Individuum oder die Familie. Nur in einer solchen Gesellschaft seien alle fünf genannten ethischen Gefühle aktiv; sie besitze daher auch einen Kodex für Reinheit (bzw. Göttlichkeit oder Entweihung).

In jeder menschlichen Gesellschaft, so Gigerenzer, rühren die moralischen Gefühle aus allen drei Wurzeln her – nur mit unterschiedlicher Gewichtung. So sei es auch kein Zufall, dass sich in den Zehn Geboten moralische Faustregeln finden ließen, die sich aus diesen Wurzeln speisen: »Du sollst nicht falsch Zeugnis reden wider deinen Nächsten« sei auf das Individuum bezogen, »Du sollst Vater und Mutter ehren« auf die Familie und »Du sollst keine Götter haben neben mir« auf die Gesetze des Göttlichen.[14]

Gigerenzers psychologische Herangehensweise scheint mir den in diesem Buch verfolgten philosophischen Zugang methodisch zu ergänzen. Zum einen ist sie weniger schematisch, da sie jeweils von Mischformen ausgeht – die Unterteilung in »universalistische« und »partikularistische« Moralsysteme scheint da etwas starrer. Zudem hat sie den Vorzug, dass sie durch die von Jonathan Haidt stammende Auseinandersetzung mit »ingroups«, »hierarchy« und »purity« die Verlaufsformen zwischen dem, was wir philosophisch als universelle und partikulare Moral zu unterscheiden versuchen, stärker hervorhebt. Was

[14] Ebd., S. 201.

in Gigerenzers Ansatz jedoch völlig fehlt, ist eine meiner zentralen Prämissen: dass der Komplex »NS-Moral« sich als Phänomen nicht nur in den Handlungen der Täter spiegelt, sondern genauso in alltäglichen moralischen Äußerungen, in populären Filmen, Kinderbüchern etc. sich manifestiert. Man müsste also überlegen, in welcher Weise man die von Gigerenzer entwickelten Unterscheidungen hier als analytische Instrumente einsetzen könnte.

III.

Harald Welzer hat sich in seinem Buch *Täter. Wie aus ganz normalen Menschen Massenmörder werden* von psychologischer Seite vielleicht am ausführlichsten mit unserem Thema beschäftigt. Seine Analyse beginnt mit einem langen Kapitel über »Massenmord und Moral«, in welchem ein Teilkapitel explizit dem Thema »nationalsozialistische Moral« gewidmet ist.[15] Ausgangspunkt für Welzer ist dabei die interessante Beobachtung, dass letztlich in keinem der psychologischen Gutachten über die in Nürnberg inhaftierten und verurteilten Hauptkriegsverbrecher signifikante psychologische Anomalien festgestellt werden konnten; auch ein psychologisches Gesamtbild des »typischen« NS-Verbrechers lieferten sie nicht. So hatte der in Nürnberg verantwortliche Gerichtspsychologe Douglas Kelley gefolgert: »Aus unseren Befunden müssen wir nicht nur schließen, dass solche Personen weder krank noch einzigartig sind, sondern auch, dass wir sie heute in jedem anderen

[15] Vgl. Harald Welzer, Täter. Wie aus ganz normalen Menschen Massenmörder werden. Unter Mitarbeit von Michaela Christ, Frankfurt am Main 2005, S. 18–75 (»Massenmord und Moral«), S. 48–67 (»Nationalsozialistische Moral«).

Land der Erde antreffen würden.«[16] Auch bei späteren psychologischen Tests konnten keine Anomalien systematischer Art festgestellt werden. Dieser Befund legt es nahe, jenseits der bekannten psychologischen Erklärungsansätze danach zu fragen, was es diesen Männern ermöglichte, ihre abnormen Taten auszuführen. Neben psychologischen zieht Welzer daher auch historische Studien über Massenmörder heran. So erfahren wir zum Beispiel, dass der erste Biograph Himmlers, Richard Breitman, schließlich zu der »deprimierenden Feststellung« gelangte, der »Architekt des Massenmords« habe sich bis zum Schluss für einen »Moralisten« gehalten.[17] Aufgrund solcher und ähnlicher historischer Befunde begann Welzer bei seiner Analyse der Massenmörder der Frage nach der Moral eine besondere Bedeutung beizumessen. Er stützte sich dabei begrifflich, vor allem was seine Unterscheidung zwischen partikularen und universalen Moralsystemen anbelangt, auf eine Vorarbeit von Werner Konitzer und mir.[18]

Während wir in unserem Essay – und ich in diesem Buch – aber versuchen, die geteilten moralischen Gefühle innerhalb der nationalsozialistischen »Volksgemeinschaft« genauer zu beschreiben und zu verstehen, benutzt Welzer diese Unterscheidung quasi als Schlüssel, um etwa den Widerspruch zu erklären, wie die NS-Täter so unmenschliche Verbrechen begehen und gleichzeitig den Anspruch auf moralisches Handeln aufrechterhalten konnten. »In einem veränderten normativen Rahmen«, stellt er fest, »verändert sich auch die Auffassung darüber, was als moralisches Verhalten gilt – aber das heißt

[16] Journal of Personality Assessment, 40/4 1976, S. 342, zit. nach Welzer, Täter, S. 9.

[17] Richard Breitman, The Architect of Genocide. Himmler and the Final Solution, London 1991, S. 243, vgl. Welzer, Täter, S. 31.

[18] Vgl. Raphael Gross, Werner Konitzer, »Geschichte und Ethik. Zum Fortwirken der nationalsozialistischen Moral«, in: Mittelweg 36, H. 4, 1999, S. 44–67. Siehe Kapitel 9 in diesem Buch.

keineswegs, dass Moral hier keine Rolle mehr spielen würde.« Er folgert daraus: »Das Verhältnis von Massenmord und Moral ist nicht kontradiktorisch, sondern das einer wechselseitigen Bedingung. Ohne Moral hätte sich der Massenmord nicht bewerkstelligen lassen.«[19] Die erste Stufe jedes Genozids sieht Welzer daher auch in dem Versuch, Kriterien von Zugehörigkeit und Nicht-Zugehörigkeit zu entwickeln, diese Definition dann normativ zu begründen und die Zugehörigen auf die »zugrunde liegende partikulare Moral zu verpflichten«.[20] Zugleich weist er immer wieder auf die teilweise atemberaubenden moralischen Rechtfertigungsversuche von NS-Verbrechern in der Nachkriegszeit hin und versucht damit, wie auch sonst in seiner hochinteressanten Studie, die Kontextgebundenheit menschlichen Handelns aufzuzeigen: Menschen verhalten sich in bestimmten Situationen plötzlich ganz anders, als man es unter anderen Umständen erwarten würde. Gleichzeitig versuchen sie sich selber aber als »gut« und »gerecht« handelnde moralische Subjekte zu sehen, und darin wurzeln die vielen nachträglichen Bemühungen, selbst den Mord an hilflosen Menschen moralisch zu rechtfertigen.

Welzers Analyse ist auf die unmittelbaren Täter ausgerichtet, und in dieser Hinsicht ergänzt sie den in diesem Buch unternommenen Versuch, vor allem die alltägliche NS-Moral zu analysieren. Doch legt er den Schwerpunkt auf das Erstarken spezifischer Werte und Tugenden in der NS-Zeit und untersucht weniger deren Veränderung. Die Transformation der NS-Moral zu beschreiben – auch für die Zeit nach 1945 – erfordert eine etwas umständlichere, historisch-semantische Vorgehensweise. Eine solche Beschreibung zielt eher auf ein erstes Verständnis davon, was NS-Moral war (und noch ist), und fragt, ob sie überhaupt so etwas wie ein einheitliches moralisches

[19] Welzer, Täter, S. 40.
[20] Ebd., S. 37.

System darstellte, während Welzer dies alles gewissermaßen schon als entschieden voraussetzt und darauf seine Analyse der Motive von NS-Massenmördern aufbaut. Aber man darf nicht vergessen, dass ein zu einfaches, glattes Bild der »NS-Moral« in der unmittelbaren Nachkriegszeit nicht nur analytischen, sondern auch apologetischen Zielen diente – Welzers Ansatz könnte in diesem Sinne missverstanden werden. Wenn es in der NS-Zeit tatsächlich ein so geschlossenes moralisches Weltbild gab, das für die Verbrechen der NS-Täter verantwortlich war, wenn sie also ihr Handeln nur an den vorgegebenen moralischen Normen orientierten, wie können wir sie dann in einem anderen rechtlichen und moralischen Rahmen überhaupt zur Rechenschaft ziehen?[21]

IV.

Der Philosoph Rolf Zimmermann hat sich in jüngster Zeit in zwei Büchern mit dem Thema Moral und Nationalsozialismus auseinandergesetzt.[22] Er geht davon aus, dass man »von Rassenmord oder Klassenmord *aus Moral*« sprechen müsse, um die »epochalen Katastrophen von Holocaust und Holodomor« zu kennzeichnen.[23] Diese »Moral« beschreibt Zimmermann als einen »Gattungsbruch«.[24] Es geht ihm dabei weniger um eine

[21] Auf diesen Punkt hat Werner Konitzer hingewiesen; vgl. Ders., »Moral oder ›Moral‹?«, S. 113.

[22] Rolf Zimmermann, Philosophie nach Auschwitz. Eine Neubestimmung von Moral in Politik und Gesellschaft, Reinbek bei Hamburg 2005; Ders., Moral als Macht. Eine Philosophie der historischen Erfahrung, Reinbek bei Hamburg 2008.

[23] Rolf Zimmermann, »Holocaust und Holodomor. Was lehrt historische Erfahrung über Moral?«, in: Fritz Bauer Institut (Hrsg.), Moralität des Bösen, S. 13–29, hier S. 13.

[24] Vgl. Zimmermann, Philosophie nach Auschwitz, S. 25–60.

Analyse der nationalsozialistischen oder stalinistischen Gewaltverbrechen, sondern vor allem um ein Verständnis davon, was diese für unser heutiges moralisches Denken bedeuten.

Für Zimmermann ergibt sich aus dem historischen Ereignis des Holocaust gegenüber der aufklärerischen Ethik seit Kant, Hume und Adam Smith eine wesentliche Veränderung: »Der Riss im moralischen Bild des Menschen lässt keine Hoffnung auf apriorische Gattungsgewissheiten mehr zu.«[25] Ob es den Nationalsozialisten tatsächlich darum ging, »die Juden« als eine Spezies jenseits des Menschen darzustellen und zu bekämpfen oder nicht vielmehr als eine für die »arische Rasse« besonders gefährliche und bösartige Gegenrasse, erscheint trotzdem zumindest fraglich.[26] Eine wichtige Frage, die Zimmermann aufwirft, lautet: In welcher Weise stellt die radikal partikularistische Moral der Nationalsozialisten die universalistische Moral in Frage, resp. in welcher Weise sind beide »historisch«? Zimmermann geht von ihrer Geschichtsgebundenheit aus und folgert: »Wenn wir die Geschichtsgebundenheit von Moral an zugrundeliegenden Selbst- und Weltverständnissen festmachen, bedeutet dies zugleich, dass wir unsere eigene Positionsbestimmung des Universalismus nicht mit der Vorstellung verbinden dürfen, als hätten wir quasi einen Zustand absoluter Selbsttransparenz im Licht der Geschichte erreicht.«[27] Zimmermann geht dabei nicht explizit auf das Problem ein, dass

[25] Ebd., S. 11.

[26] Diese Kritik an Zimmermann formuliert Ernst Tugendhat; vgl. Ders., »Der moralische Universalismus in der Konfrontation mit der Nazi-Ideologie«, in: Fritz Bauer Institut (Hrsg.), Moralität des Bösen, S. 63: »Dass die Juden Menschen sind, haben die Nazis nicht bestritten, aber das hatte nur einen rein deskriptiven Sinn. Das Schlimme an den Juden war für die Nazis nicht, dass sie aus der Spezies Mensch herausfielen, sondern dass sie in ihren Augen eine fremde und bösartige Rasse waren, die eine Gefahr für die gutartige Rasse der Arier darstellte.«

[27] Zimmermann, Philosophie nach Auschwitz, S. 85.

historisch für überholt gehaltene Partikularismen wieder neu auftreten können: Rassismus, Sexismus, Sklaverei etc. Gleichzeitig tritt durch sein Interesse an einer stärkeren Begründung gegenwärtiger universalistischer Moralvorstellungen die Analyse der partikularen NS-Moral in den Hintergrund. So fehlt bei ihm beispielsweise jegliche Abstufung zwischen radikalen Nazis und weniger überzeugten einfachen »Mitläufern«; und es bleibt unklar, in welcher Weise sich der nazistische Partikularismus etwa von der griechischen Sklavenhaltergesellschaft unterscheidet, die durchaus partikulare *und* universalistische Werte vertreten konnte. Diese Fragen sind aber keineswegs nur bei Zimmermann offen; seine Analyse hebt dies nur besonders deutlich hervor und öffnet die Perspektive auf eine neue, historisch imprägnierte Form der Ethik.

V.

Die wahrscheinlich früheste wichtige Arbeit, die dem Zusammenhang zwischen »moralischen Gefühlen« und der Ideologie des Nationalsozialismus nachgeht, ist die 1938 erschienene 700-seitige Studie *The War Against The West* von Aurel Kolnai (1900–1973).[28] Das Buch wie sein Autor sind in den vergangenen siebzig Jahren fast vollständig in Vergessenheit geraten. Vor kurzem wurde Kolnai jedoch wiederentdeckt: Axel Honneth gab 2007 drei seiner beeindruckenden phänomenologischen Studien über die »feindlichen Gefühle« Ekel, Hochmut und Hass wieder heraus.[29] Die zwischen 1929 und 1935 ent-

[28] Aurel Kolnai, The War Against The West, with a Preface by Wickham Steed, London 1938 (Victor Gollancz LTD).

[29] Aurel Kolnai, Ekel Hochmut Haß. Zur Phänomenologie feindlicher Gefühle, mit einem Nachwort von Axel Honneth, Frankfurt am Main 2007. Erstveröffentlichung: Aurel Kolnai, »Der Ekel«, in: Jahrbuch für Philosophie und phänomenologische Forschung, 1929, S. 515–569; Ders., »Der Hochmut«, in:

standenen Arbeiten bildeten den Hintergrund für Kolnais Analyse der nationalsozialistischen Ideologie.

Ein gutes Beispiel für seinen phänomenologischen Ansatz ist seine Auseinandersetzung mit dem Gefühl des Hasses. Über diesen reflektiert Kolnai 1935: »Wieweit wird im Hasse die Vernichtung des Gegenstandes gewollt? Ausschaltung, Verbannung, Zugrunderichten, Tötung, metaphysische Entweihung des Gegners – etwa Vereitlung seiner ordnungsgemäßen Beisetzung – liegen in der Linie des haßerfüllten Willens.«[30] Hass ist demnach ein Gefühl, das uns im Gegensatz zu Hochmut, Ekel, Wut oder Zorn nicht wieder loslässt. Die hassende Person ist wesentlich stärker in ihr Gefühl involviert: »Haß ist ein *historischer* Aspekt des Menschenlebens – wie Geburtsumstände, Charakter, Bekehrung, Leidenschaft, Liebe, Werk, Krankheit.«[31] Anders als Ekel, Wut oder Hochmut kann der Hass so sehr in den Vordergrund treten, dass er das ganze sonstige Beziehungsleben des Menschen dominiert. Während wir uns bei Gefühlen der Angst oder des Ekels abwenden oder ausweichen können, erzeugt die Vernichtungsintention des Hasses einen geradezu unwiderstehlichen Sog. Kolnai ermöglicht uns ein genaueres Verständnis der moralischen und anderen Gefühle, die in zahlreichen NS-Quellen zum Ausdruck kommen.

1900 in Budapest als Aurél Stein geboren, war Kolnai einer der vielen ungarisch-jüdischen Intellektuellen, die nach dem Ende des Ersten Weltkriegs nach Deutschland emigrierten. Axel Honneth ist der Ansicht, dass diese Immigrationsbewegung eine ähnlich große geistesgeschichtliche Bedeutung hatte

Philosophisches Jahrbuch der Görres-Gesellschaft, 44, 2, 1931, S. 153–170 und S. 317–331; Ders., »Versuch über den Haß«, in: Philosophisches Jahrbuch der Görres-Gesellschaft, 48, 2–3, 1935, S. 147–187.

30 Kolnai, Ekel Hochmut Haß, S. 105.

31 Ebd., S. 102.

wie die Immigration jüdischer Wissenschaftler aus dem nationalsozialistischen Deutschland in die USA.[32] In Deutschland konvertierte der Philosoph und Publizist Kolnai 1926 unter dem Einfluss der Schriften Gilbert Keith Chestertons zum Katholizismus. Fast zeitgleich mit seiner religiösen Zugehörigkeit wechselte Kolnai auch seine philosophische Orientierung: Hatte er in den frühen Jahren der Weimarer Republik für Freuds Zeitschrift *Imago* geschrieben, wandte er sich nun der Phänomenologie zu. Sein Interesse an der Analyse moralischer Gefühle prägte dann auch *The War Against The West*, die erwähnte Pionierarbeit über die Nazi-Ideologie. Als Erster hat Kolnai in diesem Werk die bindende Kraft von negativen moralischen Gefühlen und Feindbildern analysiert. In zehn umfangreichen Kapiteln beschreibt er das Denken und Hassen der politischen Nazi-Größen. Darüber hinaus diskutiert er mit genauer Kenntnis die zentralen nationalsozialistischen Intellektuellen oder dem Nazismus verbundenen Denker und Autoren: Paul Althaus, Alfred Baeumler, Gottfried Benn, Werner Best, Hans Blüher, Houston Stewart Chamberlain, Artur Dinter, Arnold Gehlen, Stefan George, Martin Heidegger, Ernst Jünger, Ludwig Klages, Ernst Krieck, Johann von Leers, Ernst Niekisch, Carl Schmitt, Oswald Spengler, Wilhelm Stapel, Georg Usadel und Hans Zehrer. Einige von ihnen sind heute wieder en vogue, andere vergessen oder nur Spezialisten bekannt. Bei manchem Autor auf Kolnais Liste wird weiterhin darüber gestritten, ob er dem Nationalsozialismus eindeutig zuzuordnen sei. Sie alle aber teilten in Kolnais Augen eine intellektuelle Haltung, die er als Kristallisationspunkt des Nationalsozialismus ausmacht: den Antiliberalismus. Und in ihrem Antiliberalismus beteiligten sie sich an der gedanklichen Vorbereitung und Durchführung des nazistischen »Kriegs gegen den Westen«. Kolnai hat schon 1938 darauf hingewiesen, dass natio-

[32] Axel Honneth, »Nachwort«, in: Kolnai, Ekel Hochmut Haß, S. 143.

nalsozialistische Autoren vielfach auch auf ihre Gegner eine große Faszination ausübten. Diese Faszination wich 1945 zunächst einem Gefühl der Ernüchterung; sie blieb aber abrufbar und ist auch heute noch wirkmächtig. Sowohl der Antiliberalismus als auch der Hass auf alles »Westliche« sind als politische Einstellungen weit verbreitet.

Was charakterisiert nun aber den »Westen«, über den Kolnai schreibt? Er ist gekennzeichnet durch eine Reihe von Merkmalen, die Kolnai in wenigen Kernpunkten zusammenfasst: dem Vorrang des Rechts gegenüber dem Herrschaftsanspruch einzelner Personen; der historischen Vormacht der rationalen Ethik und einer säkularisierten Politik, deren Führer Teil einer irdischen – und nicht transzendenten – Gemeinschaft sind; dem relativen – und nicht absoluten – Status irdischer Macht; der Bedeutung des römischen Rechts und seiner Rationalisierung von Eigentumsbeziehungen und schließlich der Verneinung des Magischen.[33] Dieses letzte Merkmal, der Vorrang des Rationalen vor dem Magischen, hat nach Kolnai das Prinzip der Konsensfindung gestärkt und damit zwangsläufig zu individuellen Freiheitsrechten und der Existenz von politischer Opposition geführt. Ebenso förderte es die Fähigkeit zu experimenteller Forschung und die allgemeine Entwicklung des Wissens und der Wissenschaften. Schließlich betont Kolnai den Zusammenhang zwischen persönlicher Würde, sexueller Selbstbestimmung und der Emanzipation der Frau.[34]

In seinem Aufsatz über den Hass macht er deutlich, dass dieser immer aus zwei Komponenten besteht: einem Werturteil über das Gehasste – das als »böse« und »verwerflich« erscheint – und einer bestimmten Nahbeziehung.[35] Was wir has-

[33] Kolnai, The War Against The West, S. 17–18, S. 24–27 (»The Charter of the West«).

[34] Vgl. ebd., S. 24–27.

[35] Vgl. Kolnai, Ekel Hochmut Haß, S. 110, S. 125 ff.

sen, steht in einer direkten Beziehung zu uns, wir verstehen es als Teil unserer eigenen Geschichte. Es ist etwas, was uns stört, angreift, bedroht, in unser Leben eingreift. Hass als politisches Gefühl sollte daher nicht unterschätzt werden. So wie es den von Hitler beschworenen »Antisemitismus der Vernunft« nie gab, so ist auch der moderne »Krieg gegen den Westen« in grundlegender Weise mit einem sich als moralisch verstehenden Hass verknüpft, der eine große Kraft entfalten kann.[36]

Der Hass auf den Westen ist 1945 nicht untergegangen. Auch mit dem scheinbaren Ende des Ost-West-Konfliktes im Jahr 1989 ist er nicht verschwunden. Ian Buruma und Avishai Margalit haben dem von Kolnai beschriebenen Phänomen nach dem 11. September 2001 den Namen »Okzidentalismus«[37] gegeben und einen Aspekt hinzugefügt: Der Okzidentalismus sei zwar ein durch und durch europäisches Gebräu, aber wenn wir ihn in anderen Teilen der Erde wiederfänden, erscheine er uns plötzlich als gänzlich exotisches und unbekanntes Wesen. Wie Gauguin und andere Maler die von Frankreich nach Tahiti exportierten bunten Textilien dort als Inbegriff tropischer Exotik betrachteten, so ergehe es uns mit dem okzidentalistischen Krieg gegen den Westen.[38] Wenn wir aber Herkunft und Wirkung des »Okzidentalismus« genauer verstehen wollen, sind wir immer noch auf die vergessene Arbeit von Kolnai angewiesen.

Da Kolnai seine Studie vor der Vernichtung der europäischen Juden geschrieben hat, erscheint sie in ihrem Fokus auf das zerstörerische Potenzial der Hassgefühle, die in der NS-Ideologie verankert waren, im Nachhinein geradezu als pro-

[36] Zum »Antisemitismus der Vernunft« vgl. Alan E. Steinweis, Studying the Jew. Scholarly Antisemitism in Nazi Germany, Cambridge, Mass., London 2008, S. 7–22.

[37] Ian Buruma, Avishai Margalit, Okzidentalismus. Der Westen in den Augen seiner Feinde, aus dem Englischen von Andreas Wirthensohn, München 2004.

[38] Vgl. ebd., S. 14.

phetisch. Unter den Bedingungen des Exils verfasst, musste die Arbeit oft ohne genaue Zitatnachweise bleiben. Umso mehr ist der Reichtum der herangezogenen Zitate überwältigend, und manche sind dazu geeignet, weitere Studien zu unserem Thema anzuregen. Erwähnen will ich nur den »kategorischen Imperativ«, den Kolnai etwa bei Walther Darré findet: »As a German always act so that your German co-nationals could make your their paragon [Handle als Deutscher immer so, dass deine deutschen Mitbürger dich zu ihrem Vorbild machen können].«[39] Eine Weiterführung stammt von Reichsrechtsführer Hans Frank: »Handle so, dass der Führer, wenn er von deinem Handeln Kenntnis hätte, dieses Handeln billigen würde.«[40] Kolnai konnte diesen Satz aus dem Jahre 1942 natürlich nicht kennen. Er hat einem seiner Kapitel aber eine sehr ähnliche frühere Äußerung von Frank vorangestellt: »›Formerly, we were in the habit of saying: this is right or wrong; today, we must put the question accordingly: What would the ›Führer‹ say? This attitude towards the ›Führer‹ as well as his own person, are [sic] the Categorical Imperative to which German life must henceforward conform. We were under the great obligation of recognizing as a holy work of our Volk's spirit the laws signed by Adolf Hitler's name. Hitler has received his authority from God. Therefore he is a champion, sent by God, for German Right in the world.‹«[41]

Mein Versuch, mich dem Thema Nationalsozialismus und Moral zu nähern, endet hier. Ich hoffe, deutlich gemacht zu haben, dass Moralgeschichte eine neue und wichtige For-

39 Kolnai, The War Against The West, Kap. VI (»Morals, Law and Culture«), S. 279.

40 Hans Frank, Technik des Staates, Berlin 1942, S. 15.

41 Kolnai, The War Against the West, S. 29. Vermutlich aufgrund der Bedingungen des Exils gibt Kolnai keine genaue Quelle für dieses Zitat an, immerhin aber Folgendes: »H. Frank, Imperial Minister of Justice (Frankfort a. M., October 30th and 31st, 1935)«.

schungsrichtung eröffnet. Und ich hoffe, dass bald viele weitere Arbeiten folgen werden. Chronologisch könnten diese etwa mit dem vielfach als »Schandfrieden« bezeichneten Versailler Vertrag einsetzen. Einzelne zentrale Begriffe müssten separat untersucht werden. Es wird außerdem notwendig sein, die moralgeschichtlichen Entwicklungen eingehend im Rahmen einzelner Fachdisziplinen zu erforschen. Und bestimmt wird der hier angeregte methodische Ansatz, der sich vor allem auf philosophische Zugänge stützt, ergänzt und erweitert werden müssen. Es ist jedenfalls meine große Hoffnung, dass diese Auseinandersetzung mit dem Thema eine breitere wissenschaftliche wie auch gesellschaftliche Diskussion über NS-Moral, über ihre Geschichte und Wirkung bis in die Gegenwart hinein, anregen möge.

Bibliographie

Adorno, Theodor W., Jargon der Eigentlichkeit. Zur deutschen Ideologie, Frankfurt am Main 1964

Allert, Tilman, Der deutsche Gruß. Geschichte einer unheilvollen Geste, Frankfurt am Main 2005

Altwasser, Volker Harry, Letzte Haut, Berlin 2009

Aly, Götz, Hitlers Volksstaat. Raub, Rassenkrieg und nationaler Sozialismus, 5. Aufl., Frankfurt am Main 2005

Anderson, Jeffrey M., »The Great Dictation«, in: San Francisco Examiner, 28. 2. 2003

Arendt, Hannah, »Organized Guilt and Universal Responsibility«, in: Jewish Frontier, 12 (1945), Nr. 1, S. 19–23; dt.: »Organisierte Schuld«, in: Die Wandlung, Jg. 1 (1945–1946), Nr. 4, S. 333–344

Arendt, Hannah, Elemente und Ursprünge totaler Herrschaft, München, Zürich 1955; Orig.: The Origins of Totalitarianism, New York 1951

Arendt, Hannah, Eichmann in Jerusalem. Ein Bericht von der Banalität des Bösen, München 1964; Orig.: Eichmann in Jerusalem. A Report on the Banality of Evil, New York 1963

»Hannah Arendt – Hans Magnus Enzensberger: Politik und Verbrechen – ein Briefwechsel«, in: Merkur, April 1965, S. 380–385

Hannah Arendt, Heinrich Blücher, Briefe 1936–1968, hrsg. von Lotte Köhler, 2. Aufl., München, Zürich 2002

Hannah Arendt, Kurt Blumenfeld, »... in keinem Besitz verwurzelt«. Die Korrespondenz, hrsg. von Ingeborg Nordmann und Iris Pilling, Hamburg 1995

Aretin, Uta Freifrau von, »Preußische Tradition als Motiv für den Widerstand gegen das NS-Regime«, in: Thomas Vogel (Hrsg.), Aufstand des Gewissens. Militärischer Widerstand gegen Hitler und das NS-Regime 1933 bis 1945, 6. Aufl., Hamburg, Berlin, Bonn 2001, S. 279–285

Aschheim, Steven E. (Hrsg.), Hannah Arendt in Jerusalem, Berkeley, Los Angeles, London 2001

Backhaus, Fritz, Raphael Gross und Michael Lenarz (Hrsg.), Ignatz Bubis. Ein jüdisches Leben in Deutschland, Frankfurt am Main 2007

Backhaus, Fritz, und Martin Liepach, »Leo Baecks Manuskript über die

›Rechtsstellung der Juden in Europa‹. Neue Funde und ungeklärte Fragen«, in: Zeitschrift für Geschichtswissenschaft, 50. Jg (2002), H. 1, S. 55–71
Baade, Fritz (Hrsg.), »Unsere Ehre heißt Treue«. Kriegstagebuch des Kommandostabes Reichsführer-SS. Tätigkeitsberichte d. 1. u. 2. SS-Inf.-Brigade, d. 1. SS-Kav.-Brigade u. von Sonderkommandos d. SS, Wien, München, Zürich 1965
Bajohr, Frank, »Unser Hotel ist judenfrei«. Bäder-Antisemitismus im 19. und 20. Jahrhundert, Frankfurt am Main 2003
Bar-On, Dan, Die Last des Schweigens. Gespräche mit Kindern von NS-Tätern, Frankfurt am Main 1993
Bärsch, Claus-Ekkehard, Die politische Religion des Nationalsozialismus. Die religiöse Dimension der NS-Ideologie in den Schriften von Dietrich Eckart, Joseph Goebbels, Alfred Rosenberg und Adolf Hitler, München 1998
Berg, Nicolas, »Lesarten des Judenmords«, in: Ulrich Herbert (Hrsg.), Wandlungsprozesse in Westdeutschland. Belastung, Integration, Liberalisierung 1945–1980, Göttingen 2002, S. 91–139
Berg, Nicolas, Der Holocaust und die westdeutschen Historiker. Erforschung und Erinnerung, Göttingen 2003
Bergmann, Martin S., u.a. (Hrsg.), Kinder der Opfer – Kinder der Täter. Psychoanalyse und Holocaust, Frankfurt am Main 1998
Bialas, Wolfgang, und Manfred Gangl (Hrsg.), Intellektuelle im Nationalsozialismus, Frankfurt am Main 2000
Borut, Jacob, »Antisemitism in Tourist Facilities in Weimar Germany«, in: Yad Vashem Studies 28 (2000), S. 7–50
Breitman, Richard, The Architect of Genocide. Himmler and the Final Solution, London 1991
Breucker, Wilhelm, Die Tragik Ludendorffs. Eine kritische Studie auf Grund persönlicher Erinnerungen an den General und seine Zeit, Stollhamm (Oldb.) 1953
Breuer, Stefan, Anatomie der Konservativen Revolution, Darmstadt 1993
Broszat, Martin, und Saul Friedländer, »Um die ›Historisierung des Nationalsozialismus‹. Ein Briefwechsel«, in: Vierteljahrshefte für Zeitgeschichte, 36, 1988, S. 339–372
Browning, Christopher R., Ganz normale Männer: Das Reserve-Polizeibataillon 101 und die »Endlösung« in Polen, Reinbek bei Hamburg 1999
Buchheim, Hans, »Die SS – Das Herrschaftsinstrument«, in: ders. u.a., Anatomie des SS-Staates, Bd. 1, Olten, Freiburg im Breisgau 1965
Buchloh, Ingrid, Veit Harlan. Goebbels' Starregisseur, Paderborn, 2010
Burkhart, Dagmar, Eine Geschichte der Ehre, Darmstadt 2006
Buruma, Ian, und Avishai Margalit, Okzidentalismus. Der Westen in den Augen seiner Feinde, München 2004

Buschke, Heiko, Deutsche Presse, Nationalsozialismus und nationalsozialistische Vergangenheit in der Ära Adenauer, Frankfurt am Main 2003
Caldwell, Peter C., Popular Sovereignty and the Crisis of German Constitutional Law. The Theory and Practice of Weimar Constitutionalism, Durham 1997
Cesarani, David, Adolf Eichmann. Bürokrat und Massenmörder, Berlin 2004
Clark, Mark W., »A Prophet without Honour: Karl Jaspers in Germany, 1945–48«, in: Journal of Contemporary History, Jg. 37, Nr. 2, 2002, S. 197–222
Confino, Alon, »Fantasies about the Jews, Cultural Reflections on the Holocaust«, in: History & Memory, 17, 1/2 (2005), S. 296–322
Der Auschwitz-Prozeß. Tonbandmitschnitte, Protokolle, Dokumente, hrsg. vom Fritz Bauer Institut Frankfurt am Main und dem Staatlichen Museum Auschwitz-Birkenau, Digitale Bibliothek Nr. 101 (DVD-ROM), Berlin 2004
Der Nationalsozialismus. Dokumente 1933–1945, herausgegeben und kommentiert von Walther Hofer, Frankfurt am Main 1957
Der Prozeß gegen die Hauptkriegsverbrecher vor dem Internationalen Militärgerichtshof Nürnberg 14. November 1945 – 1. Oktober 1946, Bd. XXIX, Nürnberg 1948
Deuber-Mankowsky, Astrid, »›Homo sacer‹, das bloße Leben und das Lager. Anmerkungen zu einem erneuten Versuch einer Kritik der Gewalt«, in: Babylon. Beiträge zur jüdischen Gegenwart, Heft 21, 2006, S. 105–121
Diner, Dan, »Hannah Arendt Reconsidered: Über das Banale und das Böse in ihrer Holocaust-Erzählung«, in: Babylon. Beiträge zur jüdischen Gegenwart 16/17 (1996), S. 94–107; wieder in: Gary Smith (Hrsg.), Hannah Arendt Revisited, S. 120–135
Diner, Dan, »Schulddiskurse und andere Narrative – Epistemisches zum Holocaust«, in: ders., Gedächtniszeiten. Über jüdische und andere Geschichten, München 2003, S. 180–200
Dinter, Artur, Die Sünde wider das Blut. Ein Zeitroman, Leipzig 1917
Eckart, Dietrich, Der Bolschewismus von Moses bis Lenin. Zwiegespräch zwischen Adolf Hitler und mir, München 1924
Eichmüller, Andreas, »Die Strafverfolgung von NS-Verbrechen durch westdeutsche Justizbehörden seit 1945. Eine Zahlenbilanz«, in: Vierteljahrshefte für Zeitgeschichte, Jg. 56, H. 4 (2008), S. 621–640
Elwenspoek, Curt, Jud Süß Oppenheimer. Der große Finanzier und galante Abenteurer des 18. Jahrhunderts. Erste Darstellung auf Grund sämtlicher Akten, Dokumente, Überlieferungen, Stuttgart 1926
Esser, Josef, und Hans Thieme (Hrsg.), Festschrift für Fritz von Hippel zum 70. Geburtstag, Tübingen 1967
Fest, Joachim, Der Untergang. Hitler und das Ende des Dritten Reiches. Eine historische Skizze, Berlin 2002

Feuchtwanger, Lion, Jud Süß [1925], Stockholm, Amsterdam 1939
Fischer-Hübner, Helga, und Hermann Fischer-Hübner (Hrsg.), Die Kehrseite der »Wiedergutmachung«. Das Leiden von NS-Verfolgten in den Entschädigungsverfahren, mit einem Vorwort von Hans Koschnik, Gerlingen 1990
Fletcher, George P., Loyalty. An Essay on the Morality of Relationships, Oxford 1995
Fraenkel, Ernst, Der Doppelstaat. Recht und Justiz im »Dritten Reich«, Frankfurt am Main 1984
Frank, Hans, Im Angesicht des Galgens. Deutung Hitlers und seiner Zeit auf Grund eigener Erlebnisse und Erkenntnisse. Geschrieben im Nürnberger Justizgefängnis, München 1953; 2. Aufl., Neuhaus bei Schliersee 1955
Frank, Hans, Technik des Staates, Berlin 1942
Fredericia, Walter, »Wert und Unwert politischer Strafjustiz«, in: Deutsche Zeitung, 21. November 1961, S. 6
Frei, Norbert, »Von deutscher Erfindungskraft oder: Die Kollektivschuldthese in der Nachkriegszeit«, in: Rechtshistorisches Journal 16 (1997), S. 621–634
Frei, Norbert, Vergangenheitspolitik. Die Anfänge der Bundesrepublik und die NS-Vergangenheit, München 1996
Friedländer, Saul, Kurt Gerstein oder die Zwiespältigkeit des Guten, Gütersloh 1968
Friedländer, Saul, Kitsch und Tod. Der Widerschein des Nazismus, München, Wien 1984
Friedländer, Saul, Das Dritte Reich und die Juden, Bd. 1: Die Jahre der Verfolgung 1933–1945, München 1998
Friedländer, Saul, Das Dritte Reich und die Juden, Bd. 2: Die Jahre der Vernichtung 1939–1945, München 2006
Fritsch, Theodor, Der falsche Gott, Leipzig 1916
Fritz Bauer Institut (Hrsg.), Moralität des Bösen. Ethik und nationalsozialistische Verbrechen (Jahrbuch 2009 zur Geschichte und Wirkung des Holocaust), Frankfurt am Main, New York 2009
Gerber, Barbara, Jud Süß. Aufstieg und Fall im frühen 18. Jahrhundert. Ein Beitrag zur historischen Antisemitismus- und Rezeptionsforschung, Hamburg 1990
Gerstein, Kurt (Hrsg.), Um Ehre und Reinheit, Selbstverlag, Hagen o.J. (1936)
Gigerenzer, Gerd, Bauchentscheidungen. Die Intelligenz des Unbewussten und die Macht der Intuition, aus dem Englischen von Hainer Kober, München 2008
Gilbert, Gustave M., Nürnberger Tagebuch. Gespräche der Angeklagten mit dem Gerichtspsychologen, Frankfurt am Main 1993
Gilbhard, Hermann, Die Thule-Gesellschaft. Vom okkulten Mummenschanz zum Hakenkreuz, München 1994

Gloyna, Tanja, »›Treue‹: Zur Geschichte des Begriffs«, in: Archiv für Begriffsgeschichte, Bd. XLI, Bonn 1999, S. 64–85
Goldhagen, Daniel Jonah, Hitlers willige Vollstrecker, Berlin 1996, Orig.: Hitler's Willing Executioners, New York 1996
Goodrick-Clarke, Nicholas, Die okkulten Wurzeln des Nationalsozialismus, Wiesbaden 2005
Göring, Hermann, Reden und Aufsätze, hrsg. von Erich Gritzbach, 2. Aufl., München 1938
Greenspan, P. S., Practical Guilt. Moral Dilemmas, Emotions, and Social Norms, Oxford 1995
Gross, Raphael, »Der Führer als Betrüger: Moral und Antipositivismus in Deutschland 1945/1946 am Beispiel Fritz von Hippels«, in: Anne Klein u. a. (Hrsg.), *NS-Unrecht vor Kölner Gerichten nach 1945*, Köln 2003, S. 23–35
Gross, Raphael, »Moral und Gott im NS«, in: Martin Tremel und Daniel Weidner (Hrsg.), *Nachleben der Religionen*, München/Paderborn 2007, S. 176–187
Gross, Raphael, »›Treue‹ im Nationalsozialismus. Ein Beitrag zur Moralgeschichte der NS-Zeit«, in: Nikolaus Buschmann und Karl Borromäus Murr (Hrsg.), Treue. Politische Loyalität und militärische Gefolgschaft in der Moderne, Göttingen 2008, S. 253–273
Gross, Raphael, »Zum Fortwirken der NS-Moral: Adolf Eichmann und die deutsche Gesellschaft«, in: Raphael Gross und Yfaat Weiss (Hrsg.), Jüdische Geschichte als Allgemeine Geschichte. Festschrift für Dan Diner zum 60. Geburtstag, Göttingen 2006, S. 212–231
Gross, Raphael, »Der Holocaust in primärer Erinnerung und historischer Forschung. Zur aktuellen Diskussion um die ›Zeugenschaft‹«, in: Norbert Frei und Sybille Steinbacher (Hrsg.), Beschweigen und Bekennen. Die deutsche Nachkriegsgesellschaft und der Holocaust, Göttingen 2001, S. 127–136
Gross, Raphael, »Mächtiger als die Gerichte? Geschichte und historische Gerechtigkeit«, in: Norbert Frei u. a. (Hrsg.), Geschichte vor Gericht. Historiker, Richter und die Suche nach Gerechtigkeit, München 2000, S. 164–172
Gross, Raphael, Carl Schmitt und die Juden, 2. Aufl., Frankfurt am Main 2005
Gross, Raphael, »Relegating Nazism to the Past: Expressions of German Guilt in 1945 and Beyond«, in: German History, 4 2007; vol. 25: S. 219–238
Gross, Raphael, und Werner Konitzer (Hrsg.), Moralität des Bösen. Ethik und nationalsozialistische Verbrechen (Jahrbuch 2009 zur Geschichte und Wirkung des Holocaust), Frankfurt am Main, New York 2009
Gross, Raphael, und Werner Konitzer, »Geschichte und Ethik. Zum Fortwirken der nationalsozialistischen Moral«, in: Mittelweg 36, H. 4, 1999, S. 44–67
Gross, Raphael, und Werner Konitzer, »Geschichte und Gericht. Überlegungen zur Institutionalisierung einer unabhängigen Gerichtsbarkeit in der

Schweiz«, in: Arbeitskreis Armenien (Hrsg.), Völkermord und Verdrängung. Der Genozid an den Armeniern – die Schweiz und die Shoah, Zürich 1998, S. 157–163
Groß, Walter, Deine Ehre ist die Treue zum Blute deines Volkes (Schriftenreihe für die Wochenendschulungen der Hitlerjugend. Herausgegeben von der Reichsjugendführung, Heft 3), Berlin 1943
Gumbel, Emil Julius, Vier Jahre politischer Mord und Denkschrift des Reichsjustizministers zu »Vier Jahre politischer Mord«, Reprint, Heidelberg 1980
Habermas, Jürgen, »Vom öffentlichen Gebrauch der Historie«, in: Die Zeit, 7. 11. 1986, abgedruckt mit einer Ergänzung in: Ders., Eine Art Schadensabwicklung, Frankfurt am Main 1987
Hausner, Gideon, Die Vernichtung der Juden, München 1979
Heidegger, Martin, Sein und Zeit, 16. Aufl., Tübingen 1986
Henne, Thomas, und Arne Riedlinger (Hrsg.), Das Lüth-Urteil aus (rechts-)historischer Sicht. Die Konflikte um Veit Harlan und die Grundrechtsjudikatur des Bundesverfassungsgerichts, Berlin 2005
Herf, Jeffrey, Zweierlei Erinnerung. Die NS-Vergangenheit im geteilten Deutschland, Berlin 1998
Herzog, Dagmar, Die Politisierung der Lust. Sexualität in der deutschen Geschichte des zwanzigsten Jahrhunderts, München 2005
Hesemann, Michael, Hitlers Religion. Die fatale Heilslehre des Nationalsozialismus, München 2004
Heß, Jürgen C., Hartmut Lehmann und Volker Sellin (Hrsg.), Heidelberg 1945, Stuttgart 1996
Hilberg, Raul, »Auschwitz and the ›Final Solution‹«, in: Yisrael Gutman, Michael Berenbaum (Hrsg.), Anatomy of the Auschwitz Death Camp, Bloomington 1994
Hilberg, Raul, Die Vernichtung der europäischen Juden, Frankfurt a. M. 1999
Hilberg, Raul, Unerbetene Erinnerung. Der Weg eines Holocaust-Forschers, Frankfurt am Main 1994
Hippel, Fritz von, Die nationalsozialistische Herrschaftsordnung als Warnung und Lehre. Eine juristische Betrachtung, Tübingen 1946
Hippel, Fritz von, Die Perversion von Rechtsordnungen, Tübingen 1955
Hitler, Adolf, Mein Kampf, 454.–458. Aufl., München 1939
Hitler. Sämtliche Aufzeichnungen 1905–1924, hrsg. von Eberhard Jäckel zusammen mit Axel Kuhn, Stuttgart 1980
Hoffmann, Hans, »Hast du diese Tötungen befohlen?«. SS-Richter und ihre Ermittlungen in den KZ, Bad Harzburg 1997
Höhne, Heinz, Der Orden unter dem Totenkopf. Die Geschichte der SS, München o.J.
Holenstein, André, »Seelenheil und Untertanenpflicht. Zur gesellschaftlichen

Funktion und theoretischen Begründung des Eides in der ständischen Gesellschaft«, in: Peter Blickle (Hrsg.), Der Fluch und der Eid. Die metaphysische Begründung gesellschaftlichen Zusammenlebens und politischer Ordnung in der ständischen Gesellschaft (Zeitschrift für historische Forschung, Beiheft 15), Berlin 1993, S. 11–63

Hollstein, Dorothea, »Jud Süß« und die Deutschen. Antisemitische Vorurteile im nationalsozialistischen Spielfilm, Frankfurt am Main, Berlin, Wien 1983

Jaspers, Karl, Die Schuldfrage. Ein Beitrag zur deutschen Frage, Zürich 1946 (Heidelberg 1946)

Jastrow, Joseph, Fact and Fable in Psychology, Boston 1900

Joffroy, Pierre, Der Spion Gottes. Kurt Gerstein – ein SS-Offizier im Widerstand?, Berlin 1995; Orig. L'espion de Dieu. La passion de Kurt Gerstein, Paris 1971

Junge, Traudl, Bis zur letzten Stunde. Hitlers Sekretärin erzählt ihr Leben, unter Mitarbeit von Melissa Müller, München 2002

Kadereit, Ralf, Karl Jaspers und die Bundesrepublik Deutschland. Politische Gedanken eines Philosophen, Paderborn u.a. 1999

Kaufmann, Ekkehard, »Treue«, in: Handwörterbuch zur deutschen Rechtsgeschichte, hrsg. von Adalbert Erler, Ekkehard Kaufmann und Dieter Werkmüller, Berlin 1998, Sp. 320–338

Keilson, Hans, »Die traumatische Neurose. Zur forensisch-psychiatrischen Begutachtung von Opfern der Nazi-Verfolgung«, in: Horst Hillermann und Julius H. Schoeps (Hrsg.), Justiz und Nationalsozialismus. Bewältigt – verdrängt – vergessen, Stuttgart, Bonn 1987, S. 138–155

Kershaw, Ian, Hitler 1889–1936, München 1998

Kittsteiner, Heinz D., »Adel, Ehre und Gehorsam. Die ›preußischen Tugenden‹ und ihre Überwindung im Gewissen. Anmerkungen zum Silvesterbericht 1945 des Carl-Hans Graf von Hardenberg«, in: »Ein Traum, was sonst?«. Preußische Tugenden. Ein Lesebuch, hrsg. von der Stiftung Schloss Neuhardenberg, Göttingen 2002, S. 159–273

Klee, Ernst, Das Personenlexikon zum Dritten Reich. Wer war was vor und nach 1945?, Frankfurt am Main 2003

Klein, Anne, und Jürgen Wilhelm (Hrsg.), NS-Unrecht vor Kölner Gerichten nach 1945, Köln 2003

Koenen, Gerd, Das rote Jahrzehnt. Unsere kleine deutsche Kulturrevolution 1967–1977, Köln 2001

Kogon, Eugen, Der SS-Staat. Das System der deutschen Konzentrationslager, München 1974

Kohlstruck, Michael, und Daniel Krüger, »Die Treue ist das Mark der Ehre« (2007); http://zfa.kgw.tu-berlin.de/projekte/Kohlstruck_Krueger.pdf

Kolnai, Aurel, Ekel Hochmut Haß. Zur Phänomenologie feindlicher Gefühle, mit einem Nachwort von Axel Honneth, Frankfurt am Main 2007

Kolnai, Aurel, The War Against The West, with a Preface by Wickham Steed, London 1938
Konitzer, Werner, »Antisemitismus und Moral. Einige Überlegungen«, in: Mittelweg 36, 14. Jg., H. 2 (2005), S. 24–35
Konitzer, Werner, »Die mosaische Unterscheidung. Zwei Erzählungen zur Erklärung antisemitischer Affekte«, in: Mittelweg 36, 13. Jg., H. 6 (2004), S. 49–60
Konitzer, Werner, »Kameradschaft und Intimität«, in: Hartmut Schröder und Matthias Rothe (Hrsg.), Körpertabus und sprachliche Umgehungsstrategien, Berlin 2005
Konitzer, Werner, »Moral oder ›Moral‹? Einige Überlegungen zum Thema ›Moral und Nationalsozialismus‹«, in: Fritz Bauer Institut (Hrsg.), Moralität des Bösen, S. 97–115
Koonz, Claudia, The Nazi Conscience, Cambridge 2003
Koselleck, Reinhart, Begriffsgeschichten. Studien zur Semantik und Pragmatik der politischen und sozialen Sprache, Frankfurt am Main 2006
Krause, Peter, »Eichmann und die Deutschen. ›Vergangenheitsbewältigung‹ in West und Ost am Beispiel der Presse zum Jerusalemer Eichmann-Prozess«, in: Deutschlandarchiv, 38 (2005), H. 2, S. 266–273
Kroeschell, Karl, Studien zum frühen und mittelalterlichen deutschen Recht, Berlin 1995
Langbein, Hermann, Menschen in Auschwitz, Wien, München 1999
Lange, Sven, Der Fahneneid. Die Geschichte der Schwurverpflichtung im deutschen Militär, Bremen 2003
Leser, Norbert, »Hans Kelsen (1881–1973)«, in: Neue Österreichische Biographie, Bd. 20, Wien 1979, S. 29–39
Ley, Michael, und Julius H. Schoeps (Hrsg.), Der Nationalsozialismus als politische Religion, Bodenheim 1997
Liebenfels, Jörg Lanz von, Theozoologie, Wien, Leipzig, Budapest 1906
Lozowick, Yaacov, Hitlers Bürokraten. Eichmann, seine willigen Vollstrecker und die Banalität des Bösen, Zürich 2000
Majer, Diemut, Grundlagen des nationalsozialistischen Rechtssystems. Führerprinzip, Sonderrecht, Einheitspartei, Stuttgart 1987
McKim, Robert, und Jeff McMahan (Hrsg.), The Morality of Nationalism, Oxford 1997
Meinecke, Friedrich, Die deutsche Katastrophe. Betrachtungen und Erinnerungen, Wiesbaden 1946
Merrit, Anna J., und Richard L. Merritt (Hrsg.), Public Opinion in Occupied Germany. The OMGUS Surveys, 1945–1949, Urbana, Chicago, London 1970
Miquel, Marc von, Ahnden oder amnestieren? Westdeutsche Justiz und Vergangenheitspolitik in den sechziger Jahren, Göttingen 2004

Mohler, Armin, Die konservative Revolution in Deutschland 1918–1932. Ein Handbuch, 4. Aufl., Darmstadt 1994
Morgen, Konrad, Kriegspropaganda und Kriegsverhütung (Wesen und Wirkungen der Publizistik, Bd. 4. Arbeiten über die Volksbeeinflussung und geistige Volksführung aller Zeiten und Völker), Leipzig 1936
Moritz, Klaus, und Ernst Noam, NS-Verbrechen vor Gericht 1945–1955. Dokumente aus hessischen Justizakten mit einem Nachwort von Richard Schmid (Justiz und Judenverfolgung, Bd. 2), hrsg. von der Kommission für die Geschichte der Juden in Hessen, Wiesbaden 1978
Mosse, George L., Die völkische Revolution. Über die geistigen Wurzeln des Nationalsozialismus, Königstein 1979; Orig. The Crisis of German Ideology. Intellectual Origins of the Third Reich, New York 1964
Neiman, Susan, Das Böse denken. Eine andere Geschichte der Philosophie, Frankfurt am Main 2004
Noam, Ernst, und Wolf-Arno Kropat, Juden vor Gericht 1933–1945. Dokumente aus hessischen Justizakten mit einem Vorwort von Johannes Strelitz (Justiz und Judenverfolgung, Bd. 1), hrsg. von der Kommission für die Geschichte der Juden in Hessen, Wiesbaden 1975
Oehrl, Christina, Sandra Sophia Schmidt und Thomas Terbeck (Hrsg.), Die Bundesrepublik Deutschland – Eine Erfolgsgeschichte?, Münster 2000
Olden, Rudolf, Hindenburg oder der Geist der preußischen Armee, Neudr. d. Ausg. Paris 1935, Hildesheim 1982
Overy, Richard, Verhöre. Die NS-Elite in den Händen der Alliierten 1945, München 2005
Peukert, Detlev, Volksgenossen und Gemeinschaftsfremde. Anpassung, Ausmerze und Aufbegehren unter dem Nationalsozialismus, Köln 1982
Poliakov, Léon, und Joseph Wulf, Das Dritte Reich und seine Diener, Berlin 1956
Poliakov, Léon, und Josef Wulf, Das Dritte Reich und die Juden. Dokumente und Aufsätze, Berlin 1955
Przyrembel, Alexandra, »Rassenschande«. Reinheitsmythos und Vernichtungslegitimation im Nationalsozialismus, Göttingen 2003
Puschner, Uwe, u.a. (Hrsg.), Handbuch zur »Völkischen Bewegung« 1871–1918, München u.a. 1996
Radbruch, Gustav, Rechtsphilosophie, 5. Aufl., Stuttgart 1956
Reichel Peter, und Harald Schmid, Von der Katastrophe zum Stolperstein. Hamburg und der Nationalsozialismus nach 1945, München, Hamburg 2005
Reiter, Raimond, Nationalsozialismus und Moral. Die »Pflichtenlehre« eines Verbrecherstaates, Frankfurt am Main u.a. 1996
Röhm, Ernst, Die Geschichte eines Hochverräters, 3. Aufl., München 1933
Rüthers, Bernd, Carl Schmitt im Dritten Reich. Wissenschaft als Zeitgeist-Verstärkung?, 2. Aufl., München 1990

Rüthers, Bernd, Die unbegrenzte Auslegung. Zum Wandel der Privatrechtsordnung im Nationalsozialismus, Tübingen 1968
Sartre, Jean-Paul, Betrachtungen zur Judenfrage. Psychoanalyse des Antisemitismus, Zürich 1948
Schäfer, Jürgen, Kurt Gerstein – Zeuge des Holocaust. Ein Leben zwischen Bibelkreisen und SS, Bielefeld 1999
Schäfer, Peter, Judenhass und Judenfurcht. Die Entstehung des Antisemitismus in der Antike, Frankfurt am Main 2010
Scheffler, Wolfgang, »Zur Praxis der SS- und Polizeigerichtsbarkeit im Dritten Reich«, in: Günther Doeker und Winfried Steffani (Hrsg.), Klassenjustiz und Pluralismus. Festschrift für Ernst Fraenkel, Hamburg 1973, S. 224–236
Scheler, Max, »Über Scham und Schamgefühl«, in: Schriften aus dem Nachlaß. Bd. 1: Zur Ethik und Erkenntnislehre, Gesammelte Werke 10 (1957)
Schenk, Dieter, Hans Frank. Hitlers Kronjurist und Generalgouverneur, Frankfurt am Main 2008
Schildt, Axel, »Der Umgang mit der NS-Vergangenheit in der Öffentlichkeit der Nachkriegszeit«, in: Wilfried Loth und Bernd-A. Rusinek (Hrsg.), Verwandlungspolitik. NS-Eliten in der westdeutschen Nachkriegsgesellschaft, Frankfurt am Main 1998, S. 19–54
Schirrmacher, Frank (Hrsg.), Die Walser-Bubis-Debatte. Eine Dokumentation, Frankfurt am Main 1999
Schlingensiepen, Hermann, »Adolf Eichmann und wir. Erinnerungen und Fragen vor dem Bildschirm«, in: Politisch-Soziale Korrespondenz, Bonn 1962, in: B 141, Aktenband Nr. 12 965 (2).
Schlink, Bernhard, »Unfähigkeit der Staatsrechtswissenschaft zu trauern?«, in: Ders., Vergangenheitsschuld und gegenwärtiges Recht, Frankfurt am Main 2002
Schmitz-Berning, Cornelia, Vokabular des Nationalsozialismus, Berlin, New York 1998
Schnabel, Reimund, Macht ohne Moral. Eine Dokumentation über die SS, Frankfurt am Main 1957
Scholder, Klaus, Die Kirchen und das Dritte Reich. Bd. 1: Vorgeschichte und Zeit der Illusionen 1918–1934, Frankfurt am Main, Berlin, Wien 1977
Schwerin, Claudius Freiherr von, »Der Geist des altgermanischen Rechts, das Eindringen fremden Rechts und die neuerliche Wiedererstarkung germanischer Rechtsgrundsätze«, in: Germanische Wiedererstehung, hrsg. von Hermann Nollau, Heidelberg 1926
Sebottendorff, Rudolf von, Bevor Hitler kam. Urkundliches aus der Frühzeit der nationalsozialistischen Bewegung, München 1933
Senfft, Heinrich, Richter und andere Bürger. 150 Jahre politische Justiz und neudeutsche Herrschaftspublizistik, Nördlingen 1988

Simmel, Ernst (Hrsg.), Antisemitismus, Frankfurt am Main 2002; Orig.: Anti-Semitism. A Social Disease, New York 1946
Simmel, Georg, Soziologie. Untersuchungen über die Formen der Vergesellschaftung, Gesamtausgabe Bd. 11, hrsg. von Otthein Rammstedt, Frankfurt am Main 1992
Simon, Herman, »Bislang unbekannte Quellen zur Entstehungsgeschichte des Werkes ›Die Entwicklung der Rechtsstellung der Juden in Europa, vornehmlich in Deutschland‹«, in: Leo Baeck 1873–1956. Aus dem Stamme von Rabbinern, hrsg. von Georg Heuberger und Fritz Backhaus, Frankfurt am Main 2001, S. 103–110
Smith, Gary, (Hrsg.), Hannah Arendt Revisited: »Eichmann in Jerusalem« und die Folgen, Frankfurt am Main 2000
Smith, Adam, The Theory of Moral Sentiments (1795), hrsg. von Knud Haakonssen, Cambridge 2004
Sontheimer, Kurt, Antidemokratisches Denken in der Weimarer Republik, München 1962
Steinweis, Alan E., Studying the Jew. Scholarly Antisemitism in Nazi Germany, Cambridge, Mass., London 2008
Stern, Selma, Der Hofjude im Zeitalter des Absolutismus, hrsg. von Marina Sassenberg, Tübingen 2001
Stolleis, Michael, »Theodor Maunz – Ein Staatsrechtslehrerleben«, in: Ders., Recht im Unrecht. Studien zur Rechtsgeschichte des Nationalsozialismus, Frankfurt am Main 1994, S. 306–317
Strawson, Peter Frederick, Freedom and Resentment and other Essays, London 1974
Tanner, Jakob, und Sigrid Weigel (Hrsg.), Gedächtnis, Geld und Gesetz. Vom Umgang mit der Vergangenheit des Zweiten Weltkrieges, Zürich 2002
Taylor, Gabriele, Pride, Shame and Guilt. Emotions of Self-Assessment, Oxford 1985
Tegel, Susan, Jew Süss – Jud Süss (Germany 1940), Wiltshire 1996
Treml, Martin, und Daniel Weidner (Hrsg.), Nachleben der Religionen. Kulturwissenschaftliche Untersuchungen zur Dialektik der Säkularisierung, München 2007
Tugendhat, Ernst, Vorlesungen über Ethik, Frankfurt am Main 1993
Tugendhat, Ernst, Dialog in Leticia, Frankfurt am Main 1997
Tugendhat, Ernst, Aufsätze 1992–2000, Frankfurt am Main 2001
Tugendhat, Ernst, »Der moralische Universalismus in der Konfrontation mit der Nazi-Ideologie«, in: Moralität des Bösen. Ethik und nationalsozialistische Verbrechen (Jahrbuch 2009 zur Geschichte und Wirkung des Holocaust), hrsg. im Auftrag des Fritz Bauer Instituts von Werner Konitzer und Raphael Gross, S. 61–75

Vieregge, Bianca, Die Gerichtsbarkeit einer »Elite«. Nationalsozialistische Rechtsprechung am Beispiel der SS- und Polizei-Gerichtsbarkeit, Baden-Baden 2002

Vowinckel, Annette, Hannah Arendt. Zwischen deutscher Philosophie und jüdischer Politik, Berlin 2004

Walk, Joseph (Hrsg.), Das Sonderrecht für die Juden im NS-Staat. Eine Sammlung der gesetzlichen Maßnahmen und Richtlinien – Inhalt und Bedeutung, Heidelberg, Karlsruhe 1981

Wallace, R. Jay, Responsibility and the Moral Sentiments, Cambridge, Mass. 1998

Walser, Martin, Erfahrungen beim Verfassen einer Sonntagsrede. Friedenspreis des Deutschen Buchhandels 1998, Frankfurt am Main 1998

Walter-Schomburg, Kurt L. (Hrsg.), Die Treue ist das Mark der Ehre. Von München bis Tannenberg, Berlin 1934

Walther, Manfred, »Hat der juristische Positivismus die deutschen Juristen wehrlos gemacht?«, in: Redaktion Kritische Justiz (Hrsg.), Die juristische Aufarbeitung des Unrechts-Staats, Baden-Baden 1998, S. 299–322

Weingartner, James J., »Law and Justice in the Nazi SS: The Case of Konrad Morgen«, in: Central European History, Vol. XVI, No. 3 (September 1983), S. 276–294

Welzer, Harald, Täter. Wie aus ganz normalen Menschen Massenmörder werden, Frankfurt am Main 2005

Wiese, Christian, und Paul Betts (Hrsg.), Years of Persecution, Years of Extermination. Saul Friedländer and the Future of Holocaust Historiography, London 2010

Wildt, Michael, »›Der muß hinaus! Der muß hinaus!‹ Antisemitismus in deutschen Nord- und Ostseebädern 1920–1935«, in Mittelweg 36, Jg. 10, H. 4 (2001), S. 2–25

Wildt, Michael, Generation des Unbedingten. Das Führungskorps des Reichssicherheitshauptamtes, Hamburg 2003

Wildt, Michael, Volksgemeinschaft als Selbstermächtigung. Gewalt gegen Juden in der deutschen Provinz 1919 bis 1939, Hamburg 2007

Wittgenstein, Ludwig, Philosophische Untersuchungen, Frankfurt am Main 1977

Wittmann, Rebecca, »The Morgen Commission«, in: Dies., Beyond Justice. The Auschwitz Trial, Cambridge, London 2005, S. 160–190

Wojak, Irmtrud, Eichmanns Memoiren. Ein kritischer Essay, Frankfurt am Main 2001

Wulf, Joseph, Theater und Film im Dritten Reich. Eine Dokumentation, Gütersloh 1964

Yablonka, Hanna, The State of Israel vs. Adolf Eichmann. Translated from the Hebrew by Ora Cummings with David Herman, New York 2004

Zimmermann, Rolf, Philosophie nach Auschwitz. Eine Neubestimmung von Moral in Politik und Gesellschaft, Reinbek bei Hamburg 2005

Zimmermann, Rolf, Moral als Macht. Eine Philosophie der historischen Erfahrung, Reinbek bei Hamburg 2008

Zimmermann, Rolf, »Holocaust und Holodomor. Was lehrt historische Erfahrung über Moral?«, in: Fritz Bauer Institut (Hrsg.), Moralität des Bösen, S. 13–29

Namenregister

Dank

Dieses Buch konnte ich nur mit Hilfe vieler Menschen schreiben, denen ich zum Schluss gerne danken möchte.

Zahlreiche Freunde und Kollegen waren bereit, meine Thesen mit mir zu diskutieren. Oftmals ermöglichten sie mir auch, in ihren Institutionen vor einem größeren Kreis über meine Arbeit zu sprechen und Fragen zu klären. Besonders danken möchte ich: Ulrich Bielefeld, Peter C. Caldwell, Astrid Eckert, Moritz Epple, Birgit Erdle, Martin van Gelderen, John Grenville, Konstanze Hanitzsch, Katharina Hacker, Klaus Holz, Anne Klein, Hartmut Lehmann, Simone Mahrenholz, Astrid Deuber-Mankowsky, Lukas H. Meyer, Karl Borromäus Murr, Francis Nicosia, Leena Petersen, Anson Rabinbach, Nils Roemer, Peter Schöttler, Alan Steinweis, Christian Strub, Jakob Tanner, Martin Treml, Julia Voss, Arnd Wedemeyer, Sigrid Weigel, Yfaat Weiss und Daniel Wildmann.

Angefangen habe ich dieses Buchprojekt als Assistent am Lehrstuhl für Neuere und Neueste Geschichte an der Ruhr-Universität Bochum bei Norbert Frei. Ihm will ich danken für sein inhaltliches Interesse an dem Projekt und seine freundschaftliche Verbundenheit. Jan Philipp Reemtsma hat das Projekt vom Hamburger Institut für Sozialforschung durch die Unterstützung einer Tagung zum Thema und der Förderung der Zusammenarbeit mit Werner Konitzer unterstützt. Dan Diner danke ich für die seit Beendigung meiner Dissertation anhaltende Freundschaft und die wichtige Inspiration für meine Arbeit.

Mitarbeiter und Kollegen an folgenden Institutionen haben mir ganz besonders geholfen, mein Buch trotz vielfältiger Verpflichtungen zu beenden: Almut Becker und Gabriele Rahaman am Leo Baeck Institute London, Christine Wern am Jüdischen Museum Frankfurt am Main sowie Dmitrij Belkin, Gottfried Kößler, Werner Renz und Manuela Ritzheim am Fritz Bauer Institut. Diese Institutionen zu leiten bereitet mir viel Freude, da sie mir immer auch die Möglichkeit für eigene Forschung bieten. Hierfür möchte ich stellvertretend dem Kulturdezernenten der Stadt Frankfurt am Main, Felix Semmelroth, sowie dem Chairman des Leo Baeck Institute London, Peter Pulzer, danken.

Dem Direktor der Wiener Library in London, Ben Barkow, und seinen Mitarbeitern danke ich für die Möglichkeit, viele Jahre täglich ihre großartige Bibliothek benutzen zu dürfen. Danken möchte ich auch meinen ehemaligen Kollegen am Centre for German-Jewish Studies und am History Department der Universität Sussex, insbesondere Paul Betts, Diana Franklin, Edward Timms, Richard Whatmore und Christian Wiese.

Für die Erstellung der ersten englischsprachigen Fassung dieses Buches schulde ich Joel Golb einen sehr großen Dank. Bei der Erstellung des deutschen Manuskripts half mir in genauso wunderbarer Weise Sabine Grimm. Beide haben weit mehr beigetragen, als man als Autor erwarten darf, und immer auch inhaltliche Fragen aufgeworfen, die mich weitergeführt haben.

Dem S. Fischer Verlag und den beiden Lektoren Walter Pehle und Alexander Roesler danke ich für ihr großes spontanes Interesse und ihre Begeisterung für das Projekt sowie für die angenehme und professionelle Zusammenarbeit.

Andrea Büttner hat mich bei der Arbeit an diesem Buch unterstützt. Für all ihre große Hilfe möchte ich ihr ganz herzlich danken. Danken will ich auch meinen Eltern, Lilly und Thomas Gross.

Mit Werner Konitzer habe ich viele Jahre gemeinsam über Nationalsozialismus und Moral gearbeitet. Viele Fragen – insbesondere zur Ethik – hätte ich ohne seine Hilfe nicht lösen können. Ihm ist dieses Buch gewidmet.

Frankfurt am Main und London, Mai 2010